文春文庫

野の医者は笑う

心の治療とは何か？

東畑開人

文藝春秋

文庫版まえがき

この本が出版されたのは2015年で、私が32歳のときだから、もう8年前になる。

文庫化するにあたって、久しぶりに読み返してみたところ、中学時代の自分の日記を偶然目にしてしまったときのような、強烈な物狂おしさに襲われた。未熟で、危うくて、スベっていて、空転している自分がそこかしこにいたからだ。

だけど、それと同時に、やっぱり次のようにも思わざるを得なかった。


『野の医者は笑う』は、私を私にしてくれた本だ。

これは、今まで書いた本の中でも、飛び抜けて私らしい本だ。


この本以前の私と、以降の私には深い断絶がある。考え方も、見え方も、文章の書き方も、まるで変わってしまった。

以前の私は臨床心理学教の敬虔な、そして熱烈な信者だった。

教会（大学院）に熱心に通い、司祭（教授）の話に真摯に耳を傾け、功徳を積んで（臨床をし、論文を書いて）、コミュニティの一員として信心深く生きていきたいと願う若者だった。

私は心というものに魅入られていた。心理学によってなんでも説明できるし、世のあらゆる不幸はカウンセリングによって究極的には解決しうる、とどこかで思っていた。今思うと、とてつもない(そして危険な)おめでたさなのだが、卵から出てきたばかりのヒナが、最初に目にしたガチョウを愛し、後ろをついて回るのと似ている。学問に目覚めたときに、最初に出会ったのがそういうタイプの臨床心理学だったのだ。

私は深い帰依の中にいた。

だけど、この本で描かれた時期を通じて、私は臨床心理学教から片足を抜くことになった(両足ではないのがミソだ)。

私なりの社会・経済的な人生の危機があり、スピリチュアルな野の医者たちと出会い、「ありのままの私」や「ほんとうの自分」を発掘しようとする数多《あまた》の治療を受け、愛と光と笑いを大量に注ぎ込まれることで、私は転向せざるをえなくなった。

熱狂的な信者は懐疑的な信者になり、教会を離れて無教会主義者になり、以前あった業界の人間関係は気まずいものになり、疎遠になった。

多くのものが失われた。

しかし、そのことで得たものもあった。

心の内側だけしか見えなかった、あるいは見ようとしなかった私は、心の外側に広がっていて、そして心を支えたり、損なったりするものたちを垣間見ることになったのだ。

こういうことだ。

心や文化というソフトなもののことばかり考えていた私が、経済や社会というハードな力に気がついていく。心を根底の部分で規定し、ときに暴力的に粉砕する社会構造の力を知っていく。

この本で描かれているのは、その萌芽のプロセスだ。野の医者たちが負っていた傷つきに触れ、そしてそれでも生きていこうとする心と交流することによって、最後の最後に、ようやく、そしてほんの少しだけ、しかし確かに、私はそのような現実を知ったのだ。

だから、読み返すと物狂おしくなる。このとき、私は未熟で、危うくて、スベっている。何が「現実」なのかを見失って、鬱になり、躁になり、空転している。

しかし、そうでもしなくては、私は臨床心理学と出会い直すことができなかった。深い沼に目までズブズブにハマっていた私が、縁に手をかけ、片足を抜き、外側から臨床心理学を睨《にら》むためには、どうしてもこの混乱が必要だった。

そして、その結果として、私は「心と社会」をめぐる膨大な問いたちを得た。この視点から、私は「心の治療とは何か」を考え直しはじめ、そうすることで臨床心理学を愛し直していくことになった。

私のその後の人生とはそういうものであり、その副産物がその後に書かれたすべての本たちである。

だから、『野の医者は笑う』は、私を私にしてくれた本だと思うのだ。


ああ、おかしい。文章がどうにも堅苦しい。

この軽躁的で、楽しいはずの本のまえがきが、こんなにも抑うつ的で重たいトーンになってしまうことに愕然とする。

自分はもう昔みたいに、興奮剤を飲んだブンチョウのような文章を書けない。自由に空転することができない。

でも、しょうがない。

この本は、誰もが一度は書けるけど、一生に一回しか書けない類の本だ。

ここに描かれているのは、愚かな若者が愚かな自分に気がつき、そして世界の広さに打ちのめされる物語だ。

そう、『野の医者は笑う』は青春物語だということだ。ということはつまり、青春の終わりについての物語だということだ。

東畑　開人

野の医者は笑う

心の治療とは何か？◉目次

文庫版まえがき　3
プロローグ――ミルミルイッテンシューチュー、6番目のオバア　13
①章　授賞式は肩身が狭い――「野の医者の医療人類学」を説明しておこう　31
②章　魔女と出会って、デトックス――傷ついた治療者たち　52
③章　なぜ、沖縄には野の医者が多いのか――ブリコラージュするマブイ　76
④章　野の医者は語る、語りすぎる――説得する治療者たち　114
⑤章　スピダーリ――ちゃあみいさんのミラクルな日常　149
⑥章　マスターセラピストを追いかけて――潜在意識と神について　185

7章 研究ってなんのためにある？——学問という文化 233
8章 臨床心理士、マインドブロックバスターになる——心の治療は時代の子 264
9章 野の医者は笑う——心の治療とは何か 318
エピローグ——ミラクルストーリーは終わらない 368
謝辞 381
8年後の答え合わせ、あるいは効果研究——文庫版あとがき 383
文献 394

著者作「コラージュ」
（245頁参照）

野の医者は笑う

心の治療とは何か？

医は意なりと確言万事に通ず。

医は衣なり、衣服美ならざればおこなはれず。

医は威なり、威儀敦重ならざれば能はず。

医は異なり、異言異体よく用ゐらる。

医は夷なり、ややもすれば人を夷ふ。

医は稲荷、よく尾を出さずして人を誑す。

(式亭三馬『善悪表裏人心覗機関《ひとごころのぞきからくり》』青林堂、文化11〈1814〉年)


この笑いは両面的価値を持つ。陽気で心躍るものであるが、同時に嘲笑し笑殺する。否定し確認し、埋葬し再生させる。これがカーニバルの笑いである。

(中略)それは笑っている者自身もこの笑いの対象となる、ということである。

[ミハイール・バフチーン/川端香男里訳『フランソワ・ラブレーの作品と中世・ルネッサンスの民衆文化』せりか書房]

プロローグ

――ミルミルイッテンシューチュー、6番目のオバア

明け方の精神医療否定メール

「やめた方がいいです。私の医療は現代精神医療を根底から否定するものです。おそらく、貴殿も当院で研修されたら、これまでしてきた医療を否定せざるを得なくなるはずです。だから、〈君子危うきに近よらず〉です」

グシケン先生からのメールの返信だった。なにより、強烈にしびれた。「現代精神医療を根底から否定する」凄まじい自信だ。怪しいじゃないか。

私はただちにメールを打った。謎の医者のご機嫌を損ねないよう、3回文面を確認してから、返信した。

「心の治療が一筋縄ではいかず、様々に信じられないことが起こることは、存じているつもりです。だからこそ、現代精神医療を否定するものをしかと見聞きしたうえで、心の治療とは何かを自分なりに考えたいと思っております。ぜひ一度、先生の治療を見学させていただけませんでしょうか」

返信が来たのは、翌朝だった。

「それならお安い御用です。第二駐車場の方に車は止めてください」

すんなりと私の要望は受け入れられてしまった。

案外グシケン先生は自分の治療を見せたかったのかもしれない。自信があれば、自慢したくなるのが人情である。

それにしても、面白いことになってきた。私は早朝から異常に興奮していたので、隣でスヤスヤと眠る妻を起こした。

「見せてくれるって！」

「え？」まだ朝4時だったから、当たり前だが妻は動転した。「何？　何の話？」

「魔法だよ！　魂を癒やす治療を見せてくれるんだって！」

「え……」呆れ果て、悲しそうな声で私に言う。「お願いだから、後にして……」

再び眠りに落ちる。私は暗闇に一人取り残される。

おかしい。興奮しないのだろうか。だって、魔法なんだぜ。

いや、しょうがない。ドアは開いたのだ。私はたとえ一人になっても旅立たねばならぬ。

そう、怪しいヒーラーの謎を解き明かしに行くのだ。

ミルミルイッテンシューチュー、6番目のオバア！

グシケンクリニックはその筋では有名な医療機関だ。まずホームページが異様だ。なぜかトップページには、ティラノサウルスのブリキ人形が表示される。そのティラノはグシケン先生が製作したものらしいのだが、なぜそれが医療機関の顔になるのかが全然わからない。

続く項目は「統合失調症の治し方」「発達障害は簡単に治ります」「お年寄りの異常行動は治ります」「御先祖の光療法」だ。現代医学で完治はあり得ないと言われている病いを、「簡単に治ります」と言い切るのだから、凄い。

さらに極めつきは、「たったひとりで地球全体を癒やす方法」という記事である。読んでみると、意識はすべてひとつに繋がるから、グシケン先生の考えた方法を実践すれば、統合失調症も、発達障害も、お年寄りも、そして地球すら、同じように癒やすことができるとのことである。うーん、怪しすぎていい感じではないか。

グシケンクリニックは、謎が謎を呼ぶクリニックなのだ。そういうときに、人類が取れる手段はひとつしかない。

とにかく、行ってみる。これだ。

「グルグルザワザワがあるんですよ。これをね、苦玉《くだま》と呼んでいるの」

グシケンクリニックの見た目は普通の病院だった。清潔感がある看護師さんが迎えてくれる。

　診察室で待っていたグシケン先生は小柄で、沖縄のオジサンといった風体だった。よく日焼けしていて、サトウキビを刈っていそうだけど、白衣を着ているから医者なのだとわかる。

「苦玉がね、頭にあれば統合失調症、肺にあれば癌になる。だから、これを失くせば全部治っちゃうわけ」

　グシケン先生は、パソコンのペイント機能を使って、グルグルと渦《うず》を描き、消しゴム機能で消す。

「失くす……どうやるんですか？」私は尋ねた。

「無になるの、無に」グシケン先生は即答する。「これはちょっとね、訓練がいる。だから、私はいつも練習してますよ、ほら、こんな感じ」

　突然、グシケン先生は言葉を切って、静止する。グシケン先生の顔を見ると、目がオウムみたいになっている。どこにも焦点が合っていないような漆黒の瞳だ。そして、唐突に目に光が戻る。

「ほらね、今無だったでしょ？　これで、苦玉が消えるんですよ。私はいつもこれをやっているから、すこぶる元気なわけです、はい」

　表情一つ変えずに、グシケン先生は説明する。

「これだけ……ですか？」私は恐る恐る聞く。

「もちろん」グシケン先生は断言する。「これで全部治ります」

説明が終わると、診察が始まる時間になっている。私はグシケン先生の後ろに座って、見学させてもらう。

「先生、だいぶ良くなりました」初老期のおじさんがにこやかに入ってくる。

「そうでしょ、6番目のオバアなんだよ。全部治るからね。はい、ミルミルイッテンシユーチュー、6番目のオバア。ザワザワはダメ、ミルミルミルミルミル」

グシケン先生は自分のオウム眼《がん》を指さして、患者さんを集中させる。そう、見る見る一点集中。これが無の秘訣だ。

「はい、病気治ります。次は？　2週間後？　いいですよ」

グシケン先生はそう言うと、パソコンで次回の予約を設定して、立ち上がり、隣の部屋に患者さんを連れて行く。そこはカーテンが閉められた真っ暗な部屋で、ベッドが何台も置いてある。患者さんはそこに横になる。

先生はブツブツと呪文のような言葉を呟きながら、鍼《はり》をお腹のあたりに刺す。30分ほど横になったら、患者さんの治療は終わりらしい。会計をして帰る。

診察の合間に私は尋ねる。

「なんで、寝かせるんです？」

「無にするんですよ。それで苦玉が消えるから」

意味がわからないので、さらに尋ねる。

「あのすいません、6番目のオバアってなんですか」

「グルグルがそのオバアからきてるっていうこと。見てあげようか。あなたアトピーあるでしょう？」

ある。私はストレスが溜《たま》ると痒《かゆ》くなる。この時期、非常にストレスフルだったので、私は痒くてしょうがなかった。なぜストレスフルだったのかについては、後で書くことにする。グシケン先生は言った。

「じゃあ、アトピー治しちゃおう。親指と人差し指で輪っかを作ってごらん」

グシケン先生はOリング《オー》テストを始める。

それは薬が体質とあっているかどうかを調べるための怪しいテストだ。やりかたは簡単だ。治療者は患者の指で作った輪っかを開けようと力を入れる。力が弱まって、リングがほどければ薬は合っていない、力が強くてほどけなければ、合っているということになる。

グシケン先生はこのOリングテストを苦玉に応用しようとしていた。

「はい、じゃあお父さんって、言って」とグシケン先生は私に復唱させる。

「お父さん」私は呟く。

グシケン先生は私の指のリングを開けようとする。少し開く。

「次はお母さん」同じようにリングを開けようとして、やはり少し開く。

「お母さん方に苦玉があるね、こっちが強かった」

「確かに」

実はあまり違いはなかったのだが、そう言われたらそんな気がしてくるから不思議である。

「次、お母さんとおばあちゃん。おばあちゃんだね」

「おばあちゃんとその上。うーん、おばあちゃんだね」

「2番目のオバア、4番目のオバア。2番目か」

「2番目、5番目。5番目だ」

グシケン先生は私の祖先の系譜をどんどんと遡《さかのぼ》ってゆき、ついに病因を発見したようだった。

「そうかもしれません」

心なしか、5番目と言ったとき、グシケン先生の指の力が弱くなったような気がしたが、気にしないことにした。

「5番、6番。5番、7番。5と8」どんどん言葉が短縮されていく。

そして結論が出る。

「5番目のオバアだね。あなたのアトピーは5番目のオバアから来てる」

「どういうことですか?」何を言っているのか、全然わからない。

グシケン先生はまたもパソコンのペインターを開き、家系図の5代前のところにグルグルを描く。霊のことをパソコンで書くというのが、クールだ。私は興奮していた。

「死んだら光になるでしょ。でも、5番目はあなたとまったく同じこと考えてたから、光にならずに、あなたのアトピーになってる。ほら、今アトピー治ったでしょ？」

「え？」どういうことだ。

「5番目のオバアを思い浮かべて」

「さすがに知らないです、5代前ともなると江戸時代ですかね」

「知らなくていいの、江戸時代とかも考えない。なまじ知ってると、イメージに邪魔されるから、知らないくらいがちょうどいいのよ。抽象的なのがいい」

「なるほど」すごい発想だ。

「はい、ミルミルイッテンシューチュー、5番目のオバア」

私はグシケン先生の漆黒の瞳を覗き込む。何も見ていないオウム眼だ。不思議なもので、吸い込まれるような感じがして、私も無になる。

「ほら、もう治ってるよ」こともなげに先生は言う。

「ああ、そうかもしれません」私は背中を掻きながら、とりあえず肯定した。

グシケンクリニックには、老若男女の様々な患者さんが訪れるが、やり方は全部同じだった。とにもかくにもミルミルイッテンシューチューだ。

面白かったのは、もともとグシケン先生が産婦人科医だったので、産婦人科関係の患者さんもパニック障害などの心療内科系の患者さんの合間にやってくることだ。

そうすると、さっきまで「ミルミルイッテンシューチュー」で、漆黒のオウム眼だったのに、突然近代医学の目になる。

「アフターピルだね。これは48時間以内だよ」

「生理が遅れてる？　尿検査をしようか」

的確にして、常識的な対応がとられるのである。二重人格のようだった。

だけど、ある不妊治療できていた患者さんが「気持ちが落ち込むことがある」と漏らすと、グシケン先生の表情は一変する。そう、医学眼はオウム眼に変貌するのだ。

「調べよう。はい、お母さん、お父さん？」と得意のOリングテストである。

しかし、その患者さんもだいぶ追いつめられていたのだろう、涙を流しながら、家庭の悩みを話し出す。

「泣くな！　泣いてもしょうがない」グシケン先生は不機嫌になって一喝する。

私は驚いた。とにかく話を聴こうという臨床心理学からしたらあり得ない。

「でも……」彼女も驚いている。

「いいからやろう。お父さんか、お母さんか。3番目、4番目？　7番目か。わかった。もう大丈夫」

患者さんの思いよりも、苦玉が問題なのだ。それですべての病いが癒やされるのだからしょうがない。

「はい、ミルミルイッテンシューチュー、7番目のオバア。ほら、これで治った」

オウム眼が微《かす》かにゆるむ。グシケン先生、ご満悦だ。

臨床心理士、怪しいヒーラーに会いに行く

唐突に謎の治療場面を紹介されて、読者の皆さんは戸惑われたかもしれない。でも、この本はそういう本だ。沖縄の怪しいヒーラーたちを訪ねて回った臨床心理士の話なのである。

最初なので誓っておきたいが、私自身は至極真っ当な臨床心理士だと自分では思っている。もちろん、その是非は読者に判断を委ねるしかないのだが、一応根拠はある。

私はちゃんと大学院で臨床心理学のトレーニングを受け（なんと5年も通った！）、その後は沖縄の精神科クリニックでカウンセリングの仕事をしてきた。霊とか、神とか、前世とか、そういうものなしで、ただただクライエントの話を聴き、心について話し合うという「心の治療」を行なってきた。しかつめらしい学術雑誌に論文が掲載されたこともある。

ほら、正統派の臨床心理士ではないか！　そんな私が怪しい治療者たちのところに出入りするようになった。話を聴いて回り、自分自身彼らの怪しい治療をうけて回る時期を過ごすことになった。

そんなことになったのには、もちろん理由がある。最初はただの思いつきだった。人生にはロクでもない考えに心奪われてしまう時というものがあるのだ。そしてそこにグシケン先生が絡んでる。

あるクライエントの不思議体験

話は2013年の初夏にまで遡る。時間は夕刻、いわゆる逢魔《おうま》が時《とき》だ。麦わら帽子をかぶった私は仕事を終えて、ビール片手に那覇市小禄《おろく》の坂道を下っていた。いつもは同僚でダルビッシュ似の看護師シンイチさんとビールを飲みながら、歩いて帰るのだが、その日はひとりだった。

思い出していたのは、その日クライエントから聞いた不思議な話だ。

そのクライエントは長いこと妄想に苦しんでいる女性だった。近所の人が自分の噂話をしていて、どこに行っても人から見られていると感じていた。だから、外出するときには必ずサングラスとマスクをして、目深に帽子をかぶっていた。見られるのが辛かったのだ。

そんな彼女との心理療法はゆっくりながらも、確かな手ごたえのあるものだった。彼女は徐々に私を信頼するようになり、それと並行して周囲の人間関係で安心できるようになっていった。

しかし、彼女はある時突然、心理療法に来なくなった。私は心配した。何かよからぬことが起きたのではないかと思ったからだ。

しばらくしてから、私は彼女に連絡を取ってみた。彼女はすぐに電話に出た。

「すいません、忙しくて忘れていました」

「そうでしたか、治療はこれからどうしますか」

「うーん、実は、今ほかの病院に行っていて……」

まあ、よくある話だった。変なことが起きているわけではなかったので私は安心した。

「わかりました。でも、終わるならちゃんと終わった方がいいから、最後に一度会いましょう。その方が、次の治療にとってもいいと思いますから」

心理療法というのはきちんとした方がいいのだ。

「わかりました」と、彼女は明るい声で答えた。

久しぶりに会った彼女に、私は驚いた。

待合室に呼びに行くと、彼女は笑顔で座っていたのだ。分厚いサングラスも、大きなマスクも、キノコのようなニット帽もなくなって、彼女は無防備に笑っていた。

「何か……変わりましたね」

「はい、あまり気にならなくなって」

「何が……あったんです？」

話はこうだった。

「マブイが落ちたんじゃないか」彼女の様子を見かねた親戚のオバアが言い出したのだ。沖縄には親戚に必ず、そういうオバアがいる。世話焼きで、そしてちょっとクレイジーなオバアだ。

マブイというのは沖縄の方言で、「たましい」という意味だ。沖縄では衝撃的なことがあると、うっかりマブイを落としてしまう人がいる。交通事故や、転んだ拍子にもマブイは落ちる。そして、マブイを落とすと調子がおかしくなる。やたら水ばかり飲むようになったり、よくわからないことを言ったり、ぼーっとしたりすることが多くなる。

そうすると、沖縄の人は「ユタ」と呼ばれているシャーマンに頼んで、「マブイグミ」という儀式をしてもらう。どこかで落としたマブイを体に込め直してもらうのだ。

彼女の場合も例に漏れず、オバアに連れられて、マブイグミをしたり、ユタと一緒に聖地を拝んで回ったらしい。しかし、なんの変化もなかったので、世話焼きのオバアは最後の手段に出た。

「ヤブーのところに行こう」

「あの、ヤブーってなんですか？」私は口を挟んだ。

「うーん、なんて言うのかな。ヤブ医者かな。でも、それも違うかな」

彼女はその沖縄方言をうまく翻訳できなかった。

そうして連れて行かれたのが、地元ではマブイの治療もしていると有名なクリニックだった。彼女は若かったから、マブイとかユタとか、そういったことを信じてはいなかった。だから、気乗りしなかったらしいが、思い込みの激しいオバアには逆らえない。

しかし、そこで彼女は不思議な体験をした。

そのヤブーの治療は自分の目を見つめさせるだけのものだった。だけど、彼女はただそれだけのことで、唐突に涙が止まらなくなったのだ。悲しいとか寂しいとか、そういう感情があったわけじゃなくて、ただただ涙が止まらなくなったのだそうだ。

「よくわからないんです。でもそれからあまり色々なことが気にならなくなったんです。なんであんなこと気にしてたんだろうって。本当に不思議です」

私は戸惑った。一体何が起こったのか、わからなかった。

でも、確かに彼女の状態は改善していた。もしかしたら一時的な改善なのかもしれないが、不安は和らいでいて、生活がしやすくなったというのは事実だった。彼女のような重篤《じゅうとく》な人に、どうしてそんな怪しい治療で、こういう変化が起こるのか、まったく謎だった。心の治療にはまだまだわからないことがたくさんある。

「それはどこです？」私は聞いた。

「えっと、確か、グシケンクリニック」

ロクでもないことを思いつく

「ヤブー、ヤブ医者、野巫医者……」

帰り道、缶ビール片手に、私は昼間に聞いた謎の治療者のことを反芻《はんすう》していた。

沖浦和光《おきうらかずてる》という歴史学者は、「ヤブ医者」がもともと「野巫《やぶ》医者」だったと書いている。

「ヤブ医者」というのは、腕の悪い医者の意味ではない。朝廷に仕える正規の医師と違って、「野」にいて、それでいて「巫《ふ》」、つまり巫女（みこ・ふじょ）のようなシャーマニックな治療を行なう人たちのことを言ったのだ。祈禱師や陰陽師のような人たちだ。

『源氏物語』に出てくるような、怪しい治療者たち、それが野巫医者だ。

「ヤブー、ヤブ医者、野巫医者……」私はもう一度　呟いた。

そのときだ。突然、ロクでもないアイディアが降ってきた。魔が差す時間帯だったのだ。

「野の医者！」

突然、降ってきたネーミングに私は興奮した。カッコいい！

仕事の疲れと、ビールによるほろ酔いで、完全にいい感じだったのだから、なおさらカッコよく感じた。

野の医者。朝廷から追われて、原野を彷徨《さまよ》いながら、人々に癒やしを提供する野生の治療者。村から村へと旅をして、奇跡を起こして回る怪しい治療者。夕焼けの光が眩《まぶ》しかったが、私の空想の中の野の医者たちはもっと眩しかった。怪しくて、トンデモで、それでいて自由自在な治療者たち。謎のグシケンクリニックは、そういう古代からの伝統を脈々と受け継いでいるのではなかろうか。

そう思ってふと、夕日から目をそらすと、小禄本通り沿いの看板や広告が次々と目に飛び込んできた。「低周波で肩こり解決」「オーガニックな健康食品」「高酸素カプセル60分2千円」「ハーブとタロット専門店」。なんだかよくわからない怪しげなお店がいっぱいあることに、私は突然気が付いた。

私たちの日常は実は怪しい治療者に取り囲まれているのではないか。彼らを「野の医者」と呼んでみたらどうだろう。近代医学の外側で活動している治療者たちを「野の医者」と呼んで、彼らの謎の治療を見て回ったらどうだろうか。

私はその思いつきにのぼせ上がってしまった。

普通だったら、ちょっと入れない怪しいお店に入って、怪しいヒーラーたちから怪しい治療を受けて回るのだ。それって、超面白そうじゃないか。

そこまで考えてニヤニヤしていると、この日はさらにもう一つのぶっ飛んだアイディアが降ってきた。

もしかしたら、私たち臨床心理士も野の医者の一種なのではないだろうか。

なんとなく大学で学ぶことができて、病院や学校のような公的機関で働いているから、臨床心理士は普通の世界にいるような感じがするけれど、本当にそうなのだろうか。

だって、心の奥に無意識があるとか、砂箱の中に人形を置いて心を見るとか、コンピューターのプログラムを書き換えるように認知を書き換えるなんて、普通に考えれば怪しくないか。

だとすると、心の治療ってそもそも怪しいものなのではないか。心の治療って一体何なんだ。

二つのアイディアがくっついて、私の頭の中に、突如スペシャルな研究が姿を現した。怪しい野の医者たちを見て回ることで、私たち臨床心理士が本当は何者なのかを考えてみようじゃないか。

「心の治療とは何か？」

これがテーマだ。なんだかものすごく面白そうだ。

私の興奮は頂点に達していた。すると、私の家の方角に沈んでいく夕日が、突然私に語りかける。

「すごいね、東畑くん、天才的なアイディアだ。君は普通じゃないよ」

「確かに、そうなりますよね。今自分でも、そうなんじゃないかと思っていたんですよ」

私は絶好調だった。私は昔から怪しいものが好きで好きでしょうがないのだ。

となると、先立つものがいる。野の医者の怪しい治療を受けまくるためには、お金が必要だ。家計から怪しいセラピーを受け始めたら、離婚間違いなしだろうから、どこかから費用を工面しないといけない。

大丈夫。天才的なアイディアなのだ。お金と時間を持て余していて、毎日に退屈しきっている大富豪が資金を提供したいと飛びついてくるはずだ。よし、企画書をドカンと書いてやろう。

ビールを飲み干して、帰路を急いだ。私はすっかり自分のアイディアに酔いしれていたのだった。

こうして、私の冒険は始まった。

臨床心理士、野の医者に会いに行く。そして「心の治療とは何か」と問うてみる。

さあ、前置きはこれで充分だ。始めてみようじゃないか。

1章 授賞式は肩身が狭い

――「野の医者の医療人類学」を説明しておこう

2013年11月5日

その日、私は新宿の超高級ホテル、ハイアット・リージェンシー東京の最上階にいた。

「本日はようこそお越しくださいました」

迎えてくれるスタッフは丁寧で、貴族にでもなったような気分だった。

招かれているほかの人たちも、典雅な人たちばかりだった。若い人が多いけれど、高級そうなスーツを着て、自信に満ち溢れていた。顔からは匂い立つような知性が醸《かも》し出されている。こちらまで賢くなりそうだ。

私だけが奇妙だった。職場で炎天下、毎日患者さんたちとキャッチボールをしていたから、ひどく日焼けしていた。着慣れないスーツはだらしないし、曾祖父（2番目のオジイ！）から受け継いだ革靴は、どこかから空気が漏れていて、歩くたびに「キュッ、キュッ」と音がする。ヒヨコの玩具《おもちゃ》を履いているみたいだ。

トヨタ財団の研究助成プログラムの授賞式に来ていたのだった。

天下のトヨタである。プリウス、カローラ、アクアの、あのトヨタだ。

日本企業は文化貢献として、資金を提供して、様々な研究者の支援をしている。トヨタもまたそういう文化財団をつくっていて、そこがなんと私の「野の医者」研究にお金を出してくれると言うのだ。

3ヶ月前、スバルの車を買ったばかりのこの私に対して、だ。

あの日、ロクでもないアイディアに酔いしれた私は、一気呵成に企画書を書き上げた。その名も「野の医者の医療人類学」。これをトヨタ財団に送りつけていたのである。

私は野の医者の怪しさに取り憑かれて絶好調だったから、さぞ下品な企画書だったと思う。しかし、そのときは世界を一変させる素晴らしい研究だと自信満々だった。

ただ、私の場合、ひと月もすると、絶好調が絶不調に変わってしまう。ふとしたきっかけで心が折れてしまうのだ。そうすると、絶好調だったことが呪わしく思えてくる。同僚看護師シンイチさんに自信満々で研究計画を披露したとき、彼が苦笑いを浮かべていたことが、脳裏に焼き付いて離れなかった。

「なんであんな馬鹿なことを考えてしまったんだ。しかも天才だと思い込むなんて、末代までの恥だ」

人間というのは、あまりに恥ずかしいときには、忘れてしまうという方法を使うことができる。フロイト先生が発見したのは、この人間の真実だ。

そこで、私は企画書を送ったことをすっかり忘れて、日常を粛々と送っていた。患者さんとバレーボールをしたり、野球をしたりする毎日を送っていたのだ。

すると、2013年の7月、突然トヨタ財団から、プログラム採択の連絡が来たのである。

私は再び狂喜乱舞した。こんなことなら、スバルじゃなくて、トヨタを買えばよかった。いや、二十一世紀志向のグローバル企業であるトヨタは、そんなケチなことは言わない。それでも、私はこれからの一生、プリウスを買い続けよう。御恩と奉公だ。私は奥ゆかしい日本人なのだ。

ただ、200万円かかると計算して研究費を申請したのに、助成決定額が95万円だったことは少し気になっていた。天下のトヨタだ。私の胡散臭さを見抜いて、話半分聞いとこうということなのだろうか。

それでも95万円。とんでもない大金だ。嫌になるほど、怪しげな治療を受けられるではないか。

眩しすぎる授賞式

「それでは、授賞式を始めたいと思います」

私はシンバルを持ったゴリラのように、一心不乱に拍手をした。

雅《みやび》な方々が順に登壇し、言祝《ことほ》ぎしてくれる。

国家の中枢で活躍してきたとびきり上品な女性が、壇上に上がる。

「国際情勢は複雑で、その中で日本社会の抱える問題も複雑です。皆さまの研究がそういった問題を解決することを強く期待します」

その通り。研究とは社会を幸福にしなくてはいけない。

当然なことでも上品に語られると、改めて学術研究の持つ社会的意義を実感し、目頭が熱くなった。

私も母国のために、一肌脱ごうじゃないか。野の医者が日本を変えるのだ。

次に、受賞者が順番に一分間スピーチを行なうことになる。

「子ども同士の支え合いで実現する心豊かな学校・地域づくり——いじめやこころの不調に手を差し伸べられる児童・生徒の育成」

「未熟であることの効用——モンゴル、ウランバートルにおける都市開発戦略による市民参加の制度化と自助グループの非専門的活動」

「社会的弱者のためのフォトヴォイス——フィリピン中部における災害への対応」

天下の東京大学教授を始め、名の知れた大学、研究機関の研究者たちによる、知性とウィットに溢れるスピーチが続く。どれも「社会的価値を創造する」(これがこのときの研究助成プログラムの大テーマだった)素晴らしい研究である。

私はこのような立派な人たちの一員である光栄に酔いしれていた。

うん、日本の学問の未来は明るい。この授賞式に招かれた人々は、未来の光だ。もちろん、私も含めて。

……いや、ちょっと眩《まぶ》しすぎないか。

素晴らしいスピーチが続き、順番が迫ってくるにつれて、何も喋ることを考えていなかった私は、急激に不安になってきた。熱くなった目頭は超速冷却されて、痙攣《けいれん》し始めていた。

「次は東畑開人先生です」

司会者に促されて、壇上に進んだ。

「（キュッキュッキュッ）東畑と申します。沖縄の精神科クリニックで働いております。〈野の医者の医療人類学〉という研究をします。野の医者というのは制度の外側で活躍する怪しい治療者のことです。そうです。天使を呼び出す精神科医とか（キュッ）、前世をほぐす鍼灸師《しんきゅうし》とか、あと子供の育て直しをするテニスコーチとか（キュッ）、心理学を操る占い師とかです。（キュッ）沖縄のそういう怪しい人たちのところにいっぱい行きたいと思っています。（キュッ）楽しみです。（キュッキュッキュッ）」

緊張しすぎて、足元が定まらず、ヒヨコが鳴き散らしていた。

着席して私を見上げている出席者たちは上品な微笑みを崩さなかったが、瞳が訝《いぶか》しげに歪み、その奥底にクエスチョンマークが揺らめいているのが、私には見えた。

「おやおや、野ネズミが一匹紛れ込んでいるじゃないか、駆除！」

私の耳は声なき声を聴き取っていた。

列席者はまだ私が何かを喋ると期待しているようだった。「社会的価値を創造する」、アカデミックな何かを。それがクエスチョンマークを解消して、授賞式の品位を回復してくれるはずだと。

もちろん、私はこれ以上喋ることをもっていなかった。沈黙に耐えられないので、仕方がなく、シンバルを持ったゴリラのように自分で拍手をした。バチバチバチバチ。

「よろしくお願いします（キュッ）」

パチパチパチパチ。手の脂が乾いたような拍手が、まばらに聞こえた。

野の学者

私はパーティー会場の片隅で（正確にはエビチリの大皿と観葉植物の間で）、ウィスキーをあおっていた。

やんごとなき学者たちの小粋な会話をよそに、頭の中は「世の中、何かが間違っている」と拗《す》ねたり、「いや間違っているのは俺だ」と消え入りたくなったり、忙しかった。

そして、そういう忙しい頭の中を気取られないように、いかにも「社会的な価値」について新たな思索に耽《ふけ》っているような、深遠な目つきを演出したりしていた。

誰も私のそんな目つきを見ていないと気付いてからは、観葉植物のふりをして、この場をやり過ごそうと思い始めた。油断するとエビチリが話しかけてきそうで怖かったので、観葉植物でありながら、自分自身でもあるという不可能な命題にも取り組まなければならなかった。

「君は、野の医者を研究する、〈野の学者〉だったということだね」

エビチリが喋った！　のではなく、観葉植物になっていない方の私が観葉植物になっている方の私に言った。

確かにそうだ。この会場で私だけが大学の研究者ではなく、小さなクリニックに勤める臨床心理士だった。言ってみれば、身元のはっきりしない馬の骨であった。しかも、霊だの天使だのと、満面の笑顔で喋っているのだ。冷たいまなざしもしょうがないではないか。

そもそも私には人がやらない領域に手を出すことに快楽を感じるという悪癖がある。前人未到の地というだけで興奮して、その土地が足を踏み入れる価値があるかないかの判断ができなくなるのだ。

と言うか、屁理屈をこねくり回すことで、ただの荒れ地を乳と蜜の溢れる約束の地だと、自分で信じ込んでしまうのである。いつものことではないか。

とは言え、と私は思った。野の学者、というのは悪くない。

竹林《ちくりん》の七賢《しちけん》のように、人里離れて世の真理を追究する賢者という趣があるではないか。決して権力に屈しない、野生にして、酔狂な学者だ。

仙人が新宿の高級ホテルに迷い込んだと思えば、何も観葉植物にまで身を落とさなくてもよかろう。

少し元気が出てきたので、戯《たわむ》れにエビチリでも食べてみようかと思った。

庇護者カガ、現る

「東畑先生ですよね」

今度も喋りかけてきたのはエビチリではなく、私よりも少し若く見えるショートカットの女性だった。

「そうですけど」

「トヨタ財団のカガと言います。先生の御研究とても面白そうだと思って、会議で猛プッシュしたんですよ」

私は褒められると、舞い上がる。

そう、面白いんですよ。だって、前世とか見ちゃう人たちがいるんですよ。とっても不思議で、すごく怪しいじゃないですか、と浮かれた返事をしそうになったが、野の学者であるとばれて厄介なことになったら困る（と言うか研究費が取り消しになったら困る）。

すました顔で返事をすることにした。

「ありがとうございます。御期待に応えられるよう、頑張りたいと思います」

お茶を濁そうとしたのだが、カガさんはグイグイ質問してくる。

「沖縄には何度か行ったことがあるんですけど、先生の調査される野の医者って、ユタとかそういう人たちのことですか、ああいう人って今も活動しているんですか」

もちろん今でもユタは沖縄にいっぱいいる。彼らは存在そのものが今どきの世界に対するゲリラだから、政府統計にはもちろん載らないし、正確な数値を計ることは誰にもできない。

だから、誰にもその活動の全貌はわからない。ただ、それでも私の住んでいる近所で言うならば、歯医者よりは少ないけど、弁護士よりは多い数のユタが今でも盛んに活動しているように思う。

それはそうなのだけど、カガさん、少し私の研究を勘違いしているような気がした。私はユタにはそれほど興味がない（だけど、実はその後私もユタと知り合うようになって、彼らの虜《とりこ》になってしまった）。

というのも、ユタについての研究は盛んにやられていて、その生態はかなり明らかになってきているからだ。

すでによく知られていることについて、いまさら調べたって全然面白くない。学問というのは、ワクワクしなければいけない。野の学者にとって、特にそれは重要なことだ。

だから、野の医者というのはユタなんかより、もっと怪しい人たちのことだ。

私の研究について、カガさんにしっかりわかってもらった方がいいだろう。パーティー会場を見渡す限り、どうやらカガさんだけが私の唯一の庇護者のようなのだから。

「ユタも一応野の医者に入るんですけど、もっと色々な人が野の医者に含まれるんですよ。天使の話をする精神科医とか、前世をほぐすマッサージ師とか、あと……」

「それはさっき聞きました」カガさん、遠慮がない。「一体どういう人が野の医者で、どういう人が野の医者じゃないんですか？」

鋭い。こっちはふんわりしたことしか考えていないのだが、ここはあえて平静を装った。

「それは難しいんです。医者や臨床心理士は、学校を卒業して、資格を持っているか持っていないかで区別できるんですけど、野の医者はそういう現代的な仕組みの外側にいるんです。謎の資格を持っている人もいれば、そんなの関係ない人もいます。普通の主婦に見えて自宅の一室をセラピールームにしている人もいます。誰もそこには来ないんですけど、でも本人はヒーラーだと思っています。境界線は曖昧です」

「それはわかるんですけど、とは言っても先生は、ある人たちのことを野の医者って呼んでいるわけですから、どういう人が野の医者かっていう定義はあるわけですよね」

カガさんは人類学の大学院を出ているらしく、学問にこだわりがある。私は本質的にテキトーなので、「定義」と言われて、うろたえた。

昔、指導教員に卒業研究の相談に行ったら、「定義は何だ！　僕は君の曖昧なものの言い方じゃ納得しないゾ」と怒鳴られたことを思い出した。

「あ、当たり前じゃないですか！　いくつかありますよ」

普通、定義はひとつにまとまるのだろうが、私の常時錯乱している頭の場合、定義は複数ある方がいい。

「まず癒やしに関わっていることです、次にそれが正規の科学から外れていること、これが定義です」

そう言い切ってから、私は少し後悔し始めた。

いくつかあると言いながら、定義が二つしかなかったのがマヌケだし、それ以上にこの条件に当てはまらない野の医者もいるかもしれない。癒やしに関わっていない野の医者や、正規の医学を実践している野の医者がいるかもしれない（グシケン先生はその好例だ、彼は近代医学眼とオウム眼の両方を持っていた）。

「でも、この定義から外れていても、野の医者と言える人もいます」

私はボソッと付け足した。

カガさんは唖然としていたが、しょうがない。

文系の学問では、調査する前から調査する対象の定義などできない、やりながら考えるのが本筋である。私はすばやく屁理屈を作り出した。

カガさんは呆れた顔で、他のことを尋ねてきた。

「癒やしっていうのがすでに怪しい言葉じゃないですか？」

「そうです、癒やしなんて言うのは現実逃避だから治療の失敗だと言う精神科医もいます。〈これこそ本当の癒やしだ〉という宗教者もいます。〈本当の〉とか言い出すと、ややこしいんですね。だから、治療、ケア、人助け、元気にさせる、そういう他人を良くすること全般を、ひとまず癒やしと言っておきます」

「はぁ」

カガさんはなぜか半歩後ろに下がったが、私は絶好調になり始めていた。

「ついでに言っておくと、野の医者の癒やしの方法が、近代科学に認められていないということも、なかなか曖昧です。霊や天使は科学的に測定できないので、医学ではないと、一応は言えます。でも、千年前の朝廷では陰陽師が雇われていました。公務員がお祓《はら》いをしていたわけです」

きっと定時になったら、彼らはお祓いをやめたのだろう。でも、『源氏物語』では夜通しやっていたと書いてあったから、朝廷はブラック企業だったのかもしれない。あるいは陰陽師は裁量労働制なのか。

「五百年前には、医者は錬金術師でもあって、すべての病いを癒やす賢者の石を探していました。二百年前のイギリスですら、科学の賜物《たまもの》だと宣伝されている怪しい万能薬が道端で売られていました。そういうのを売る人たちはニセ医者と呼ばれていましたが、でも正規の医者とニセの医者とは、見分けがつかなかったんです。だって、王様から資格をもらった正規の医者も同じ成分の薬を使っていたんですから」

「でも、それは科学が充分に発達していなかったからじゃないですか」

「現代だって、すべての病気を治すための、万能細胞の研究がされていますよね。賢者の石ですよ、彼らが目指しているのは。あの界隈には定期的に怪しい人が現れて、新聞を賑やかしますけど、それは間違って怪しい人が紛れ込んだんじゃないんです。医療って、奇跡とか怪しいものへの欲望を抱えたものなんです」

「はぁ」

　私の暴論に対して、カガさんは訝しげに「はぁ」と繰り返しているが、私は気にしていないふりをした。

「心の治療の業界はもっとすごいですよ。50年前には精神病者の脳を切り取る手術が行なわれていましたし、その手術を考えた人はノーベル賞をもらっています。そもそもあの有名なフロイトだって、最初は野の医者ですよ。性的欲望がヒステリーを作り出しているって言って、世間から怪しい目で見られたんです」

「そうなんですか」

「そうですよ、でも、いつの時代もやっている本人たちは、まともなことをやっていると思っているんです。だから、何が正規の医学なのかっていうのは難しいんです。千年後には、抗精神病薬を患者に飲ませていたとんでもない時代があったと現代の精神医療が呆れられているかもしれません。脳に蓄積された先祖の記憶を解放すれば、脳に負担を与えることなく治療できるのに、とか言われているんじゃないですか」

私はうっとりとして千年後の世界を夢見ていた。蓄積されたビッグデータから、先祖の記録がダウンロードされて、神経症を癒やすのだ。アンセスター・メモリー・インストーリング・ニューロン・セラピー（Ancestor Memory Installing Neuron Therapy）。通称アミント（ＡＭＩＮＴ）だ。すごい！

「わかりました、わかりました。何が怪しいかわからないって話ですよね」

カガさんはエビチリを箸でつまみながら、私を現実に引き戻した。

「まあ、そういうことです」

私は楽しい空想を中断されたので、憮然《ぶぜん》として応えた。

「確かに、いぼ取り地蔵とかとげぬき地蔵とかも、いまだに人気がありますしね」

カガさん、急に私の世界観に近づいてきた。

「そこなんです。治療ってそもそも宗教的なことではないかというのが私の仮説です。科学に見える今の医学とか臨床心理学も実は一皮剝《む》いたら、宗教と同じようなものだって考えられませんか？」

「過激ですね」

カガさんは良識的な人のようで、近づいた距離に冷たいまなざしを割り込ませた。

「過激じゃないですよ。私たちは医学とか心理学を信仰しているんです」

すぐにムキになるのが私の本当によくないところだ。ついでに言い過ぎてしまうのだ。

「そういうことを考えてきたのが医療人類学です、クラインマンって御存じですよね」

相手が知らないであろう人名や概念名を、さも当然のように「知っているでしょ」という態度で持ち出すのが、学者の最終奥義《おうぎ》である。

これを繰り返すことで、こちらは完全に優位に立って、相手を屈服させることができる。私はこれまでに何度もそうやって打ち負かされてきたのだ。今度は俺がやり返す番だ。

「私大好きです、クラインマンの『臨床人類学』って、いい本でしたね」

うかつだった。カガさんは人類学の大学院を出ていたんだった。

「ですよね、いい本ですよね」

読んでいない本の話が出たらどうしようと私は怯えた。馬鹿にされて、研究費を奪われる可能性がある。

すると、カガさんは目を輝かせて、こう言った。

「野の医者の医療人類学ってそういうことですか。野の医者たちを鏡にすることで、現代の医療や心理学を問い直してみるってことですね」

そう、そうなんです。カガさんと私には魂の交流が生まれようとしていた。

野の医者の医療人類学について

御存じない読者のために、医療人類学について少し説明しておこう。

医療人類学というのは、その名の通り世界各地様々な文化の治療を研究するものだ。そのポイントは、アフリカ奥地の呪術的な治療と、現代医学を公平に見ようとするところにある。つまり、科学的基準に照らして、どちらかが正しくて、どちらかが間違っていると考えるのではなく、それぞれの文化に生きている人たちにとって、それぞれの治療が有効だったとして、それはなぜなのかと問うてみるのだ。

だから、医療人類学は近代医学に茶々を入れる。アフリカの呪術医がアフリカ文化の賜物だったみたいに、近代医学だって普遍的なものじゃなくて文化に規定されたものじゃないかと考えるのだ。つまり、私たちが当たり前だと思っている近代医学だって、違う文化の人が見れば何やら怪しいものに見えてくるということだ。治療を科学現象ではなく、文化現象として見てみるのが医療人類学だ。これが面白い。

たとえば、さっき話題に出たクラインマンは、台湾の医者がやたらに注射をすると書いている。

医学的には必要のない場合も、注射をしないと患者が納得しないのだそうだ。ということは、注射された化学成分によって健康になるのではなくて（注射の必要がないので、ブドウ糖を注射しているらしい）、注射を受けたという事実が、魔術のように体を癒やしていると言える。

じゃあ、癒やしとか治療って一体何なのだろう。文化によって、癒やしや治療が違うとすると、何が癒やしで、何が治療になるのかというのは、どういうルールで決められているのだろうか。

それが医療人類学という学問の問いである。

これを私は野の医者と臨床心理学に応用してみようとしているのである。私たちの目から見たら怪しい治療でも、それで治癒を得る人がいるとするならば、どうしてそんなことが可能なのか。そのメカニズムを解明してみる。そして、そこから逆に、私たちが怪しくないと思っている臨床心理学の皮を剝《は》いでみる。私たちもまた同じメカニズムを使って治療をしているのではないかと思うからだ。心の治療の本性を明らかにするのだ。

「それで野の医者に会いにゆく、と。そこで何をするんですか?」

カガさんはにこやかだった。

「話を聴きます。なんで野の医者になったのか、本当に癒やしているのか。聞いてみるんです」

私もにこやかだった。

「それだけじゃないですよ、治療を受けるんです。霊を呼び出してもらって、前世を見て、魔法の薬を調合してもらうんです。楽しそうじゃないですか」

「それでどうなるんです。一応研究なんですから、東畑先生が楽しい思いをするだけじやだめですよ」

図星だったが、私はカガさんにはもう充分に適応している。

「当たり前ですよ。フィールドワークなんです。インタビューをして、実際に治療を受けて、野の医者は本当に癒やしているのか、どのように癒やすのか、癒やしとは何か、この人類最大の謎を追います」

「すごく楽しそう！」

私はカガさんと深く通じ合えた気がして、悦に入っていた。

トヨタ財団の中に理解者を得たら、これから色々やりやすくなるのではないか。もっと媚びて、私がお気に入りになったら、予算の増額もあるかもしれない。いつの世も学問というのはパトロンに支えられて発展してきたのだ。お金を持っている人に媚びるのも、学者の才能である。

「トヨタ財団は幸福です。カガさんのような目利きが働いているだなんて」

「野の医者研究で世間をあっと言わせてやりましょう。民間財団の底力というのを見せてやりましょう」

と自尊心をくすぐるような、お世辞を考えていると、カガさんは言った。

「それで、何人くらい野の医者に会えそうなんですか？」

ドキッとした。

「いや、それはまだわからないですけど、やってみないと」

「申請書には確か、ツテが充分にあるとか」

「え、ええ。まあ。これでも何年も沖縄で暮らしていますから」

理系と違って、文系の学問は、やってみないと何がどうなるかなどわかるはずもないのだ。だから、企画書には夢物語を書く。私もトヨタ財団に企画書を出したときには、沖縄中の野の医者とフレンドリーな関係になっていて、どこに行っても声をかけられる人気者であるかのような雰囲気を醸し出していた。

しかし、実際には多少情報があるくらいで、実際の付き合いは無に等しかった。ただ、弱みを見せてはいけない。レオナルド・ダ・ヴィンチのように、パトロンからは大した人物だと思われていないといけない。

「まあ、見ていてください。来年の今頃には、驚くべき成果をお見せしますよ、フフフ」

まさに怪しい野の学者なのだが、私はカガさんに紳士の微笑みで言った。

「ちょっと難しいかなと思って、助成金を半額にしたんですよ、ウフフ」

帰りたくない私

「もう帰り時じゃないか」

去っていくカガさんの背中をぼんやりと見ていると、今度こそ話しかけてきたのはエビチリだった。

「そうだね」

高級ホテルの場違いなパーティーで虚勢を張っているより、薄汚いビジネスホテルでぼやっとしている方が安らぐのは確かだ。

しかし、私は帰りたくなかった。沖縄に戻りたくなかったのだ。

実はこのパーティーがあった日は、ずっと一緒に働いてきた同僚シンイチさんが退職する日だった。

シンイチさんだけじゃない。他の看護師も皆この夏で辞めてしまっていた。職場では本当に色々なゴタゴタがあったのだ。私より長く働いている人は職場にはもう誰もいなかった。

私も進退を考えなくてはならなかった。詳しくは書かないが、相当にシビアな状況が職場にはあった。

転職活動もしないといけないし、そうだとすると関わっているクライエントたちのことをどうしたらいいのか。沖縄に留まるか、内地《ないち》に戻るか。考えないといけないことがいっぱいあった。

パーティー会場を出たら、そういうことについて真面目に考えないといけなかったから、私は嫌だった。もうしばらく観葉植物のふりでもしていようかと思ったけど、やはり帰ることにした。

どうせ明日はやってくる。やってみるしかないのだ。

それに自分は野の学者なのだ。野生で、酔狂なのが野の学者だ。窮地こそ、面白おかしくやってみようじゃないか、私はそう思って、エビチリを皿いっぱい食べて、パーティー会場を出た。

とりあえず減額されたとは言え、95万円ある。この資金で野の医者に会いに行ってみようじゃないか。

まずは魔女だ。那覇に帰ったら魔女に会いに行こう。この窮地について相談してみるのだ。状況を打破するいい知恵や、魔術、それに秘薬があるかもしれない。

キユッキユッキユッ。高級ホテルの壮大なロビーで、ヒヨコが鳴いていた。

②章 魔女と出会って、デトックス

——傷ついた治療者たち

神の恩寵を待ち望む

私は暗闇と光を往還していた。

RPGの伝説の勇者になったわけではない。

夜通し、布団とトイレを目まぐるしく行き来していたのだ。温もりに満ちた漆黒の闇の世界と、蛍光灯に照らされて便器が白く輝く世界だ。

深夜の腹痛ほど辛いものはない。

疲労とともに睡魔がやってきたかと思うと、下腹部に冷気が差し込む。私は真っ蒼になって、トイレに駆け込む。蛍光灯が眩《まぶ》しい。しばらくして痛みが引くと布団に戻る。そしてまた、悪魔のような腹痛がやってくる。

闇から光へ、光から闇へ。

こういうときは神に祈るしかない。もともと私は生まれながらのクリスチャンなのだが、今では祈るのは深夜のトイレだけになってしまった。私がもっとも孤独でみじめになるのが、この時間なのだろう。そういうときこそ、神が傍にいるのだと、あの偉大な遠藤周作先生も書いていたではないか。

光のトイレで、私は目を閉じ、祈りを捧げた。

「神様、私がたびたび罪を犯したことを告白します。だから、この苦しみからお救いください」神の応答はない。

「神様、お願いです。私が何をしたって言うんですか。いや、すみません、不遜なことを言って。思い当たることは確かにあるんです。私に悪が潜んでいることは認めます。でも、もう充分じゃないですか」やはり応答はない。

「勘弁してください。今、寝かせてくれたら、明日の朝一番に、生命保険に入ります。自分が死んだ後のことを考えるのが嫌で、生命保険から逃げ続けてきたのは、父親としていかがなものかと、自分でも思っています。そこまでお見通しとは恐れ入りました。罪を認めます。だから、どうかこの苦しみから解放してください、一生のお願いです」

もちろん返事はない。

「あぁ、神様。お願いです。なんでもします。神様！　神様！　神様！　神様！」

私は錯乱状態に陥って、祈りにも品がなくなってきた。しかし、神は沈黙だ。

大いなる神はサタンに唆《そその》かされて、義人ヨブをひどい目にあわせた、と確か聖書に書いてあった。私も今、そのような憂き目にあっているのではないか。ならば、余計な告白などしなければよかったのではないか。とんだヤブヘビだ。

いや……、あるいは……。

掌を返したように、私は神の存在を疑い始めた。私は無に向かって、独り言を言っているのではないか。

ここまでくると、近代の夜明けは近い。

「昨日、何か悪いものを食べただろうか」

ルネサンスばりの科学的思考が働き始める。昨日の夕飯に腐ったものが混入していたのではないか。他の家族はスヤスヤと寝ているから、理屈が通らないのだが、人が苦しんでいるというのに、みんなが安眠していること自体も許せん。

科学的思考は呪いへと変わって、私は祟《たた》り神になろうとしていた。

そのときだ。前日の記憶が蘇る。

「アロマだ！　ハーブだ！　オーラソーマだ！　あの魔女に一服盛られたんだ！　クソッタレ！」

クソッタレはおまえだ、と私にかろうじて残されていた良識はツッコんだ。文字通り、私は光輝くトイレでクソッタレだったのだ。

すると、どこからか、魔女たちのいつものセリフが聞こえた。

「悪いものが全部出て、浄化されるの。デトックスよ」

デトックス（解毒）、確かに悪魔のような腹痛をそう言うこともできる。言葉は魔法だ。

野の医者に会うための正規ルート

授賞式から帰ると、私は早速、野の医者のフィールドワークを始めることにした。潤沢な研究費を前にした私は、パソコンなどを早速買い揃えた。私はお金を使うことに関しては、余人の追随を許さない。迅速かつ大胆に、あればあるだけ、消費する男なのだ。不幸にも収入が少ないから、景気を左右することは叶わないが、政府も私に資金を提供すれば、鮮やかな消費でこの不況を打破して見せるのに、と常々思っている。だから、研究費が底を尽く前に、速やかに調査を始めなくてはならない。資金を得た翌々日、大幅に残額を減らした預金通帳を見て、私は青ざめていた。

しかし、どうすれば、野の医者に会えるのだろうか。そのとっかかりが難しい。Googleで「癒やし　沖縄」と検索すれば、無数のサイトがヒットするのだが、どこに行けばいいかわからない。

「カウンセリング　那覇」と検索すると、大量のサイトがヒットする。評判の悪いところや怪しげなところほど上位でヒットするのだから、広告とは罪なものである。

とは言え、私自身としては、怪しいところに辿り着くこと自体は全然構わない。むしろ大歓迎である。怪しければ怪しいほど素晴らしい。それがこの研究のルールだ。

しかし、最初の野の医者なのだから、と私は慎重になっていた。初めての人というのを、人は終生忘れないものだ。甘酸っぱい、いい思い出にしたい。そして、出会いは人為的なものではなく、できたら偶然の方がいい。私はまるで恋に目覚めたばかりの男子中学生のようにときめき始めていた。

そこで私は正規ルートを使うことにした。

つまり、口コミだ。これこそ、正統な野の医者との出会い方である。

沖縄では困ったことがあったときに、ユタに相談にゆく伝統がある。

「ユタを買う」という風に言う。まるで遊女を買う感覚だが、中世の白拍子《しらびょうし》のように、遊女と霊媒は本質の部分で繋がっているので不思議なことではない。

ちなみに遊女のことを沖縄では「ジュリ」と言い、「ゐなぐぬ　みっちゃいするりば　ユタぐとぅ　いゅん、ゐきがぬ　みっちゃい　するりば　ジュリゆびばなし」などと言われる。沖縄方言で「ゐなぐ」は女、「ゐきが」は男の意味であり、「女が3人揃えばユタを買う話をしていて、男が3人揃えばジュリを呼ぶ話をする」という意味だ。

男はジュリに入れあげて、女はユタにのめりこむ。

「あそこがいいさー。癒やされたよー」

厳しい環境で働く女性たちの悩みは尽きない。中学生がアイドルの話をするように、彼女たちは癒やしの話題で盛り上がるのだ。

だから、今も昔も、野の医者に出会いたいなら、女性たちのネットワークを使うべきだ。

そこで、私は妻に頼み込んだ。

「一生のお願いがある」真剣な面持ちで私は頭を下げた。

「何？」妻は訝《いぶか》しげに私を見ている。私が「一生」という言葉を使うとき、ロクなことがないことをよく知っているのだ。

「一身上の都合で、どうしても怪しい治療者に会わないといけない。誰か紹介してくれないか」

「はぁ」彼女はため息をついて、心の底から呆れた顔で私を見ていた。「一度遊びに来てって言われていたんだけど、……いいよ、代わりに行ってきて」

　妻はキンジョウサオリさんを紹介してくれた。娘の友達の家に遊びに行ったときに出会ったのだそうだ。

　私は妻がごく自然に、すでに野の医者と知り合いになっていたことに驚いた。やはり、ゐ《い》なぐのネットワークは侮れない。３人集まれば、「ユタぐとぅ　いゅん」なのだ。

魔女に出会う

　サオリさんは魔女系の野の医者だ。もちろん、別に野の医者に統一的な職業団体があるわけではないから、勝手に私が名付けただけである。ただ、「魔女」と呼ぶと、彼女たちはとても喜ぶ。

　野の医者業界は、ユタから一風変わった精神科医まで幅広い。その中間に様々な治療者たちが蠢《うごめ》いている。俗に言う「ヒーリング」というのはその一部だ。そして、ヒーリング業界の中の最大のグループが魔女系ということになる。

魔女たちの最大の特徴は、ヨーロッパ風の癒やし文化に彩られていることだ。彼女たちはアロマやパワーストーン、クリスタル、タロットなどを愛好し、開業した店舗を「サロン」と呼ぶ。

臨床心理学業界では開業のカウンセリングルームを「オフィス」と呼ぶことが多いのに対して、「サロン」という言葉は、魔女の文化をよく示している。「オフィス」は「働き」文化のニュアンスが強いのに対して、「サロン」には社交界的なニュアンスがある。彼女たちのカウンセリングやセラピーは社交の延長にある。世間話をしながら、心を癒やすので、6時間以上応対することもざらではない。お喋りをし、コミュニケーションを重ねる。それがそのまま治療になる。これがサロンの世界である。

魔女のヒーリングサロンは那覇市の住宅地にあった。

那覇の11月はまだ春みたいに暖かかった。その日は土曜日だったから、幅の狭い道では小さな子供が三輪車で遊んでいた。こんなところに魔女が潜んでいるのだから、現代社会というのは奥が深い。

「はじめまして、東畑です」

「こんにちは、わざわざありがとうございます」

サオリさんは丁寧な物腰の、柔らかい雰囲気の人だった。目が大きくて小柄な、いわゆる沖縄で言うところの「ちゅらさん」だ。

野の医者にはふた通りのタイプがある。ひとつは怪しさが外に溢れ出しているハイテンションなタイプで、もうひとつは見た感じはまともで、常識人に一見されるけれど、話し出すとハイテンションなタイプである。いずれにしても、ハイテンションではあるのだが、それを隠しておけない人と、恥ずかしくて隠す人とがいる。

サオリさんは後者のタイプだ。少しおどおどしていて、自信がなさそうに見える。後からわかったことだが、彼女の魔女歴はまだ一年程度の、新米魔女だった。

彼女は早速自分のサロンに私を招き入れてくれた。


一戸建ての住宅には二つの入り口があり、ひとつは彼女が家族と暮らす生活スペースに、もうひとつはヒーリングサロンに繋がっている。

休日だったので、自宅部分から子供の声や夫の生活音が聞こえる。自宅の一部分をサロンにするのは、野の医者の一般的なスタイルである。

ひとまず、サロンに目を移そう。そこは六畳程度の小部屋で、奥にアロママッサージ用の寝台があり、手前にはカウンセリング用の机がある。壁には様々な賞状が飾られている。アロマセラピストを始め、エネルギーワークやオーラソーマなど、聞いたことがないような謎の治療法の資格証書だ。

窓際にはパワーストーンや、それを使ったアクセサリーが飾られていて、アロマオイルが所狭しと並べられている。

「綺麗ですね」私はご機嫌を取ろうとした。

「この子たち、なかなか売れなくて」サオリさんは愛おしそうにパワーストーンを手に取った。

一般に野の医者は石やアロマボトルのことをなぜか「この子」と言う。私から見ると、光る石に過ぎないが、サオリさんから見れば、魂のこもった可愛い子供なのだ。このあたり、隠されたハイテンションが漏れ出している。

部屋には、オルゴールが奏でるヒーリング・ミュージックが流れていて、柑橘《かんきつ》類系のアロマの匂いが漂っている。私はこの感じが実は苦手だ。「いかにも」な雰囲気に乗り切れないのである。

一番目立つところにあるのが、色とりどりのボトルである。香水の容れ物のような形をしており、上下で色が分かれている。赤、ピンク、紫、緑、青、黒。

「なんです？　これ？」私は尋ねた。

「オーラソーマって知りませんか」サオリさん、嬉しそうだ。

「知らないです」

「クライエントの方に、この子たちの中から気になるボトルを選んでもらって、カウンセリングをするんですよ」

出た、〈この子たち〉！

「やってみますか？」サオリさんは奥ゆかしく尋ねる。

「ぜひ！」

あぁ！　ついに怪しいセラピーを受けるときがやってきた。初体験なのだ。

オーラソーマとミラクル

予備知識としてオーラソーマについて紹介しておこう。まず名前からしていかがわしくて、いい感じである。オーラとは御存じのように気とか体を包むエネルギーのことであり、ソーマとはギリシア語で体のことを意味している。

オーラソーマはイギリスで生まれた。創始者はヴィッキー・ウォールという盲目の元薬剤師である。

自叙伝によれば、彼女はある晩、美容オイルを作るために瞑想をしていた（これだけで充分謎なのだが）。すると色彩溢れる光に包まれ、啓示を受けた。

「水を分けなさい」（詩的で象徴的で、絶妙な啓示である）。

「何を考えてるの。私はモーゼじゃないのよ」ヴィッキーさんは答えた（微妙に彼女が自分をモーゼと重ねているのがいい感じである）。

ヴィッキーさんはそこから数時間気を失う。そして気が付くと、「バランスボトル」と言われる色とりどりのカラーボトルが完成していたのだそうだ。

このカラーボトルが物販会で飛ぶように売れた。そして、買った人に次々と「ミラクル」が訪れた。お尻にできていたゴルフボールほどの腫れ物がオイルを塗るだけで消え失せ、偏頭痛や腰痛が癒やされた。聖なる力が、ゴルフボール大の腫れ物を消すあたり、素晴らしいではないか。

そして、ヴィッキーさんはさらなるミラクルに気が付く。彼女はオーラが見える人だったのだが(ちなみに私も後にあることをきっかけにオーラが見えるようになる)、お客さんが自分のオーラと同じ色のボトルを買っていくのだ。

こうしてオーラソーマは生まれた。それぞれのボトルには色にまつわる意味があり、パワーが宿っている。これらのボトルが人生にミラクルを引き起こす。

ちなみに「ミラクル」というのは野の医者が好んで使う言葉だ。「奇跡」と言うとやや宗教臭いが、「ミラクル」と言うと少しコミカルで、そしてハイテンションになれるのがいいのだそうだ。

そういったミラクルなボトルが、今私の目の前にあった。ついに、野の医者のセラピーが始まる。

愛と光の大放射

「では、この子たちの中からボトルを選んでください」

オーラソーマでは、まず百本を超える魂の詰まったカラーボトルの中から、4本を選ぶ。こういうのを選ぶのは難しいのだが、私はノリノリだったので、「魂の声を訊くんだ」と自分に言い聞かせ、さくさくと選ぶ。

サオリさんは私の選んだボトルから、私の心の「リーディング」を始める。リーディングとは読み取りのことだ。野の医者たちはよくこの言葉を使う。彼らは人の心や魂、あるいは運命が書物のようにどこかに書き込まれているとイメージしている。

「あ、いい感じですね」サオリさんは言った。

「そうなんですか」何がいい感じなのだろう。

「一本目は魂の質を解き明かすものなんですよ。下層が赤になっています。東畑さんは、エネルギッシュで、男性的な人です。それでいて、とても大きな愛がある人です」

サオリさんはきらきらした目で私のことをまっすぐに見ている。眩しい。

「愛……ですか」

「はい、愛です。愛が溢れている人ですよ、東畑さん」

うーむ、愛か。サオリさん、突然のハイテンションである。

自分の心を眺め渡してみた。しかし、満ち溢れた愛はなかなか見つからなかった。代わりに、してもらえなかったこと、されて嫌だったこと、まだやり返していないこと、の長大なリストが見つかった。これは愛ではない。

「どちらかと言うと僕は心が狭い方ではないかと思うのですが」

「そんなことないですよ。東畑さんはとてもおおらかで、どんなことでも、いいよーいいよーと許してあげられる、そういう強さを持った人に見えますよ」

サオリさんは天使のスマイルで、私の魂を褒めちぎる。私は超弩級《ちょうどきゅう》の善意を感じて、息苦しかった。

「この子もそう言ってますよ」

赤とピンクのカラーボトル〈風の中のキャンドル〉が怪しく光った。

「でも、僕、思い込みが激しくて、すぐ逆恨みするんですよ。だから、おおらかではないと言うか」

私はサオリさんの台風のような好意に抵抗していた。断じて俺は愛溢れる人間ではないと、なぜかムキになっていた。

「なるほど」サオリさんはひとまず、私の主張を受け入れる。そして言う。

「それは表面意識ではそうなのかもしれません」

「表面意識！」おぉ、心理学的な感じになってきた！

「はい。だけど潜在意識ではどうでしょうか」

「潜在意識！」心理学だ！　野の医者は心理学も使うのだ！

「そうです、この子が伝えてくれています」もちろん、この子というのは〈風の中のキャンドル〉のことだ。

「東畑さんには、愛の魂が存在しています！　意識を変えましょう！　本当の東畑さんは愛に満ち溢れている人です！」

私のやさぐれた魂は、吹き荒れるサオリさんの愛を前にして、風前の灯火、いや風の中のキャンドルであった。

　私は自分が自分じゃないものにされてしまうような窮屈さを感じていたが、愛のメッセージなのだから、しばしその流れに乗ってみようと思った。どこに辿り着くのだろう。

「なんだかそんな気がしてきましたよ……」

　サオリさんは満面の笑みを浮かべる。天使のスマイルだ。

「2本目のボトルです。東畑さん、今転機と言うか、変わり目じゃないですか？」

　この頃、私は転職活動の真っ最中で、信頼できる人に相談をして、今後どうするかを真面目に考えていた。

「実は、今転職しようとしていて」私はもっとも悩んでいることを相談してみた。

「東畑さん、あなたはライトワーカーを支援する人ですね……」サオリさんは言い切った。

「ライトワーカー！　なんですか、それは？」

「知らないんですか？　ヒーリング業界では当たり前ですよ」

「知らないです」

「病むことは、闇です。でも生き生きしている人は光ですよね。だから、闇の人を光の道に導いていく人をライトワーカーと言います。ここに光はあるよって伝える、それがライトワーカーです」彼女は光り輝くスマイルで言った。

　私はちょっとわかってしまった。

私じゃなくて、サオリさんが愛溢れるライトワーカーなのである。

だから、私のダークサイドはあまり相手にしてもらえず、光の方向に導かれていたのだ。

「東畑さんは、癒やし系で、スピリチュアルな人ですよ」

サオリさんは畳みかけてきた。

「それが東畑さんのギフトです！　それもライトワーカーを支援する人です！　これから講演をしたり、本を書いたりして、色々なライトワーカーに元気をあげていく人なんですーー！」

天使を超えた大天使が、愛と光を放射しまくって、そこで笑っていた。

病んだ魔女

もちろん、サオリさんと会った日の晩、私は光と闇を往還する羽目になった。柑橘系アロマを吸い込み、謎のハーブを飲み込み、愛と光に晒されすぎた私の体は、強烈な拒絶反応を起こしたのである。

私は闇の布団から光のトイレへ向かうという意味ではライトワーカーであった。

しかし、収穫はあった。私は腹痛に苛《さいな》まれながら、考えていた。

オーラソーマを受けた後、私はサオリさんの人生についてインタビューをしたのだが、そうしたら野の医者とは何者なのかを垣間見ることができたのだ。

尋ねてみると、サオリさんの半生は困難なことの連続だった。

父はアルコール依存症で、よく暴力を振るう人だった。だから、両親は早くから別居し、サオリさんは母と姉に育てられた。母との相性も難しかったようで、幼い頃より反抗ばかりしていたのだそうだ。

一家の柱は姉だった。姉は看護師をして経済的にも心理的にも一家を支えていた。だから、サオリさんは姉に憧れて、高校卒業後住み込みの看護助手をして、看護師の資格を取った。

「看護師は天職と思っていました。人を助けたいとか、救いたいとか、そういうことは本当にやりがいがありました。でも、なぜかずっと焦っていました。いつも自分を未熟だと思っていて、もっと頑張って実力をつけないといけない、このままじゃだめだと思っていたんです。極めたいって気持ちがありました」

サオリさんは愛情に恵まれず、自分自身をいいものだとは感じられなかった。そしてその分、人を助けたいという思いを抱いていたのだ。

不幸は続く。サオリさんは、十代で妊娠・結婚・出産・離婚を超光速で経験する。さらに、再婚し、二人目の子供を授かる。そして、二人の子を抱えて、働き続けてきた。とにかく貧しかったのだ。

そういう生活の中で、サオリさんは育児ノイローゼとパニック発作に襲われるようになった。

「大変でした、この子を二階の窓から投げてしまうんじゃないかっていつも不安でした。自分のことを何度もビンタして、部屋の隅でうずくまっていたのを覚えています」

彼女は深刻に病み、追いつめられたのだ。カウンセリングもどこで受ければいいかわからず、薬も効かないという状況で、彼女はどこに助けを求めればいいのかがわからなかった。

ここからだ。ここから彼女は野の医者の世界へと足を踏み入れることになる。

「最初はヒプノセラピーに出会ったんです。アソウレイコ先生です。先生がパニックは前世から来ているんだよって教えてくれたんです。それで大丈夫だよと言って抱きしめてくれて、勇気が湧いてきました」

アソウレイコとは沖縄では超有名な精神科医である。彼女は前世を見ることができて、クリスタルやアロマを使った癒やしを行なう。

「それからです。色々なヒーラーのところに行くようになりました。合うのもあるし、合わないのもあったけど、だんだん症状が治まっていきました。そうしたら、次は自分も人を癒やせるようになりたいと思ったんです。それから、色々な先生のところに通って勉強するようになりました。オーラソーマに出会ったのもその頃です」

サオリさんの話は、自分が病んでいた話から、急に人を癒やす話へと転換した。なぜ自分が癒やされたら、人を癒やすことになるのだろうか。ここに私は野の医者の秘密が隠されているように思った。

「姉からはそんな病気をした人にカウンセリングなんかされたくないさ、と言われました。それはちょっと痛かったです」彼女は少し寂しそうだった。「でも、最近姉は癒やしてーって、このサロンに来てくれます。昔は姉みたいになりたかったけど、今は姉をサポートしたいって思っています。姉を支えてあげたいんです」

そう、私ではなく、サオリさんこそ、ライトワーカーを支援する人だったのだ。

「愛のある人です」「今、転機にいます」「ライトワーカーを支援する人です」サオリさんが私に伝えていたメッセージは、彼女が自分自身に向けているメッセージだったのである。

傷ついた治療者――ミイラがミイラ取りになる

野の医者とは病み、そして癒やされた人たちである。

私はその後、百人以上の野の医者から話を聞いたが、ほとんどの人が深刻に病んだ時期があり、それを潜り抜けた後に治療者としての活動を始めていた。

野の医者たちは自分が病み、癒やされた経験から得たものを、今病んでいる人に提供しているのである。

自分を癒やしたもので、人を癒やす。そして人を癒やすことで、自分自身が癒やされる。

こういう現象を、ユングという偉大な心理学者は、「傷ついた治療者」と呼んでいる。

傷ついた治療者の伝統は古い。

ギリシア神話を見れば、最初の医者であるケンタウルスのケイロンが、癒やしがたい深刻な傷を負っていたことが記されている。自分自身傷ついていたからこそ、彼は薬草に詳しく、人を癒やす術を知っていたというわけだ。

あるいは、シャーマンもまた病み、傷ついた人だ。そのあたりは佐々木宏幹《ささきこうかん》の『シャーマニズムの世界』という本に詳しい。原因不明の病いに陥った人が、それが神や霊の仕業だと知り、病いを治すために神に祈るようになる。こうして、人はシャーマンになる。

それは何も未開社会の話ではない。現代の医者や看護師が書いた自叙伝の多くには、自ら病んだ経験をきっかけに人を癒やす仕事に就こうとしたことが頻繁に書かれている。あるいは、臨床心理学を学ぶ学生の多くも、その志望動機として、辛い経験をしたからそれを活かしたいと語る。また、アルコール依存症や虐待被害の自助グループでも、自分の経験を使って、他者を援助することが推奨されている。

そういうことを訓練システムに取り入れているのが、精神分析やユング心理学といった臨床心理学の一派だ。そこではトレーニングとして「教育分析」が義務付けられている。分析家の資格を得るためには、自らがクライエントになり、治療者から分析、つまり治療を受けなくてはならないのである。

面白いことに実際、フロイトもユングも、自分の病いを癒やすところから、新しい心理学を作っていった。

治療者になるためには、一度病者にならないといけない。あるいは、病者が治療者になる。人間は病み傷つくことで、人を癒やす力を手に入れる、ここに伝統的な癒やしの文化がある。

だけど、そういう太古から続いてきた「傷ついた治療者」の伝統は、科学的な医学によって覆される。

科学とは「いつでも、どこでも、誰でも」同じ結果が出る法則のことだ。耳が膿《う》んで中耳炎になったら、抗生物質を投与して、膿《うみ》を撃退する。傷ついた治療者だろうが、傷ついていない治療者だろうが、同じ病気に対して、同じ手続きを踏めば、同じ結果が現れる。それが科学であり、医学だ。

現代では傷ついていなくても、科学的な思考によって試験を突破すれば、医者になれる。科学が人を癒やすのだ。

それが現代を生きる私たちの常識だ。だから私たちは、治療者は傷ついていないことを前提にしている。外科医の指に小さな傷があるだけで、手術の感染症のリスクが上がってしまうのだ。ここには科学への信仰がある。

だけど、それは身体に対してはそうなのかもしれないけれど、心に対しても言えることなのだろうか。

少なくとも野の医者たちは違う。彼らは病んでいるからこそ、癒やせるのだと確信している。苦しんだ経験が人の役に立つのだ、と。

「ミイラがミイラ取りになるんですよ」

大学院のときの先生は臨床心理士について、うまいこと言っていた。

そう、ピラミッドの盗掘をしていたミイラ取りが、道に迷い朽ち果ててミイラになるのではない。もともと永眠していた渇いたミイラが、神の恩寵で癒やされて、他のミイラを癒やすためにピラミッドを駆け巡る。

「起きろ、おまえは自分をミイラだと思い込んでいるだけだ。包帯を取って、ありのままの自分を見るんだ。ピラミッドの外は眩しいぞ」

闇から光へ、ライトワーカーではないか！

「自分を癒やすために大学院に入る人が多すぎる」

科学に憧れる臨床心理学関係者にはそのように嘆く人も少なくない。

だけど、もしかしたら、それはミイラだったことを忘れたミイラ取りの言い分なのかもしれない。

ただ、結論は急ぐまい。確かに野の医者たちは傷ついた治療者の伝統を地で行く人たちだ。そしてもしかしたら、心という怪しいものの治療には本来そういうところがあるのかもしれない。

だけど、そもそも、なぜ傷つくことが癒やす条件なのか、そして人を癒やすことで、なぜ自分が癒やされるのか、意味がわからないではないか。謎は深まるばかりなのである。

もっと色々見てみようじゃないか。

私はそういうことを思いながら、野の医者から受けた愛と光のデトックスに励んだ。

ヒーリング依存症とその終わり

そして、私はヒーリング依存症に陥った。面白くてしょうがなかったのだ。

仕事の合間を縫って、次から次へと怪しげなセラピーを受けて回るようになった。前世、クリスタル、タロット、天使、レイキ。わけのわからない治療を受けまくって、彼らの愛と光を肺いっぱいに吸い込んだ。そして、夜になると腹痛を起こして、トイレに閉じこもる日々が続いた。

だけど、野の医者たちにそれを報告すると、皆一様に「よかったじゃない！　デトックスよ」と言うので、それを信じてさらなるヒーリングを求めて回る日々だった。

今思えば異常な傾倒ぶりだった。私は混乱する職場のことで疲れ果てていて、誰かにケアしてもらいたかったのかもしれない。研究しているようで癒やしを求めていたのだ。そういう意味では、まさに依存症状態だ。

行く先はサオリさんが紹介してくれた。そして、その紹介先がさらに紹介してくれた。芋蔓《いもづる》式というやつだ。

さらにこの頃、「沖縄ヒーリングパラダイス（通称ヒーパラ、能天気な良い響きだ）」という野の医者たちが一斉に参加する大型イベントがあって、そこで大量の野の医者と知り合いになってしまった。彼らもまた次々と知り合いを紹介するので、私は怪しい治療には事欠かなくなっていた。

私は早くも、ゐなぐのネットワークに絡めとられていた。と言うか自分から望んで、ネットワーク内を遊泳するようになったのである。カガさんに言ってやりたかった。ほれ見てみろ、95万円じゃ、全然足りないのだ。

私の2013年はこうして暮れていった。

ヒーリングを受けては毒素を摂取し、夜になれば深い後悔のもと毒素を排出する。ほとぼりが冷めたら、また大喜びして、ヒーリングを受けるということを繰り返していたのである。

しかし、2014年に入ると、ヒーリングから急速に足が遠のき始めた。熱に浮かされたような第一次ヒーリング依存症は突如終わりを告げたのである。

終わった理由にはいくつかあるが、どう考えても決定的だったのは、信頼できる筋に相談して、転職のめどが立ったことだった。

私は沖縄を離れることにした。内地に戻るときがきたのだと思った。職場にも退職届を出したし、今までしてきた仕事に区切りをつける必要があった。沖縄でできた人間関係にもひとまず別れを告げなくてはいけなかった。

野の医者の世界のことはまだ全然わかっていなかったが、沖縄を離れる以上は、このあたりが潮時ではないか、これも運命ではないかと思っていた。トヨタ財団に対しては、なんやかんや理由をつけて、お茶を濁そうと思っていた。

私は調子のいいことを考えて、日々を楽しく過ごすようになった。

そうなってくると、ヒーリングの出番はもうない。私の転機は終わり、次の世界へと胸を膨らませていたのだ。

こうして、野の医者の医療人類学はまったく中途半端なまま終わったかに見えた。

しかし、そうは問屋が卸さない。

③章 なぜ、沖縄には野の医者が多いのか

――ブリコラージュするマブイ

福の市にやってきた

「ほら、オチチが当たってるでしょ、サービスよー」

ガッチリしたオバアが私の背中の上で蠢《うごめ》いている。

「痛いです！」私は叫ぶ。

腰のツボが深く押されている。まさかこのオバア、乳房が骨でできているのだろうか。と言うか、乳房でマッサージなんてしてないよな。

ベッドに伏せていた顔を上げると、タロットを持った女性が向こうで笑っているのが見える。それだけじゃない。周りの女性たちも皆、絶叫する私を見て、大爆笑している。アロマの香りが私の意識を朦朧とさせる。賑やかな女性たちの向こうに仏像たちが見える。心なしか仏像たちもニヤニヤと笑っている。

「そんなに喜んでくれて、嬉しいわん、まだまだこれからよー」ダミ声がまくしたてる。

「このオバアはすごいよ」タロットを持った女性が横から話しかける。どうやら関係者らしい。

「すごいのは、わかりますよ！」私は呻《うめ》いた。

「見えるのよ」

「何が？」

「アレさ」上に乗ったオバアが嬉しそうに言う「スピリチュアルよー」

「痛いー！」権現堂《ごんげんどう》に私の悲鳴が響き渡る。振り返ると、日に焼けたオバアが白い歯を見せて笑っている。オバアの首元でパワーストーンが揺れている。


2014年3月。汗の匂いのする春の風が吹き、ガジュマルの樹が太陽に照らされて緑に光る季節だ。訪れた陽気が草花を芽吹かせ、風景を青色に潤わせる。冬が終わり、うりずんの季節になったのだ。

私は那覇市沖宮《おきのぐう》で開かれた「福の市」に来ていた。神社で謎のヒーリング・イベントが行なわれるらしい。そういう奇怪な情報を聞きつけた私は、いてもたってもいられず、駆けつけたのだ。

決して広いとは言えない境内に所狭しと、小さなテーブルが並んでいる。パワーストーン・ショップ、占い師、スピリチュアル・ヒーラー、ビジネス・コンサルタントといった怪しい面々が並んでいる。皆半袖にサンダルなのは、冬が終わったことを祝っているようだ。

テンガロンハットをかぶった女性ヒーラーが、子連れの若い母親に聖水をふりかけ、レイキを送っている。その向こうに権現堂がある。仏壇の前に、無数のマッサージベッドが並べられている。「フットセラピー&マヤ暦」という看板が見える。足を揉《も》みながら、マヤ暦占いをするのだろうか、仏が見守る中で。

権現堂の壁には、額縁が飾られていて、読むことができない謎の文字が書かれている。一見、漢字風なのだが、見たことがない偏や旁《つくり》でできた字だ。先代宮司《せんだいぐうじ》が神がかったときに残したものなのだそうだ。そのすぐ横で、ソバージュの女性がタロットを繰っている。そしてさらにその隣で、私は悪魔のようなオバアに襲われていた。

伝統と現代が入り混じる、とにかくシュールな光景なのだ。

ヒーリング・イベントとは、癒やしに関わるお店やヒーラーが集う見本市である。安くて5百円、高くても2千円程度の低料金でヒーリングの体験ができる。フリーマーケットの癒やし版である。

昔、東京で「スピコン」という大掛かりなヒーリング・イベントがあったが、現在では大小様々なイベントが毎日のように開催されている。沖縄では特にそれが盛んで、土日になれば必ず3、4ヶ所でそのようなイベントが行なわれている。前章で少し書いた「沖縄ヒーリングパラダイス」はその大規模版だ。

ヒーリング・イベントは野の医者たちがお金を儲けるためにやるものではない。なにしろ低料金なのだから、売り上げはたかがしれている。彼らの大きな目的はイベントをきっかけにした集客であり、広告と宣伝にある。また、私の見るところ、同業者で集まってネットワークを強化したり、繋がりを確認したりすることも、野の医者にとっては重要なことのように思う。

さて、「福の市」もまたヒーリング・イベントである。琉球八社に数えられる伝統ある神社境内に、怪しいヒーラーが集まって、癒やしのフリーマーケットを開いているのである。しかも、主催者が沖宮自身だ。つまり、神社が正式にヒーリング・イベントを開催しているというわけだ。

驚愕すべき事態だ。裏千家の家元が、マカロンを食べながらマテ茶を飲む茶会を開くようなものだ。

こういう異常事態にこそ、野の医者の謎を解く鍵があるのではないか。私のセンサーは反応していた。

伝統と現代が簡単に混ざってしまう現場を見なくてはいけない。私は気付けば沖宮に向かって走り出していた。と言っても、自宅から2分の距離にある御近所さんだ。興奮していたので瞬間移動のようだった。

野の医者が多すぎる——文化と治療について

3月に入り、職場の有給消化期間に入ると、私はフィールドワークを再開していた。

ミルミルイッテンシューチューのグシケン先生と出会ったのもこの頃だ。連日のように私は野の医者に会いに行っていた。

会いたい人はたくさんいた。この頃には私はFacebookを活用し始めており、ネットワークは爆発的に広がっていた。沖縄には本当にたくさんの野の医者が生息しており、彼らはインターネット上で活発に広告活動をしていた。怪しいページを見かけるたびに、メッセージを送り、アポイントを取り付けた。さらにそこから、新たな野の医者を紹介される。そのようなことを繰り返していた。

それにしても、沖縄には野の医者が多すぎる。私は漠然とそのように感じ始めていた。閑静な住宅街にも、オフィス街にも、観光地にも、野の医者が潜伏しているのだ。

もちろん、野の医者の統計など存在しないのだから、他の地方に比べて、数が多いかどうかについてははっきりしたことは言えない。ただネットで検索すると明らかに他の地方より多い数がヒットするし、実際、東京と沖縄の双方で活動する野の医者に尋ねると、沖縄のヒーリングの活発さは類を見ないものらしい。

なぜ沖縄ではかくも多くの野の医者が活動しているのだろうか。

これは結構重要な謎のように思う。文化と治療がいかなる関わりを持っているのかという大きな問題と関わってくるからだ。

治療は文化によって変わってくる。何が病気とされ、何が治癒とされ、誰が治療者で、誰が病者なのか、そういうことが文化によってまったく違う。文化が治療のありかたを決めるのだ。医療人類学という学問はそういう発想で研究を行なってきた。

ちょっとややこしいのだが、この本にとっては大事な考え方なので、少しお付き合いいただきたい。

たとえば、教室で座っていられず、粗暴な振るまいをする子は、アメリカでは「ADHD」だと診断される。すると、リタリンという脳に働きかける薬が処方されたり、行動を制御するためのスペシャル・プログラムが組まれたりする。

だけど、そういう子は沖縄ではマブイを落としたと言われるかもしれない。そうすると、治療はマブイグミと呼ばれる、魂を込め直す作業になる。

あるいは、アフリカの狩猟民の世界では、教室で座っていられないのは、勇敢な狩人《かりゅうど》の証で、病気ですらないかもしれない。父母はいつか大物の豹《ひょう》を捕獲する子の雄姿を夢見るかもしれない。

そういう風に考えると、ある文化にとってはいかがわしい治療も、他の文化ではまっとうな治療とされることが起こる。マブイグミは現代医学にとってはおかしな迷信以外の何物でもないが、現代医学だって昔は悪魔の所業と言われていたのである。臨床心理学に至っては、今でも怪しいと思われることが少なくない。

文化が治療を規定する。だとすると、そこにはどういうルールがあるのだろうか。それがこの本で追いかけている謎だ。

さて、沖縄に野の医者がこれだけ大量に生息しているのはなぜか。それが、私が直面していた謎だった。

このとき、私の仮説は、以下のようなものだ。

沖縄文化には、野の医者を生み出すような装置がセッティングされているのではないか。

だとすると、その装置とはどういうものなのだろうか。

私は、沖縄伝統の神社とヒーリング・イベントという組み合わせから、そのような文化と治療の関係が少しはわかるのではないかと思った。

そして、実際に福の市に行ってみてわかったのは、沖宮がただの神社ではないということだ。

境内にヒーラーや占い師たちがいるのはまだわかる。縁日に占いはつきものだ。それにしても経営コンサルタントまでいたのは意味不明だったが、それもヒーリング業界が経営学と深く結び付いていることを思えば、まだ理解できる。

だけど、どうして権現堂という聖なる空間でマヤ暦やタロットをしなくちゃいけないのか。アロマ・マッサージをすることになるのか。線香の代わりに、アロマが薫っているのだ。どうかしてるではないか。

普通じゃない。沖宮って一体何なんだ。

私は早速、沖宮に取材を申し込んだ。そうしてわかったのは、次のことだ。

ウラの神社——コーラとアンパン

「沖宮には二つの顔があるんだよ。オモテの顔とウラの顔。これが面白い」坊主頭にジャージ姿の沖宮禰宜《ねぎ》上地《うえち》一郎《いちろう》氏は言う。

確かに沖宮はウラの神社だ。那覇市の空港にほど近い奥武山《おうのやま》公園には、広大な土地の中にいくつかの神社が存在している。なかでも有名なのは護国神社で、こちらはオモテの神社だ。

国道58号線から見える大鳥居は護国神社のものだ。お正月になれば、テレビで盛大にCMが打たれて、多くの参拝客が初詣《はつもうで》に訪れる。私も、働いていた病院のデイケアで、患者さんたちと一緒に行ったものである。屋台が立ち並び、参拝客は長蛇の列で、お正月にふさわしい楽しい雰囲気がある。

これに対して、沖宮は正月の参拝客も少なく、どこかおどろおどろしい雰囲気がある。今でこそ街灯が取り付けられているが、一昔前には夕方以降は立ち入ることが憚《はばか》られるような雰囲気があったと言う。境内には熱帯の植物が群生して森になっていて、巨石がところどころに安置されている。滝や池があって、そこには複数の神像が無秩序に並べられている。神秘的な雰囲気が醸《かも》し出されているのだ。

その成り立ちがこれまた面白い。

沖宮は琉球八社と呼ばれる王国公認の由緒正しき神社である。「沖」宮と言うだけあって、海の神様を祀《まつ》るところだったので、もともとは現在の那覇港あたりに鎮座していた。しかし、その後港が建築されるにあたって、安里《あさと》八幡宮内に遷座《せんざ》される。その後、沖縄を襲った戦争で沖宮は焼失した。

沖宮は忘れ去られ、消滅しかけていたのだ。しかし、ある男の存在が、沖宮の運命を一変させる。

昭和28年、トラック運転手をしていた比嘉真忠《ひがしんちゅう》が神がかりをする。彼の著書、『御嶽《うたき》神教《しんきょう》――うるま琉球沖縄神道記《りゅうきゅうおきなわしんとうき》』では、以下のように書かれている。

「41歳のとき、〈沖宮を復興せよ〉との神託を受け、そのときから、わが身でありながらわが身でないかのように、宙に浮かされたような行動で、目に見えない神霊の誘導に引っ張られて着いたところが、奥武山《おうのやま》の天燈山御嶽《てんとうざんうたき》であった。以来、神のお導きのもとに天燈山御嶽に日参させられた」

「御嶽」とは「ウタキ」と読む。沖縄では神が宿る聖なる場所のことをウタキと呼び、人々はそこで神に祈りを捧げる。那覇はビルの聳《そび》え立つ大都会なのだが、それでも街の至る所にウタキが隠されている。私も一時期ウタキ探しに夢中になって、近所を探検したものである。モノレールを横目に見ながら、レンタルビデオ屋の裏側に回るとウタキが見つかる。これが最高に楽しい。

それはともかく、比嘉真忠が経験したような状況を、沖縄では「ターリ」とか「カミダーリ」と言う。神が上から「垂れてくる」イメージで、「祟《たた》る」という言葉とも深い関係があるのだろう。

カミダーリになると、神の声が聞こえ、その指示通り動かざるを得なくなる。聞くところによると、比嘉真忠のそれは凄まじく壮絶なものだったらしい。

比嘉真忠は神に言われるがままに、沖縄各地を歩き回り、厚い下駄は紙のようにペラペラになった。暑い日も、雨の日も、奥武山公園のある場所で立ち尽くすようになった。ここには書けないような様々な奇行が頻発した。

比嘉は、突然意味不明な字を紙に書きつけ（権現堂に飾ってあったものだ）、食事はコーラとアンパンばかりだったと聞く。神がコーラとアンパンを所望したということなのだろうか。沖縄が米軍支配下にあったことを感じさせるエピソードだ。

比嘉真忠は後にその時期を振り返って、「皆からフリムン（狂っている）と思われたりして恥ずかしかったけど、自分ではどうすることもできなかった」と語っていたそうだ。

だけど、そういう状態の比嘉のもとに、徐々に人が集まってくるようになった。いずれも精神的・身体的な重い病いを抱えた人たちだ。

病んだ人たちは比嘉真忠に自分を見てもらう。比嘉はその病いが何によるものなのかを神に尋ねる。そして、神から託宣がやってくる。病んだ人たちはそのようにして、自分の使命を知らされる。

そして共に神おこしを行なう。つまり、特定の場所で祈りを捧げ、その場所の忘れられていた神を安んじるのだ。比嘉は一度、アメリカにまで神おこしに行ったこともあったそうだ。

すると、病者たちは奇跡を体験することになる。病いが癒やされるのだ。その奇跡に感動して、彼らは比嘉と共に、使命を行なう崇敬者となっていく。上地一郎氏の祖父もそのような崇敬者のひとりだ。さらに上地氏の父もまた、癌に侵され、医療から見放された後に、沖宮での祈願によって快癒を得た。上地一郎氏は父親の病気が治るのならば、なんでもすると神に祈り、実際に癒やされたことから、現在も沖宮の神職として奉仕することになる。

こうして、集まってきた仲間と共に、比嘉真忠は、何年もかけて現奥武山公園だけでなく、沖縄県のありとあらゆる場所で神おこしを行ない、昭和50年に沖宮は現在の場所で復興された。

沖宮は野の医者が作った神社なのだ。実際、崇敬者の中にはノロ（祝女）などの神人も少なくないし、ユタたちが普段の治療で積み重なった難しいものを祓《はら》うために、拝みに来る場所になっている。言わば、沖縄の霊的センターだ。

しかし、考えてみれば異常な事態ではないか？　なにしろ、もともと比嘉真忠はトラックの運転手だったのであり、現実的には沖宮とはなんの関わりもなかったのだ。それが実際に、沖宮の宮司になるわけだが、そこを繋ぐ線は比嘉真忠の語る神の声だけなのである。そんなことがあり得るのかと思うが、あってしまうのだ。

比嘉真忠に起きたのは、天理教の中山みきや、大本《おおもと》の出口なおといった近代の新宗教設立と同じ物語だと言える。ある日神の声を聴き、導かれるようにして、神の教えを伝えはじめる。そしてそこに奇跡の癒やしを体験した人々が集まって、教団を設立する。だから、沖宮は表向きには神社であり、日本の伝統的な神道の一員とされているが、実は裏の顔を持っているということになる。沖宮の教えは、本質的には比嘉の神がかりから生まれた宗教なのである。

実際、比嘉真忠が見出した主神は天受久女龍宮王御神《てんじゆくめりゆうぐうおうおんかみ》で、『古事記』などには出てこない。それは琉球古神道の流れを継いでいると、上地氏は語っていたが、私の見るところ、その神はおそらく比嘉真忠の独創的な発見だ。もちろん、神道や沖縄の伝統というものはあるにせよ、神と直接対話している比嘉はそこに自由に神々のことを付け加えていくことができるのだ。

新宗教なのだけど、同時に琉球古神道でもありえるというところが沖縄シャーマニズムのすごいところだ。つまり、神と直接話をしてしまうこと自体が伝統文化なので、そこからどんな新奇なアイディアが出てきても、それは伝統の範囲内なのである。これは強力だ。

だから、今でも沖宮は強い信仰心に駆動されている。そのあたりが普通の神道系の神社とは違う。神との距離が近いのだ。

私は実態を知りたくて、月次祭《つきなみさい》という定期的に行なわれる神への祈りの儀式に参加させてもらった。

ハイサイ！　ハイサイ！　ハイサイ！

早朝4時半開始と言われたので、眠たい目をこすりながら、ちょうどの時間に着いたら、

「東畑さん、遅刻だよ」と上地氏に怒られた。

なんと早めに始めているのだ。そんなものなのかと驚いた。

拝みは非常にシステマティックに行なわれる。ひとつのウタキを拝んでいるときも、他の神職が別のウタキの拝みの準備をしている。そうやって、次から次へと奥武山公園内のウタキを回って拝んでいくのだ。

「ハイサイ！」と上地氏は神に挨拶をしてから、拝む。

まだ夜明け前の静謐《せいひつ》な森に、神に捧げる泡盛が薫っている。

再び「ハイサイ！」と言って、拝みは終わる。

すぐに車に飛び乗って次のウタキに向かう。私も上地氏と一緒に車に乗る。カーラジオからはNHKラジオ深夜便が流れている。

「今のは最初に世界を作った神様よ。古事記にも出てくるよ、アメノミナカヌシノカミとかあるでしょ。古事記には場所は書いてないじゃない？　ここだよ」。真顔で上地氏は言う。

素晴らしい。奥武山公園は、世界開闢《かいびゃく》の場所だったのだ。近所に住んでいた私は半人半神ではないか。

ウタキを回る途中で、上地氏は烏帽子を付けたり、脱いだりする。沖縄の神に祈るときと、神道式で祈るときとある。手でカーテンコールのように拍手するときと、無言で行なうときと、スタイルが違うのだ。祈りの儀式も、伝統的な二拍手のときとある。現代の神道と琉球古神道がごちゃ混ぜになっている。チャンプルー文化だ。

「ハイサイ！」「ハイサイ！」「ハイサイ！」

公園内の神々すべてに祈りを捧げて回る。本当に大変だ。目まぐるしい。

「大変ですね」車の中で、私は上地氏に伝えた。

「大変よ」上地氏はカーラジオのチャンネルを洋楽に変える。泡盛の香りがする。「雨の日もカッパ着てやるさ。昔は逃げ出そうと思っていたよ」

「そうなんですか」

「そりゃそうさ。なんで、こんなことしてるの?って思うさ。でも、逃げ出したら夢見るんだよ、沖宮が出てきて、俺を呼んでるんだよ。もう大変さ、これが使命なんだよ、逃げられないよ」

朝の暗がりの中、数名の神職がキビキビと動いているのは圧巻である。彼らは自分の意志ではなく、神の意志に動かされているように見える。すべてが粛々と行なわれる。

「朝は気持ちいいですね。祈るにはいい時間ですね」私は言った。

「もともとは10時からやってたけど、最近早朝にしたんだよ」上地氏は言う。え！　伝統的な儀式だと思っていたので、私は驚いた。

「そうなんですか？　いいんですか？」

「しょうがないさ。こんなの10時に始めたら一日潰れるよ。神社が開店休業状態になるでしょ。年に70回以上あるんだよ。地鎮祭とか参拝者の祈願とかいつやればいいの?」

比嘉真忠はひたすら神に突き動かされている人だったので、沖宮の経済状態は長らく逼迫《ひっぱく》したものだったそうだ。拝みをするにも人数がいるが、神職に出せる給料は相当に安くて、彼らが家族を養っていくのは厳しかった。それで沖宮から人が大量に抜けていった時代があった。

だから、上地氏は沖宮の経営を改善するために、改革を行なった。神事は早朝にやり、日中は収益になる地鎮祭などを行なう。沖宮を知ってもらい、訪問者を増やすために、様々なプロモーションを行なう。境内でコンサートを行ない、花の展覧会を行ない、カフェを作る。なんと、プロレスまでやるのだそうだ。ただ、芸能が本来神事であったことを思えば、あるべき姿と言えないこともない。もちろん、福の市もその一環だ。

そのような改革に対して、古くからの崇敬者からは反発もあったそうだが、お金の問題は現実的なのだ。だって、しょうがないではないか。

「いつかは花火もやりたいね。打ち上げるんだよ。ドカーンとね」上地氏は嬉しそうに言う。「やりたいことがいっぱいあるから、今は楽しいよ。使命だからもう逃げられないと思ってからは、沖宮を知ってもらって、みんなが元気になるために、色々やるのが楽しくなったさ」

沖宮はコーラとアンパンでできた神社だ、ヒーリングイベントを開くくらい朝飯前なのだ。

シャーマニズムからリンパ・マッサージへ

それにしても不思議な話ではないか。神の声を聞いてしまい、自分の人生を投げ打ってまで神の意志に従わざるを得ない人がいる。そしてその神がアンパンとコーラを所望する。「普通そういうときは白米と水じゃないの」と思うのは、私と同じ凡人の発想である。神は伝統に縛られない。伝統を作り出すのが神だからだ。そして、その神から直接指令を受けているのだから、カミダーリしている人も伝統に縛られない。カミダーリ自体が伝統なのだから、あとは自由だ。

沖縄シャーマニズムは自由なのだ。伝統とか格式にこだわる必要がない。神から直接語りかけられるので、その通りやるならば、それで正解だ。

だから、「福の市」というヒーリングイベントが沖宮で開催されるのは偶然でもなんでもない。比嘉真忠自体が広い意味で野の医者だったと言えるし、そして現代のヒーラーたちもまた比嘉真忠と同じように神と直接出会ってしまった人たちなのだ。

野の医者にはそういう人が非常に多い。カミダーリの結果、比嘉真忠がコーラしか飲まなくなったように、現代の野の医者はカミダーリの結果、スピリチュアルを選ぶことになる。その実例を少し紹介したい。この章の冒頭に登場したオバアのことだ。

グスクマイクコさん、60歳。

「今度、取材させてもらえませんか」とマッサージを受けながら尋ねると、「モチモチもちろんよー、私はジョークが得意なのよ。お笑いさー」と快諾してくれた。

このオバア、本当に異常なハイテンションなのだ。

イクコさんのサロンは那覇市国場《こくば》の近くにあり、幾分古ぼけた建物の一階にあった。

魔女クラスターの清潔感溢れるサロンとは違って、乱雑に散らかっており、ヒヌカンと呼ばれる神様の香炉が飾られている。しかしよく見れば、ペンジュラム（人生の道を教える魔法のペンダント）やタロットも置いてあり、イクコさんが魔女クラスターの末席に位置しているのがわかる。

「で、なにしに来たの？」イクコさんは煙草をくゆらせる。

「今までのことを聴かせてもらいたくて」私も煙草の煙を吐き出す。

「アゲ！　オバアの過去を聴くか？　面白いぞー、ガハハ」野の医者は笑う。

ちなみに「アゲ！」とは沖縄の人が驚いたときに放つ言葉だ。「アゲジャビヨ！」とか、「アッサ！」と言ったりもする。言われた方までビクンと驚いてしまうような方言の響きなのである。

イクコさんは沖縄の貧しい環境で育った働く女性だ。結婚、出産、離婚を目まぐるしく経験し、人生の大半を苛酷な仕事に充ててきた人だ。

「自分の人生プランはあったよ、60になったらゆっくりしようなーって。でも全部倒されたわけよ」

50代に入る頃、自衛隊基地で草刈りの仕事をしていたイクコさんは、突然「ウフフ」という声を聞き、頭を「ポンポン」と叩かれた。それから、家の前で時代遅れの格好をした女性を見るようになり（幽霊かどうかわからんけど、とイクコさんは言う）、様々な幻覚を体験するようになった。もちろん声も聞こえるようになった。

「でも、気にしていられないさ。金ないのに」

そこは普通は気にするのではないか。イクコさん、ワイルドだ。生活費のことで頭がいっぱいだったのだろう。それにしても、なぜ貧しさが野の医者の重要な要素になるのだろうか。

ただ、気付けば何ヶ月も起き上がれなくなり、その後は日中徘徊する日が続いた。

「こっちいけ、あっちいけって言われるわけよ。なんでなのって思うよ、そりゃ。こっちが聴きたい。本当は東畑さんみたいな心理学の人に聴きたいわけさ。私の脳は何かおかしいのって」

さらにイクコさんは話を続ける。

道を歩いていると、ユタに話しかけられることが続いた。カミダーリしているのが明らかだったからだ。

「あっちいけ、こっちいけって、拝む場所を教えてくるわけよ。でも、行きたくないでしょ、そんなの。そんなとき、雑誌でリンパ・マッサージの広告を見て、習いに行ったのよ」

「リンパ・マッサージ！　なんでまた？」

「わからんよ、そんなの。連れ回されるんだから、わからんものに」

そう、神はイクコさんにはリンパ・マッサージを望んだのだ。

イクコさんは借金をして、リンパ・マッサージのスクールに通うことになった。すると、講師から受けたマッサージは電流が流れるかのような快感だった。恍惚としたと言う。

「びっくりしたよ、あんな気持ちいいものなかったね。それでこれやろうと思ったのよ」

そこから、イクコさんは800万円ほどかけて、様々なスクールに通い、オーラソーマやアロマなども習ったのだと言う。どこからそんなお金が湧いてくるのかわからなくて戸惑う。

そして、2年前にサロンを開いた。カミダーリしている人がよく相談に来るのだと言う。

「実は私もまだ、おかしいよ。よくヘンナー（変）になるときがある。でも、助けを求めているんだから、その人がちゃんとした道に行けるように、マッサージして、アドバイスしているよ」

イクコさんはユタにならなかった野の医者だ。だけど、少し詳しく聞くと、実は相談者の霊視もして、霊的なアドバイスをしている。ユタみたいなリンパ・マッサージ師なのだ。ますますよくわからない。

インタビューが終わると、私は彼女に取材のお礼を支払った。

「嬉しいね、今日飲みに行こうね、奢るさ」イクコさんに誘われた。

おぉ、二人で飲みに行ったらどんなことが起こるのだろう。魔女と酒を飲むのは初めてだ。私は急激にテンションが上がった。しかし、今日はまだやることがある。

この日、私にはもうひとり会う人がいた。そのおじさんはイクコさんの逆だ。つまり、ユタになりそうでならなかったリンパ・マッサージ師ではなく、ユタになってしまった心理学者だ。逆パターンを見てみよう。

私は沖縄県西原町《にしはらちょう》に向かって車を走らせた。

心理学者は拝む

「私は、日本文化に基づいた心理学と家族療法の研究を通して、まぶい分析学を創始することができ、まぶい分析学研究会を主宰させていただいておりますマタヨシマサハルと申します。本日はここ、西原町○○14－X－YのA城B男さまとその結びC子さまがお住いの屋敷のウガン（拝みのことだ）のお手伝いをさせていただいております」

ボロボロのシマゾーリ（沖縄ではビーチサンダルのことをそう呼ぶ）を履き、フケだらけのフリースを羽織った初老の男性が、その家のご夫妻を引き連れて、家の四方を拝んで回っている。それがユタになった心理学者マタヨシ博士だ。

祈りの文句はその家族の名前と住所以外は一言一句間違いない。なんと、この拝みには脚本があって、私はそれをそのまま写したのだ。祈りはまだまだ続く。

「この屋敷のウガンに際しては、フール神様（便所の神のことをそう言う）を拝ませていただくことがひとつの大きな特徴でございます。これは、人間の上の口と下の口は、体内へ他の生き物を取り込み、また排泄をするための重要な役割を担っていて、私たちの健康を維持するためには、常にある程度清浄さを保つことが必要であるとされているものでございます。この民間伝承は日本には広く見られますが、現代では消えつつあるようにも感じられます。しかし『トイレの神様』というタイトルの歌が全国的に流行ったことからすれば、日本人の心には深く染み付いているものと考えられます」

　実はまだまだ続くのだが、このあたりでやめておく。祖先霊に『トイレの神様』というヒット曲について報告するのだから、イカしているとしか言いようがない。

　こういう祈りを全部で16ヶ所で行なう。ヒヌカン、つまり台所にいる火の神から始まって、地域のウタキ、フール神、風水神と続く。そして干支のそれぞれの12の方向に向かって、祈りを捧げる。

　守秘義務の問題もあるので、私を例にして説明する。私だったら亥年《いどし》生まれなので、風水の亥の方向に向かって「亥の端御神加那志《うかみがなし》」に向かって祈る。祈り方も普通じゃない。

「東畑家では、亥の端御神加那志とそのミフシ、阿弥陀如来さまのチヂブンをいただいている方は、東畑家の第一子長男・開人さまでございます。イノシシ年生まれのチヂブンは、何事も猪突猛進的に進まれる気質を持っておられることだそうでございます」から始まり、私の生育歴が語られる。

「平成2年に小学校に進まれると、そこでブラスバンド部に入部いたしました。中学では野球部でしたが補欠止まりでございました（余計なお世話である）」などという感じだ。

そして現代に至るまでの様々な人生上の出来事を神様に口語で報告する。そして、最後はこう締めくくる。

「なかなか無いことでございますが、開人さまは、まぶい分析学を学ばれました。どうか夫・父として、亥の端御神加那志とそのミフシである阿弥陀如来さまからのお導きと御守護をお願い申し上げます」

そして再び門の神、地域のウタキ、家のヒヌカンに祈り、最後に夫の実家に祈りにゆくのである。

配られた脚本は前半はかなり詳細に祈りが書いてあるが、後半は手抜きなのか、「無事に終わることができたことをまとめて御報告申し上げる」と一行だけの記述になっているのは御愛嬌だ。

異例の祈りである。完全に口語なのがすごい。マタヨシ博士はフランクに神様に話しかける。

次に、家族の個々人の生育歴がばっちり調べ上げられていて、それを報告するところが異例である。これは拝みに参加している家族としては、安心した気持ちになるかもしれない。誰でも生育歴を理解され、生き方を支持されるならば、強い安心感を得るものだ。

最後に沖縄の風習についての心理学的解釈が祈りの文句になっているのがすごい。マタヨシ博士独特の心理学に、神様は「なるほどね、無意識に抑圧されてたよ」と反応するのだろうか。

拝みの合間に、マタヨシ博士は私に沖縄文化についての様々な心理学的解釈を教えてくれる。

神に捧げるお供え物としてバナナ・モモ・ミカンが置かれているのを指して、「バナナは男性器、モモは女性器なのよ。なんか似てるでしょ。フッフッフ」いやらしい目つきで笑う。

「確かに、バナナとモモですね、アレは」私は困惑する。

「ミカンはいっぱいできるから、子宝の意味よ。沖縄の祖先崇拝はすごい。すべてに深い意味がある。こういうことがわからんバカモンが増えているのよ」

最後は皆で、リビングでお茶を飲み、歓談する。

「あとは自分で拝むんだよ。またいいオシラセとゴホウビがあるよ。あったら、今度の勉強会でちゃんと教えてね」マタヨシ博士は家族に伝える。

オシラセとゴホウビとは儀式をしたことによる成果のことだ。まさにマタヨシ式祖先崇拝臨床のエビデンスと言えるだろう。

「どんなオシラセがありそうですか」母親は心配そうに尋ねる。

「わからんけど、絶対にある。ちゃんと見ていてよ、フッフッフ」野の医者は笑う。

この日、私が見学させてもらったこの家族の困りごとは、高校生の息子のことだった。あるときから学校に行かなくなり、家族との会話も拒んで、部屋に引きこもる息子を心配して、母親がマタヨシ博士に助けを求めたのである。

マタヨシ博士は月に何度か勉強会を主催しており、そこでまぶい分析学の講座を行なっている。受講者は何らかの困りごとを抱えている人か、あるいは過去に困っていた人であり、彼らはまぶい分析学を通じて、家族との付き合い方や祖先崇拝のやり方について学習する。

グループワークとも言えるし、カルチャースクールとも言えるが、いずれにせよそこで勉強することで、受講者は困りごとを解消していく。そういえば初期キリスト教団もイエスを囲む小規模な勉強グループだった。

この家族でも、マタヨシ博士の勉強会に参加するようになってから、息子がリビングに出てきて、一緒に食事をするということが起きたのだと言う。そして、今まで無関心だった父親も子供に関わるようになり、夫婦でまぶい分析学を学ぶようになった。

そして、実際この拝みの後、息子は父親と一緒に後片付けをしたそうだ。ゴホウビだ。祖先霊への配慮を回復すると、家族の結び付きが強化される。マタヨシ博士は理論の例証だと嬉しそうだった。

「今までは怒ってばっかりでしたけど、甘えが大事と言われて、少し変わってきました」母親は言う。

「半信半疑でしたが、ちょっとずつ進んでいるように感じます。恥ずかしながら、夫婦仲も良くなりました」父親も感謝する。

「バナナとモモだね。フッフッフ」マタヨシ博士はニヤッと笑う。

ユタになった心理学者

儀式の後、私とマタヨシ博士は大型ショッピングモール、サンエー西原《にしはら》シティのミスタードーナツにいた。インタビューをしていたのだ。

「役に立つといいけどな。こんなんで」マタヨシ博士は少し照れていた。

「衝撃的でしたよ、こういうことしているんですね」おべっかではなく、私は衝撃を受けていた。心理学者（自称ではあるが）が拝みの臨床をしているのだ。こんな面白い話はない。

「効果があるんですよ、これが」マタヨシ博士、褒められると目じりが下がる。

マタヨシ博士はその筋（どの筋なのかと問われたら、私には説明できないのだが）では有名な野の学者だ。東京大学で学位まで得たうえで、沖縄の祖先信仰と心理学についての著書を何冊も出している。現在、と言うかずっとフリーで、「まぶい分析学」という謎の学問を教えて、生計を立てている。野の学者である。

もともと臨床心理士だったらしいが、あるときに資格を返上したのだそうだ。そりゃそうだ。こういう臨床をするのに、資格はいらない。

「まるでユタみたいでしたね」私は感想を伝えた。

「ユタになった心理学者、と私のことを呼ぶ人もいますよ」

「いつから、こういうことを？」

「そうだね、3年前かな」

最近ではないか！　野の医者は皆歴史が浅い。正式な決まりなどないのだから、どんどんやり方も変わっていってしまうのだ。

「そうね。今までは教えるだけだったわけですよ。こうやって拝むんだよって。でも、教えられてもなかなかやらないですからね、だったら僕がやったらいいかと、思いついたんですよ」

「最近ですね」

そう、野の医者はすぐに「思いつく」、そして実行してしまう。

ちなみにマタヨシ博士の勉強会は普段マクドナルドで開かれる。私も一度参加したが、人気《ひとけ》のないマックの片隅で、ポテトを頬張りながら、霊と心の話をするのはオツなものである。現代社会に対してゲリラ戦を展開しているようではないか。

そこでは、40代から50代の女性が数人集まって、マタヨシ博士と共にまぶい分析学を学んでいる。

『正しい「甘え」が心を癒す——沖縄文化に見る日本人の心の源流』という著書があるように、マタヨシ博士の基本的なコンセプトは親と子の心の繋がりを回復するのが大事、というところにある。

そして、親子の繋がりがうまくいかないのは、祖先霊の供養がうまくいっていないからなのだとマタヨシ博士は言う。だから、拝みをしなくてはいけないという理屈になる。親子の繋がりという心理学的な現象が、気付けば祖先霊に左右されるものになってしまう。心理学と霊が容易に接続されてしまうところが、沖縄シャーマニズムのすごいところだ。

こういう論理なので、マタヨシ博士は心理学からは相当ひどい目にあってきたと、不満そうに言っていた。確かにマタヨシ博士はひとつのラインを超えてしまってはいる。心理学者である私に自分のしていることを紹介することで、心理学に評価されたいという思いもあるようだった。

野の学者は悲しい。しかし、彼は「フッフッフ」と笑いながら、ミスドの渋いコーヒーを啜《すす》っていた。彼もまた逞《たくま》しいのだ。

そんなマタヨシ博士を横目に、私は考えを巡らせていた。なぜ沖縄に野の医者が多いのか、私には謎が少し解けた気がしていた。こういうことだ。

ブリコラージュ！

沖宮やイクコさん、そしてマタヨシ博士を見ていてわかったのは、彼らが非常に自由であることだ。コーラとアンパン、リンパ・マッサージ、まぶい分析学、沖縄の神様は自由自在に雑多なものをくっつける。

そういう自由さは彼らが神と直接コミュニケーションすることから生じていた。形式や常識は神の前では無力なのだ。そして、そういう神と直接交信してしまう比嘉真忠やイクコさんのような人は沖縄ではありふれている。

家庭の崩壊、貧困、厳しい労働という不幸の中で、原因不明の病いが生じる。痛みが生じ、皮膚が爛《ただ》れ、しばしば起き上がることも難しくなる。まるで今まで必死に抱えてきた不幸に打ち倒されたかのようだ。

そういうことが男女問わず起きる。そして、沖縄ではそういうときに神や霊の声が聴こえ、その姿を見る。それは幻聴や幻覚なのかもしれないが、彼らにとっては神の現れそのものだ。出現する神は、観音や布袋《ほてい》、閻魔《えんま》や阿弥陀如来、そしてイエス・キリストなど、ヴァリエーションに富んでいる。

でも、とにかく神様との交流が始まる。そして、彼らは神の指示を受けて、徘徊し、聖地を尋ねて回る。

「どうしてなのかはわからんよ、とにかく、させられるわけよ」イクコさんは言っていた。

もちろん、本人たちはそのことが嫌で嫌でしょうがない。しかし、逆らうことはできない。神の意志は絶対なのだ。そしてこの意志が自由すぎる。

比嘉真忠の時代や、あるいはもう少し前だったら、彼らはユタやノロという職業的霊能者になっていった。しかし、今では彼らはオーラソーマやアロマセラピー、リンパ・マッサージ、あるいは心理学を学んで、野の医者になる。そして彼らは平穏を取り戻す。「傷ついた治療者」になるのだ。

面白いのは、そうなると、彼らに指令を与えていた神の存在もまた自由に変質することだ。たとえば、カミンチュ・カウンセラー（！）を名乗るキンジョー氏の話は傑作である。

彼は昔凄まじい不良だった。あるとき、暴走の果てに事故を起こし、左目が潰れてしまい、失明する。そこから、キンジョー氏には見えないものが見えるようになった。霊が見え、夢には閻魔さまなどの神々が登場する。彼は夢に導かれて、カミンチュになっていく。

ここまでは伝統的なユタの物語と同じだ。しかし、キンジョー氏の面白いところは、神が何者かを見極めようとしたところだ。

「一度、神の正体を見てやろうと思って、念じたんです。そうしたら、全部粒子でできているのがわかったんです。アゲジャビヨ！　波動さー、って驚きましたね」

神はもはや閻魔や阿弥陀如来のような伝統的な神ではなく、粒子と波動でできた科学的な存在になってしまう。だから彼はただのカミンチュではなく、カミンチュ・カウンセラーになる。カミンチュとスピリチュアル・カウンセラーが混ざり、沖縄の伝統的な神々は現代風にリミックスされてしまうのだ。

人類学者の塩月亮子氏は『沖縄シャーマニズムの近代』という本の中で、シャーマニズムがありとあらゆる今風の文化と融合しながら活発な活動を続けていると書いている。それが沖縄シャーマニズムの強さなのだと。

野の医者はその典型的な例だ。祖先霊は天使になり、神の正体は素粒子だと言われ、マブイグミの儀式はリンパ・マッサージになってしまう。伝統が今風に装いを変えるのだ。野の医者はカミダーリを、そのときどき目の前にある文化的素材と簡単に結び付けてしまう。

こういうやり方のことを、レヴィ＝ストロースという偉い人類学者は「ブリコラージュ」と呼んだ。それはもともと「日曜大工仕事」を意味する言葉だ。

日曜大工はそのとき家の中にあるものを使って、必要なものを作り、壊れたものの修理を行なう。わざわざ部品を取り寄せたり、設計図通りに作ったりなんてしない。椅子がなければ食事ができないのだから、とにかく座れるようになればそれでいいのだ。ミカン箱でも、ビール缶でも、トイレットペーパーでも何でもあるものを使って、とにかく座れるようにする。

あるいは家での食事がわかりやすい例かもしれない。家庭の料理は、ありあわせのもので作る。正式なレシピ通りでなくていい。夕飯に間に合うのが一番大事で、できれば美味しく、冷蔵庫の中にあるもので作る。

ありあわせのもので、目的を遂行する。それがブリコラージュだ。正式なやり方である必要はない。そもそも家庭料理に正式なレシピなどないではないか。

レヴィ＝ストロースはそういうときに使われている知性を「野生の思考」と呼んでいる。科学的な思考法とは違うけれども、それはそれで優れた知性であると見抜いたのだ。

野の医者の知性は、「野生の思考」だ。彼らは手持ちのものは何でも使う。使われる材料は、何も伝統的なものでなくてもいい。

自分の苦しさが癒やされ、他人の苦しさを和らげられるのであれば、彼らはリンパ・マッサージだろうが、オーラソーマだろうが、現代科学だろうが、目の前にあるものを使う。それも正式なやり方じゃなくていい。剽窃《ひょうせつ》するかのようにして、材料を自由自在にブリコラージュして、その場をしのぐ。その間に人生は進んでいく。Life goes on なのだ。

なぜ沖縄には野の医者が多いのか。それは沖縄シャーマニズムが自由な伝統をもっているからだ。沖縄の神様は自由自在のブリコラージュを許容する。堅苦しいことを言わない。だから、病んだ人は目の前の怪しい治療に飛びつき、治療者になっていくことができる。沖縄にはそういう文化がある。

　蓄積された不幸と人生の危機を、ブリコラージュが救うのだ。ミイラは野生の思考を駆使して、ミイラ取りになる。そう言ってもいいかもしれない。


　私はここからさらに考えを進めてみた。考え始めると止まらないのだ。

　もしかしたら、心の治療って、実はブリコラージュそのものなのかもしれない。私は臨床心理学のことを考えていた。

　日本の臨床心理士についての統計を見ると（臨床心理士は一応公的なものなので、統計が取れる）、その大多数が自らを折衷派と名乗っているのは有名な話だ。

　ある大学教授は、日本の臨床心理士のことを「精神分析もどきのユンギアンフレイヴァー溢れるロジェリアン」と言っていた（記憶は曖昧なので、正確な文言ではないかもしれない。御容赦いただきたい）。ロジェリアンというのはロジャースの来談者中心療法のやり方で治療を行なう人を指す言葉だ。今ならここに、「認知行動療法まがいの」と入れてもいいかもしれない。

　つまり、日本の臨床心理士は様々な治療をごちゃ混ぜにして使っているということだ。私たちもまた、ブリコラージュしている。

　その教授はそういう状況を嘆いていた。日本の臨床心理学はまだ発展途上で、未成熟なのだと。確かに、臨床心理学が科学的思考ではなく、野生の思考で行なわれていると言われたら、気恥ずかしい気持ちにならないこともない。

だけど、心の治療とは本来的にそういうものなのではないか。

現在流行りの認知行動療法を見てみるとわかる。欧米では、次から次へと新しい技法や治療プログラムが開発されている。それらのほとんどは今までの技法を組み合わせ、ブリコラージュしたものだ。

治療をしている中で、その場で思いついたものを、やむにやまれず混ぜ合わせてみたら、うまくいった。そういうことが積み重なって、ある程度型になったものがプログラム化される。そういうことを臨床心理学は繰り返してきたのではないか。

というのも、心の治療はレシピ通りには進まないからだ。レシピを優先しようにも、クライエントの中に必要な材料がないことは多々あるし、治療者の側にだって材料が揃っていないことは少なくない。色々な現実的な制約の中で、治療は行なわれないといけないし、材料がないからと言って、治療をやめるわけにはいかないことも多い。やはり、Life goes on だ。

そうすると、なんとなくチープな感じがしたり、素人くさい感じがしてしまう。だから、臨床心理学も今はレシピ作りに忙しい。科学になろうと頑張っている。だけど、再三書いているが、心自体が捉えどころのない、野生のものなのだから、そこには限界があるように思う。

臨床心理士も野生の思考で治療を行なっているのではないだろうか。

「精神分析もどきのユンギアンフレイヴァー溢れるロジェリアン」

もしかしたら、これが日本的な心理療法なのかもしれない、と私は少し思っている。漢字と大和言葉が混ざって日本語が出来上がり、ロックと黒人文化が混ざってヒップホップが生まれ、比嘉真忠が沖宮を作り出したように、ブリコラージュから新しい文化が生まれてくるからだ。

私の考えはすごい勢いで広がっていきそうだった。そのときだ。

「こういうことを研究していて、大丈夫なの？」

私はマタヨシ博士の声で我に返った。

哀れ、私も野の学者に

私たちはチンパンジーのマークが目印の大型ホームセンターに向かっていた。そのチンパンジーに簡単に分解されそうな錆びた軽自動車の助手席で、私は窓の外を眺めていた。マタヨシ博士が私の車のあるところまで送ってくれていたのだ。

「わかりません。怒られるかもしれない。でも、治療って一体何なのか、知りたいんです」

うん、確かに怒られるような気がして不安になってきた。一体自分は何をしているのだろう。軽自動車はガタガタと揺れながら、国道を走っていた。

「治療ね、僕は知ってるよ。フッフッフ」マタヨシ博士は得意のフフフ笑いで言った。

「なんだと思う？」

「うーん、どうでしょう」

「信頼だよ。相手がこっちを信じるか、信頼できるか。どんな治療もそれじゃない？」

先ほどまで、嬉しそうにエディプス・コンプレックスと沖縄祖先信仰の共通点を語っていたマタヨシ博士は急にいいことを言った。私は不意を突かれた思いだった。実は、冷静で知的な人なのだ。

「信頼、確かにそうかもしれません」

「いつまでこっちに？」マタヨシ博士は話題を変えた。

この日は2014年3月末日。前章で書いたように、私は4月には内地に戻る予定だった。

「わかりません、いつまでいるのか」私は正直に答えた。先はまったく見えていなかった。


困ったことが起きていた。

一度は決まったと思い込んでいた私の転職先が、実は決まっていなかったのである。信頼できる筋の紹介だったので、面接があると言っても形だけだろうとタカをくっていたら、そうではなかったのだ。

私は完全に油断していた。転職活動もやめて、春の沖縄を謳歌して、遊んでいたのである。

すると、突如その機関から「貴殿の今後の御活躍を心よりお祈り申し上げます」と文書が送られてきたのだった。不採用ということだ。

どういうことだ。さすがに私は衝撃を受けた。沖縄でのほかの仕事もすべて辞めてしまい、沖縄を出る準備をしていた。そう、私は完全に職を失うことになったのだ。

就職活動で、人は「お祈りします」という文書を大量に受け取る。本当にあれは祈っているのだろうなと私は思う。不採用者が祟り神にならないための供養なのだ。

実際、手紙を受け取ってすぐに、私は呪いをかけてやろうかと思った。しかし、祈ってもらっているのだしと、呪詛を取りやめた。とりあえず、鎮魂したのである。

しかし、これからどうしようか。沖縄の春の陽気の中で、私は途方に暮れていた。

「なんくるないさ、様子を見よう」

私が難しい病院に勤める中で身に付けた最大の技法が、様子を見るということだった。時間がすべてを解決してくれる。そういう知恵だ。

「誰かが何とかしてくれるだろう」

基本的に甘い考えが好きなので、今回もそのやり方で対処することにした。3月ももう終わる。4月からは無職である。

なんくるないさ、様子を見よう。誰かが何とかしてくれるだろう。短歌のように、何度もそう呟いた。

「まあ、今のうちに研究をしておくといいですよ、フッフッフ」油で濁った度の強い眼鏡の奥で、マタヨシ博士の目は優しかった。

フケだらけのフリースと、壊れかけの軽自動車の野の学者。私もこのまま野の学者になるのだろうか。何年かしたらマクドナルドで地元の人たちを集めて、講釈を垂れているかもしれない。

私は未来の自分をマタヨシ博士に見ていた。

そのときはそのときだ。新興宗教でも始めるか。アンパンとコーラでも人は生きていけるのだ。

「フッフッフ」私も笑った。乾いた笑いだったが、マタヨシ流フフフ笑いをすると少し楽しくなった。

ならば、野の医者の世界に本格的に飛び込んでみようじゃないか。こうして私は第2次ヒーリング依存症へと突き進んでいくことになったのである。私はもはや完全に野の学者であった。

④章 野の医者は語る、語りすぎる

――説得する治療者たち

色々と考えた結果、「浪人」というのはどうだろうか、と思いついた。

プータロー。無職。ニート。様々な言葉があるが、どうも気分に合わない。つい、朝から漫画喫茶に入り浸って一日を潰したくなってしまうような、そういう誘惑の響きがある。

それに比べて浪人はどうだろう。仕えるべき主君が見つかるまで、傘張りをして糊口をしのぎ、剣の鍛錬を怠らず、全部終わってから（昼過ぎには）漫画喫茶に出かけるような、節度の効いた大人の雰囲気があるではないか。悪くない。

「ローニンでござる。煮え湯をジョッキで一気飲みしているところでござるよ」

そう口に出してみると、なおさら良い感じだ。遠い目をして言えば、茶屋で働く町娘もイチコロだ。

何事もイメージが肝心なのだ。苦境に陥ったときの最大の敵は自分自身である。他人がどうこう言っていても、耳を塞《ふさ》いでしまえばいいのだが、自分が自分に語りかける声だけは遮断できない。

それがわが身を腐らせる。特に私の場合、誘惑への免疫力が人一倍弱く、すぐに他人を呪い出す気質なのだから、腐り始めたら超光速である。出荷時にはイタんでいるサバみたいなものだ。目も当てられない。

だからこそ、「浪人」なのである。不遇をかこつにしても、胸を張って世を忍ぶ方がいいに決まってる。

「ローニンでござる。大将！　苦汁をボトルで持ってまいれ。何？　水割り？　ロックに決まっておろう！」

なんだか、苦汁の飲み過ぎで悪酔いし出して、茶屋に迷惑をかけそうな気もする。すると、どこからか正義の奉行がやってきて、成敗されそうな雰囲気もある。だけど、こちらは浪人だ。お目こぼしくださるだろう。もしかしたら、哀れに思った将軍が召し抱えてくれるかもしれない。

家族が出かけたあとのガランとした家で、私は春の甲子園を見ながら、甘い空想に浸っていた。この年は沖縄代表が2校も出場していた。美里《みさと》工業は一回戦で早くも破れ去ったが、沖縄尚学《おきなわしょうがく》は和製ライアンと呼ばれたエースの活躍もあり、三回戦にまで進出していた。

私の人生で、この春ほど甲子園を見た春はない。何もすることがないのだ。せめて、球児たちを応援しよう。私は愛に満ち溢れたライトワーカーになっていた。オーラソーマの予言はこんな形で成就していた。

マジカル・ヒーリングツアー

甲子園と漫画喫茶（もちろん読むのは高校野球漫画だ）の合間を縫って、私は野の医者のところに通い詰めていた。再びヒーリング依存症になっていたのだ。時間だけは無限にあったので、北は名護から南は糸満や南城市《なんじょう》まで、沖縄中を駆け巡っていた。

何が癒やすのだろうか。野の医者の常識外れの治療を受けることで、その秘密のメカニズムを明らかにしたい、そういう学術的な関心ももちろんあった。ただし、このときの私はそれだけじゃなくなっていた。

私は他人事ではなくて、自分のこととして、癒やしを追い求めるようになっていた。癒やされたかったのである。

浪人なのだから、これからどうするか、私も色々と悩んでいた。そのせいだろうか、体にも症状が現れ始めていた。

特に目が問題だった。目がかすみ、異常に乾燥するのである。これがかなり辛かったので、眼科にも行ったのだが、問題はないと追い返された。

こういうときこそ、野の医者の出番である。常識を超えたミラクルな治療は、現代社会ではファイナル・チョイスなのだ。様々な治療が徒労に帰したとき、人は野の医者たちのところを不承不承訪れる。

私の渇き目はあっという間にファイナルな局面に立たされて（眼科で取りあってもらえなかっただけだが）、野の医者の癒やしを待ち望んでいた。研究として始めたはずだったが、気付けば私は本当に治療を求めるようになっていたのだ。ミイラ取りがミイラになる。渇き切っているという意味でも、私はミイラだった。

しかし、そのことで私は興奮していた。

いよいよだ。いよいよ、野の医者たちの真価を問うときが来た。乾燥しきった眼球は、ランランと輝き出していた。

そこで、私は一気に戦線を拡大することにした。これまでは魔女系の野の医者を中心にフィールドワークしていたが、これからはありとあらゆる怪しいところに行ってやる。この際、宗教団体でも構わない。普通、人が行かないところに行ってみようじゃないか。

というわけで、読者の皆さんをマジカル・ヒーリングツアーにお連れしようと思う。いわゆるスピリチュアル系についてはまた触れる機会もあるので、この章ではそれ以外の野の医者たちの治療をご覧にいれよう。街の片隅で行なわれているのは、こういう治療だ。

魅惑の占い師たち

最初に訪れるのは占いクラスターだ。

私は相当たくさんの占い師のところに通った。将来に不安を抱えているのだ、未来の話が聞きたくなるのも当然だろう。

占いはごく身近な治療文化である。亀の甲羅を焼いてその割れ方で吉凶判断をしていた古代から、毎朝テレビで占いランキングを放送する現代まで、人類は占いを愛してやまない。未来はいつだって不確実だから、少しでも先を知っておきたいのは人間の本能なのだろう。

しかし、実は占いクラスターは奥が深い。私たちが知っている占いの世界は表面的なもので、その奥には深い闇の世界が広がっている。

占いに行ったはずなのに気付けば除霊部屋で絶叫していたこともあったし（これはこれで、確かに除霊された気がするから不思議だった）、数十万円のハンコを買わされそうになったのは一度や二度ではない。謎の宗教に入信を勧められるのは日常茶飯事である。

よく考えてみたらわかることだ。占いが占いだけで終わるはずがない。未来を見たら、次は運命を変えるための人間的努力が始まる。そこから壺やらなんやらの霊感商法が始まるのである。

とは言え、占い師にチャーミングな人が多いのもまた事実である。魔女クラスターの野の医者が、どこか近代市民的で無理矢理ハイテンションになっているのに比べると、占い師たちには天性の自由さがある。

タカエスヨウタ氏はまだ40代の若手占い師だ。もともと企業で営業をしていたという陽気な男性である。しかし、あるときから彼はアルコール依存症に陥り、仕事を辞め、朝から酒を飲む日が続いたのだと言う。沖縄ではそういう状態をサケダーリと言う。カミダーリの酒バージョンだ。ちなみに、女性に入れあげるとイロダーリと呼ばれる。ヨウタ氏もまた傷ついた治療者だった。

彼はあるとき、酒を断ち、仕事を再開しようと決意する。そんなときに、ハローワークで紹介されたのが、占い師の仕事だった。信じられないが実話である。ハローワークはありとあらゆる仕事を取り扱っている。魔窟だ。

彼が就職したのは印鑑販売の会社だった。販売のために社員はショッピング・センターなどで、簡単な占いをする。そして、高額な印鑑の購入を勧める。

ヨウタ氏は占いのコツをすぐに習得し、営業成績も素晴らしかったのだが、自分のしている仕事が詐欺同然であることに悩み、退職するに至る。しかし、彼は占い師という仕事が気に入ってしまっていた。だから、ヨウタ氏はその後師匠について本格的に占いを学んで、現在は自宅で開業している。

しかもヨウタ氏、その占い部屋で居酒屋を始めようと目論んでいるらしい。自分が酒を飲めないから、代わりに人に酒を飲ましてあげたい、それが彼の願いだ。

ヨウタ氏のやり方は古典的な方法で、最初に生年月日と名前を書かされる。暦と字画からその人の運命を占うのだ。未来を予見して時間を司るのが占い師なのだから、時間のプログラムである暦はおあつらえ向きの方法だと言える。

「干支は戌《いぬ》？」ヨウタ氏は私に尋ねる。

「いや、亥《い》です」どうやら計算ミスをしているようだ。

「あぁ、そうね。聞きたいことは？」悪びれる風もない。

「これから仕事をどうしたらいいか、知りたいんです」私が一番困っているところだ。

「なるほどね、そうねそうね。キュウシカセイですね」ヨウタ氏は暦書をめくりながら、私の属性をチェックする。「はぁ、キュウシカセイ？」

「九紫火星。お医者さんとかね、人助けに向いてますよ」おぉ、ここでもライトワーカーだ。「観音菩薩と同じでね、位が高いんですよ。そういう人は基本人助けをするんですよ。それで、肝心の時期なんだけど……」

再びヨウタ氏は暦書をめくる。それが大事だ、いつになったら仕えるべき主君に巡りあえるのか。

「今は……よくないですね。今年が最後ですね」

「え！　今年いっぱいかかる？」まだ春なのだ。急に私は絶望し、脱力した。

「うん、3年くらいきつかったでしょ？　今年で脱けますから」ヨウタ氏は断言する。確かにこの3年は辛かった。「えっとね、バイオリズムがあるからね。そうですね、8月くらいにちょっと上がって、9、10、11月くらいからですね、運気が上がるのは」

「え！　そうなんですか！」あまりに私が落ち込んでいるので、ヨウタ氏は慰める。

「まあ、統計学なんでね。わかりませんよ。僕も奥さんと占い的には相性すごく悪いし、結婚した時期も悪い時期だったけど、一応今も一緒にいますよ」

「仲はいいんですか？」

「最悪だね」野の医者はにやりと笑う。

「じゃあ、当たってるんじゃないですか！」

「まあ、統計学なんでね」

　占い師はすぐ統計学という言葉を使う。暦も字画も、多数の人間の事実を積み重ねて得られたものだという発想だ。今どきの言葉で言えば、エビデンスなのである。科学的な用語を使われるとついありがたくなってしまうのは、私たちが科学教の忠実な信徒だからだろう。

「今は困難期で、これから準備期ですよ。見て御覧なさい」ヨウタ氏は暦書を私に見せる。

　確かにそう書いてある。やっぱり今は困難期なのか。

「あまり落ち込まないでよ。今度、夜に飲みに来てよ。ここで泡盛出すからさ」

「ぜひ行きます。運命開けますかね」私はカラ元気で言った。

「もちろんさ。水割りでも、占いできるからね、僕は」

　氷の割れ方がポイントだそうだ。まるで亀甲卜占《きっこうぼくせん》ではないか。とは言え、印鑑よりかは、泡盛の方がずっといい。

足揉み師は語りすぎる

「痛ぁぁぁ！」私は絶叫していた。

「全然力入れてないよ」ギノザヨシフミ氏は笑う。

「痛いものは痛いです！　死ぬ！」

「これくらいの力だよ」ギノザ氏は私のふくらはぎを壊れかけのジェンガを触るように押す。

「嘘でしょ！　絶対嘘だ！」

「本当さー。ほら、ほら、ほら」ギノザ氏は再び私の足裏を揉《も》み始める。

「死ぬ！　助けて！　神様！」

どうも野の医者に会い始めてから、私は絶叫してばかりいる。

次に御案内したいのは、沖縄の伝説的な足揉み師の治療だ。彼は流しのノマド型治療師なので、オフィスを持たない。この日は那覇市の伝統あるヒーリング・ショップで治療を受けることになった。

ギノザ氏は沖縄ではカリスマティックな人気を集めていて、最近では県外にも出張を重ねている野の医者だ。

彼の本業が何かはよくわからない。もともと肉体労働をしていたそうだが、あるときから足揉みを始めたらしい。リフレクソロジーというイギリス由来の足裏マッサージがあるが、彼の足揉みはそれとは別の東洋系だそうだ。

しかし、彼の本領はただの足揉みにはない。スピリチュアルの方もすごい。どうすごいのかと言うと、別に霊感がすごいとかではない。すごいのは喋りだ。彼はひたすら喋り続けるのだ。

「お疲れ様って言うと、疲れちゃうでしょ。だから僕はお楽しみさま、お幸せさまと言うんだよ」ギノザ氏は足裏を揉みながら、にこやかに喋り続ける。

「イッターーっ！」凄まじい痛みがかかとから襲ってくる。

「ありがとうというのは、有るが難しいと書くでしょ。だから、なかなかないこと。それでありがとう」

「痛いです！　死にます！」

「五感が研ぎ澄まされるのが大事。痛いというのは感覚。これが生きているということ」

「痛い！　痛い！　神様！　助けて！」

「大地にグラウンディングって言うでしょ。大地のエネルギーを吸収して、まっすぐ立つ。だから足の裏に意識を通しましょう」

「ほんとに！　痛い！　死ぬ！　神様！」

「神様っていうのは、上様（カミサマ）でもある。天と繋がるのが祈り。大事よー」

「はい、お幸せさまです！」ギノザ氏はぽんと私の足を叩く。
「はい！　神様！　お願い！　痛い！　痛い！」
　彼の足揉みは生易しいものではない。ギノザ氏は肉体労働をやっていただけあって、
アメリカン・コミックのヒーローみたいな体型をしている。そのパワフルボディーが、
縦横無尽に足ツボを押すのだ。まともではいられない。
　その上、失神するような痛みの合間に、ギノザ氏は謎のスピリチュアル・トークを私
に叩き込んでくる。虹の色の本当の意味から、常用する言葉の由来まで、マシンガンの
ようにスピリチュアルな講話が浴びせられるのである。
　正直何を言われたのか、ほとんど覚えていない。それがスピリチュアルなのかどうか
すらも、朦朧とした私には判断がつかなかった。意味不明な小話で私の頭はいっぱいに
なり、クラクラしていたのだ。
　しかし、悪夢のような足揉みが終わると、異常に足が軽くなっているのに気が付いて
驚いた。これまでとまったく違うのだ。足に小さな羽が生えたのではないかと思うほど
だった。
「すごいです！」
「そうでしょ、老廃物全部潰して、流したからね。あとは水を一杯飲むんだよ」ギノザ
氏は眩《まぶ》しいほどの笑顔だ。日焼けした顔から、真っ白な歯が覗く。

茶色い老廃物が血管を流れて、最終的に排出されるイメージが目に浮かぶ。生まれ変わった気がした。

「飛べそうです！」

「飛べるよ！」

私はジャンプした。いつもより少し滞空時間が長かった気がした。そして、カーペットの上に降り立つ。

「ほら、グラウンディング。お幸せさま」

「これから魔法学校があるけど、どうする？」ギノザ氏がニコニコしながら、私に言う。

魔法学校。きっと魔法の言葉を喋りまくる学校だろう。ギノザ氏が得意満面で喋り続ける姿が目に浮かぶ。

「あ、ちょっと予定があるので」私は断った。

本当は漫画喫茶に行くくらいしか用事などないのだが、これ以上ギノザ氏のスピリチュアル・トークを浴びるとどうかなってしまいそうだったので、逃げ帰ってきた。

お店を出た後の帰り道、私は何度か跳んでみた。やはりいつもより飛んでいるような気がした。

ぶーぶー、沖縄の秘術

さて、目の問題は深刻で、まったく改善の予兆がなかった。数知れない野の医者を巡っていたにもかかわらず、だ。

この時点で、レイキと呼ばれる波動や気は合計プール一杯分くらい送り込まれていたはずだが、耳から抜けていったのか、目に変化はなかった。

勧められるがままに、目にいいとされる怪しげな健康食品を大量に摂取したし、バッチフラワーレメディという花のエネルギーを詰め込んだ聖水も毎晩目に吹きかけていた。アロマはもちろん、クリスタルを使った自己マッサージだって欠かさずに行なっていた。

それでも目は乾燥するばかりで、そのうち干物になるのではないかと不安だった。焼き魚を見るたびに、彼らの白く茹で上がった目に将来の自分を重ねてしまい辛かった。もちろん、魚の目を食べると目にいいと聞いていたので、人の分まで食べてはいたが。

ついに、アレをやるときが来た。できれば避けたかったのだが、仕方がない。目が干物になる前に、打てる手を打っておく必要がある。このまま甲子園も見られなくなり、漫画も読めなくなったら、私は生ける屍《しかばね》だ。

ただ、アレをやるなら、私も無傷では済まない。荒療治なのだ。

アレとは沖縄秘伝の治療術「ぶーぶー」のことだ。それは「瀉血《しゃけつ》」、要するに血抜きのことである。

瀉血は人類の古層にある治療法だ。この素朴な治療法は、西洋医学の祖ヒポクラテスも推奨し、洋の東西を問わず、世界各地で行なわれてきた。

その理論は単純だ。悪い血が溜っているから心身が不調になる。だから、それを抜いて浄化すると、病気は癒やされる。なんとなくそんな気がしてくる説得力ある理論ではないか。

ただ瀉血は19世紀頃には（意外に最近だ！）、その有効性が疑われ始めて、現代の医学ではほとんど居場所をもっていない。しかし、沖縄ではそれが「ぶーぶー」と呼ばれて、今でもどこかで行なわれているらしい。そういう情報は早い段階で私のもとに入ってきていた。これは気になる。

とは言え、ただでさえ注射が嫌いな私は、血を抜くなんてとんでもないと思って、敬遠してきた。だけど、一度気になると、つい情報を追いかけてしまうところが私にはある。

そんなときにレイキヒーリングの治療師ヨザさんから、確かな情報が入ってきた。彼自身、疲れてくるとぶーぶーを受けに行くと言うではないか。

「東畑さんも行く？　すごいよ、アレは」

「いやー、ほんとに効くんですか？　気のせいじゃないです？」

「違うよ」ヨザさんは少し機嫌を損ねたようだった。「すごいよ。すっきりして、ものすごく元気になるんだよ」

「それは信じます。でもしばし、様子を見ます」そのときは、得意の様子を見る戦法でお茶を濁した。

「いいよ、じゃあ行きたくなったらいつでも連絡してよ」

使いたくはなかったのだが、このチャンネルを使うときがきてしまったのだ。

私はヨザさんと一緒に、ある場所を訪れた。待ち構えていたのは、血色のいい、きわめて健康そうな中年男性だ。

「ようこそ、お聞きしていますよ」シマブクロと名乗る治療師はニヤリと笑った。

「よろしくお願いします」

この時点でも実は私はまだ悩んでいた。血を抜くというのが怖くてしょうがなかったのである。今日は話だけ聞いておいて、「様子を見る」という選択肢もまだ残していた。

「昔のお年寄りはね、皆これをやっていたんですよ。一気に元気になりますよ」

「痛い……ですか？」とにかく一番の関心事から、私は尋ねた。

「そりゃ、ちょっとは。ガハハ！」野の医者は笑う。「でも、すごいですよ。悪いものが全部出ちゃいますから」

シマブクロさんは奥から、ガラスでできた小さな壺のようなものを持ってくる。金魚鉢の小型版みたいだ。可愛い形をしているので、少し気持ちが和んだ。

「これを熱するんです。そうすると、中の気圧が薄くなります。それで、背中に張り付

ける と血を吸い出すわけです」

壺の中にドロドロの悪い血が吸い出され、残された血液がサラサラになる。

「勝手に血は出てこないですよね？」私は怯えていた。「穴が開いてないと」

「そりゃそうですよ。ガハハ！」眼鏡の奥で残忍そうな目が光っている。「穴はこっちで開けますよ」

なぜか彼はVサインをしている。まさかハサミを使うわけではあるまいな。事務テーブルの上の、紙切りバサミが妖しく光っている。

「どれくらいの痛さですか？」私はそればかり聞いている。

「人によりますよ。気付かないうちに終わったという人もいますし、痛いと騒ぐ人もいます。女性の方が痛みに強い気がしますね。でもまあ、皆おおむね静かにしています」

注射と同じで、やってしまったら大したことがないのかもしれない。私は熟考した。

「あの、目がひどく乾燥するんです。ぶーぶーで治りますか？」

「目ね」シマブクロさんは嬉しそうに頷《うなず》く。「すっきりしますよ。びっくりすると思います。ガハハハハハ」

覚悟を決めた。これでやらずに逃げたら、一生人生から逃げ続けることになる。どんなものでもやってみようと自分で決めたではないか。好奇心が恐怖心を凌駕《りょうが》した瞬間だった。

「お願いします。今日、ぶーぶーをしていただけませんか？」

「ガハハハ、痛いですよー」やっぱりそうか。

私はベッドにうつぶせになり、背中を消毒してもらう。湿った布がひんやりとして気持ちいい。

ガラス壺が加熱される間、そのままの状態で待つ。実際には10分そこらのことなのだろうが、私は背中に開けられる穴のことを想像していたので、とても長い時間に感じた。気分は地獄の業火に焼かれる寸前の極悪人である。

隣のベッドでは、ヨザさんが先に背中に穴を開けられている。

「おぉ」「うぅ」「あぁ」とくぐもった呻《うめ》き声が聞こえる。聞きようによっては、セクシーな声だ。地獄の業火に焼かれると人はこんな声を出すのだろうか。

「俺は生まれ変わるんだ」心の中で自分に言い聞かせていた。「今までのチンケな人生ともこれでおさらばだ。さようなら、私の干物眼《ひものがん》よ」

私は潤いに満ちた自分の目を夢見た。目の濁りは一掃されて、世界は新緑のように瑞々しく輝くのだ。

「じゃあ」シマブクロさんの残忍な声が背中越しに聞こえる。「……やりますか」

「……お願いいたします」私は自分が出せる限り、もっとも静かな声で応えた。

「うぎゃーー！」

「ガハハハ！」

「イタイイイイ！」

「ガハハハ！　まだまだー！」

「シヌー！　カミサマー！」

「ほらほらー！　ガハハ！」

絶叫した。信じられない痛さだった。背中を伊勢海老くらいある超巨大ホチキスで打たれている、そんな感じだ。

腰から始まり、背中から、肩、そして首へと伊勢海老ホチキスが這いずり回る。

「さあさあー、目に効くところですよー」シマブクロさんは、首の上部にホチキスを打ち込む。

サクン。そんな音がした。

「ウヒーーーーー！」

悶絶した。

少しすると、痛みは遠のいた。代わりに、首から背中にかけて、生暖かい液体が流れるのを感じる。あのガラス壺はもう接着されているのだろうか。血が吸引されて、噴き出しているのだと私は推測していた。

トロンとした温かい液体に包まれている感じがする。特に首筋がぽかぽかと暖かかった。悪い血が、ヌルヌルと外に出ていっている。最大の山場を乗り越えた。もはや私にできるのは癒やしに身をゆだねることだけだ。

「よく出ていますよ、初めてなのにすごいですね」シマブクロさんが言う。

「よかったです、死ぬかと思いました」

「あんな叫ぶ人いませんよ、お疲れ様でした」さっきまでの残忍な声が嘘のような優しい声だった。

「ハハハ」隣のベッドでも野の医者が笑っている。「笑わせてもらいましたよ」

「あまりのことで取り乱しました、大変失礼しました」

しばらくして、ガラス壺が外される。これを取るときがまた痛いのだが、先ほどに比べたら全然ましだった。

「おぉ、うぅ、あぁ」と私はくぐもったダンディーな声を出すに留めた。

ガラス壺が外れるときには、ポンポンと音がする。空気圧が変わるからだ。トイレのすっぽんと同じ原理である。この音から「ぶーぶー」という名前が付いたのだそうだ。

消毒が終わったら、治療終了。

「見てください」

シマブクロさんはガラス壺の中の真っ黒な血を私に見せる。中に指を突っ込んで、凝固して生レバーのようになった血の塊をすくい出す。プルプルとしていて、赤黒い血が滴《したた》っている。確かに悪い血のように見える。

服を着て、体を起こすと、蛍光灯の光が眩しかった。世界の色彩がくっきりと見えた。

「これで穴を開けていたんですよ」

シマブクロさんはごくごく小さな刃の付いた、ピンセットのようなものを見せる。伊勢海老ではなかったのだ。刃の銀の光が、私の目に飛び込んでくる。目に潤いが戻っている。

「すごいです、めちゃめちゃすっきりしています」私は異常な爽快感を感じ始めていた。

「そうですか、よかった。2日くらい、だるさが続くと思いますから、ゆっくりしてください。3日目には信じられないくらい、調子が良くなりますよ」

「すでに絶好調になってます、目がすごいことになっていますよ」

「おかしいな、そんな早くに。でも、いいか、ガハハハハ」

「いい感じですよ、ありがとうございます」


帰り道、私は背中に開いた穴を思って、誇らしい気持ちになっていた。背中にところどころ黒い穴が開いているのだ。義経を守るために、背中に矢を受けた武蔵坊弁慶のようではないか。

もう夜だったのだが、信号機の光と、前を行く車のテールランプが美しかった。世界はかくも美しい色彩に溢れていたのか。私は闇夜の細やかな濃淡をしばし味わった。

家に帰ると早速妻に自慢することにした。

「背中を見てくれ。これが義に殉じた戦士の背中だ」

「気持ち悪い！」

「キャー」私が背中を見せると、悲鳴が聞こえた。

「そんなことない、カッコいいだろう」

「早く隠して。人に見せちゃだめだよ。自分で見てないんでしょ」

確かに見ていない。早速、背中を鏡に映してみた。

「うわ！」

驚いた。グロテスクな背中だった。ガラス壺の吸引力で、背中がアザだらけなのだ。そして血がまだ噴き出していて、ひどく汚れている。弁慶どころの話ではなかった。適切な比喩が見つからないほどに悲惨な背中だった。

「早く寝て」怪しい治療にハマっている浪人の妻は冷たく言った。

私も異存はなかった。どっと疲れが出てきたのだ。背中も痛み始めていた。

朝起きたら、体はひどくだるかった。血を抜かれているのだから当然だ。

そして、やはり目はひどく乾いていた。相変わらずの干物眼だ。それから数日経っても、目は乾いたままだった。背中ももちろん、グロテスクなままだ。

あのとき見た、世界の美しさは一体何だったのだろう。私は甲子園を見ながらぼんやりと考えていた。そして、渇きに耐えかねて目薬を注《さ》した瞬間、私はあることに気が付いてしまった。

「そうだとすると、大変なことになる」

説得する治療者たち

ここでヒーリングツアーを一旦休止して、謎の探求にお付き合いいただきたい。このヒーリングツアーはただただ私自身の癒やしを求めて行なわれたわけでは断じてない(たぶん)。その大きな目的は、次の謎を解くことにあった。

荒唐無稽であるにもかかわらず、野の医者の治療はなぜ癒やすことができるのか。

この時期の野の医者の治療で、実際に私が癒やされることはなかったのだが、それでも多くの治療を受ける中で気が付いたことがある。

それは野の医者たちが本当によく語ることだ。語りすぎると言ってもいい。

野の医者は私が尋ねる前から、自分のことと治療のことをとうとうと語る。放っておくとそれはいつまでも続く。

彼らは見事に治癒した過去の事例のことをこと細かに語り、数々のミラクルを熱心に物語った。自分の治療の世界観やメカニズムを説明し、それが沖縄だけでなく、アメリカやヨーロッパでも流行していることを語る。

何より一番多く語られるのは、自分自身のストーリーだ。それは傷ついた治療者の物語である。自分が病み、特別な治療に出会って治癒して、そして今その治療者になって、いかに元気でハッピーなのかが語られる。

それだけじゃない。野の医者はタロットを見事な手さばきで操り、パワーストーンを精妙な儀式で浄化し、先ほど見たように生レバーのような血の塊を私に見せつける。野の医者はストーリーテラーであり、パフォーマーなのだ。

私は彼らのパフォーマンスにはしばしば感動することもあったが、ストーリーの方はまともに聴いていられなかった。というのも、彼らの話の多くが紋切型であったし、疑似科学やスピリチュアリズムをツギハギにしたような陳腐なもので、退屈に感じられたからだ。

話の肝心なところは、いつもミラクルとか奇跡で片づけられてしまう。それは私の目から見て、どうしても荒唐無稽で、ありきたりなものにしか感じられなかった。

だけど、私が気付いたのは、そういうミラクル・ストーリーを聴き流しているから、私の目は改善しなかったのではないかということだ。つまり、あのミラクル・ストーリーはただの自慢話ではなくて、治療そのものだったのではないか。

野の医者たちは懸命に「なぜ病気が起こり、どのようにすれば治癒するか」を物語っていた。そういう物語を、この本で何度も出てくる医療人類学者のクラインマンは「説明モデル」と呼んでいる。

治療者と病者が説明モデルを共有して、その説明モデルに基づいて課題に取り組むときに、治癒が生じる。クラインマンは治療というものは一般的にそういうメカニズムで行なわれていると考える。

野の医者の場合、最初からクライエントとの間で説明モデルが共有されていることは滅多にない。天使や前世、瀉血のミラクルな世界なのだ。常識的な世界観とは違う。だから、野の医者は語る。語りすぎる。説得することで、クライエントを自分の世界観に引きずりこみ、説明モデルを共有してもらうのだ。

とすると、ミラクル・ストーリーを語ること自体が、すでにテクニックのひとつだと言える。


人類学者レヴィ＝ストロースは面白い小話を書き伝えている。

ある懐疑的なアメリカ原住民の青年ケサリードが、呪術師のことを疑うがあまりに、真実を知りたくて弟子入りする。すると呪術師はケサリードに秘伝の術を教える。綿毛を口の隅に隠し、舌を嚙むかして、口の中を血まみれにする。すると、綿毛は血の塊のようになる。呪術の後にそれを取り出して「病原体を取り出したぞ」と宣言する。そういう術だ。

ケサリード自身は呪術を信じていないにもかかわらず、その術を使うと人々は驚いて、次から次へと治療は成功する。

ここから学べるのは、治療はもっともらしいときに成功するということである。

これはおそらく常識的な考えだ。多くの読者が、怪しい治療のことを「イワシの頭も信心から」とか「信じる者は救われる」という風に理解していると思う。「信頼ですよ、フッフッフ」と言ったマタヨシ博士のことが思い出される。

何が癒やすのか。

この問いに対して、「上手に説明モデルを呈示し、病者を説得することによって」と言うことができる。

信じているから、癒やされる。そのために、彼らは語る。ここまでは穏当な考えだと思う。

だけど、この考えをもう少し突き詰めると、恐ろしい考えに辿り着く。

私たち臨床心理士もまたミラクル・ストーリーを語るグッド・パフォーマーなのではないだろうか。

医学の世界にも「プラシーボ効果」という言葉がある。薬効成分を含んでいない錠剤を与えても、医者を信頼していれば、患者は顕著な改善を見せる。臨床心理学ではそれを「転移性治癒」と呼んだりする。信頼できる治療者に出会えたことで、治療を始めた初期にクライエントが驚くべき改善を見せることだ。

このような効果を、医者も心理士もかりそめのものとして軽蔑する。本当の治療は違った次元で行なわれているのだと。でも、本当にそうなのだろうか。野の医者の癒やしは天使のせいではなく信頼のせいだとして、なぜ医学や臨床心理学の効果は信頼のせいではないとなってしまうのか。

実際、医学も臨床心理学も、大量にミラクル・ストーリーを語り続けてきたではないか。

医学はテレビを通じて外科医の奇跡的な手術を喧伝し、再生医療の最前線での人知を超えるテクノロジーを盛んに広告してきた。臨床心理学もまた、出版物や講演で、自分たちの治療を素晴らしいものだとアピールしてきた。

私たちは科学を信仰する世の中に生きているから、それらをいかがわしくは感じない。幸いなことに、患者やクライエントの多くが科学的世界観をもって生きているからだ。だけど、表面的な違いを取り去ってしまえば、実は私たちも野の医者も同じメカニズムにのっとって治療を行なっているのではないだろうか。

アメリカの精神科医ジェローム・フランクは『説得と治療――心理療法の共通要因』という本で、そういう恐るべき結論に達している。心理療法が人を癒やすことができるのは、治療者がクライエントを説得するからなのだと。

つまり、「無意識を意識化すること、無意識の自己実現を助けること、不適切な学習を解除し、適切な再学習を行なうこと」という治療者の説明モデルにクライエントを巻き込むことで、治癒が生まれる、そういう結論だ。

だからフランクは、すべての治療の本質は科学的真実ではなくレトリックにある、とまで書く。

レトリックという言葉は難しいのだが、簡単に言ってしまえば人を説得する技術のことだ。雄弁術と言ったりもする。言葉やパフォーマンスを自由自在に用いることで、人に信頼してもらい、現実をそれまでとは違ったように見せる技術のことだ。

「プラシーボ」という言葉の語源が、「人を喜ばせる」であるように、私たちもまた野の医者と同じようにレトリック——もっともらしいミラクル・ストーリーやパフォーマンスを通じて、クライエントを喜ばせて、治療を行なっているのではないか。

レヴィ＝ストロースは先のケサリードについて書いている。

「ケサリードは病気を治したから大呪術師になったのではなく、大呪術師になったから病気を治したのだ」

これは恐ろしい結論だ。なぜ恐ろしいのかと言うと、次のような疑念を抱かせるからだ。

悪い血が溜っているのがレトリックであるのと同じくらい、無意識の抑圧がレトリックであったら。

祖先供養の不足がレトリックであるのと同じくらい、夢の中の自己実現がレトリックであったら。

全身のコリをほぐすツボが足に集中しているということがレトリックであるのと同じくらい、行動療法の条件反射理論がレトリックであったら。

私は戦慄していた。真実はどこにあるのだ。

今まで自分は科学的真実（あるいは、心の真実）を学んできたと思っていたけど、もしそれがレトリックに過ぎないのだとしたら、私は今まで一体何をしてきたのだろうか。そしてこれから何をしていったらいいのだろうか。

それはいわゆるポストモダンと言われる現代の不安だ。

今や科学には絶対的な信頼などないとよく言われる。ニーチェという哲学者の「神は死んだ」という言葉がよく引き合いに出されて、唯一無二の真理などどこにもなくて、あるのは生きている人の数だけの解釈なのだと言われる。すべてがレトリックに過ぎないという発想だ。

人はそれをポストモダンと言う。今はポストモダンだから、何が正しいのかはわからないのだと、平気で言う。

でも、それってものすごく恐ろしいことなんじゃないか。大きな学会を作ってまで、レトリックに過ぎないミラクル・ストーリー作りを懸命にやっているのだろうか。治療者とはそういう生き物なのだろうか。

野の医者たちの治療に触れる中で、私はポストモダンの不確実感に苛《さいな》まれていた。確かに、野の医者を見ることで、私は臨床心理学を再考してみようと思った。でも、その結果、臨床心理学の学説が物語であり、技法がパフォーマンスに過ぎないとなったら、どうしたらいいのだろう。

私は何がなんだかわからなくなっていた。治療って一体なんなんだ。こんなことを考えていて、私は大丈夫なのだろうか。深く考えない方がいいこともあるんじゃないか。

それにこれは結論にするにはいささか単純すぎるようにも思った。治療は確かにレトリックの営みではあるのだろう。だけど、それは治療がただただ説明モデルを、説得して相手に信じ込ませるだけのものということを意味はしない。そこには奥行きがあるはずだ。

こういうときは様子を見るに限る。よく調べて、突き詰めて考えてみることが大事だ。時間はたっぷりあるのだ。

ただ、私は不安になってしまったので、あるところに電話をかけた。

ユタとポテト

「もしもし、どなたです？」警戒心の強い声が受話器の向こうから聞こえる。

「東畑です。この前、南城市の道場でお会いした」

「あぁ！　東畑先生でしたか」急に声が和らぐ。「なるほど、そういうことでしたか」

「どういうことです？」何がそういうことなのか。

「いえいえ、そろそろ連絡がくるよ、と出ていたので。それかと」電話越しでも高貴な微笑が伝わってくる。

クメヨシコさんはユタだ。霊能者クラスターの野の医者との電話は、必ずこういう会話から始まる。彼女たちは「すべて必然である」という前提で生きているので、すべてを予期しているのだ。私はこの感じがとても好きで、今でもヨシコさんに電話をかけるのが楽しくてしょうがない。

ヨシコさんと知り合ったのは、南城市のとある道場を開いている野の医者の家でのことだった。私がユタにも会ってみようと思っていると伝えると、その野の医者がヨシコさんを呼んでくれたのだ。

一時間ほどしてから、ヨシコさんは弟子と共に、アップルパイを持って現れた。お土産なのだそうだ。彼女はとにかくフットワークが軽い。このとき、連絡先を交換したので、そこに電話をかけたのである。

私たちはしばし世間話を交わしてから、豊《と》見城《みぐすく》市名嘉地《なかち》のジェフというハンバーガー・スタンドで会うことになった。

ヨシコさんとの会話は不思議だ。世間話をしていても突如、神の声を聴き始める。このときの表情が実にうやうやしい。ありがたい気持ちになるのだ。そして、神の意志を伝えると、ヨシコさんは再びふつうのおばちゃんに戻る。

私は不安なことを打ち明けた。私のこの研究は臨床心理学に受け入れてもらえるのだろうか、と。

「ちょっと待ってください、何かが」ヨシコさんはそう断ってから、食べかけのフライドポテトをトレイの上に投げ捨てて、目をつむる。

手で空をつかみ、何かを下に降ろしてくる。

「うん、そう、うん、そそ、はい、そうですか」

ヨシコさんは高貴な笑みを浮かべる。観音様そっくりだ。

「よくわからないのですが、〈できない〉というのが出てます」彼女はポテトに手を伸ばし、勢いよく口に運ぶ。口元が油でテカっている。観音様は市井のおばちゃんに戻っている。

「できない？　何がですか？」私は尋ねる。

「わかりません。東畑先生ができないということなのか、偉い先生ができないということなのか。どっちなのか。ただできないと出ています。待ってください」

再び彼女は観音フェイスになって、手で空をつかむ。何物かを大事そうに降ろしていく。

「なるほど、うん、そうですか、うん。そうそうそう」

ヨシコさんは目を開き、にっこりと笑う。

「真っ黒です。鉄板が見えますね、ガンとして、受け入れられません」

「ちょっと辛いですね」

「今まで学んできたことの意味が対照的なようですよ。だから、受け入れることが〈できない〉」ヨシコさんはポテトを口に運び、アイスコーヒーを啜《すす》る。

うーん、やはりそうか。予想していたとは言え、私にも聳《そび》え立つ鉄の壁が見えた気がする。

「どうしたらいいんですか?」縋《すが》るように私は訊く。

目を閉じると再び観音スマイル。上を見上げて、うんうんと頷いている。私も見上げてみる。なぜか天井に風船が張り付いている。店のものだろうか。その横で蛍光灯がチカチカと光っている。

「話題を変えてみたらって。課題ですか、って聞いたら、話題です、って」

「話題、ですか」

「ええ、話題です」ヨシコさんの口元が緩む。綺麗な歯並びにポテトの滓《かす》が付いている。

「相手は鉄ですから。やんわり持っていって、わかりやすく。でも、向こうは首をかしげますね。それも見えます。けど、それしかないです。ちょっとは耳傾けるって感じです」

「鉄だったんですね」私もポテトをつまむ。「そりゃ、恐ろしい」

ヨシコさんは私の世俗的な悩み事もきちんと神様に尋ねてくれる。その説得力がすごい。ハンパじゃない。

私は基本的に霊とか神の存在については懐疑的である。徹底的な無神論とは言わないが、ごく常識的な科学的世界観のもとで生きている。

しかし、目の前でヨシコさんが観音フェイスになって、神と対話しているのを見ると、ものすごくリアルなのだ。野の医者研究は公表せずに、しまっておこうかという気持ちになる。

知らず知らずのうちに、私も神を信じる立場に引き入れられていた。

レトリックに巻き込まれたとか、そういうことを考える間もなく、ヨシコさんの神様との対話のリアリティーに圧倒されてしまうのだ。何より、ハンバーガーショップで神様と対話するというのが、いい感じではないか。

最後に私は一番訊きたかったことを訊いた。

「僕はこれからどうなるんでしょう」

ヨシコさんは観音フェイスに変身する。隣の席では、子供たちがコーラをこぼして大騒ぎになっている。ヨシコさんの手が空をつかむ。自動ドアが開く音がする。言葉が降りてくる。

野の医者はうやうやしく微笑む。

「飛躍、ですよ。そう出ています」

「なるほど！　いいですねー」私は喜んで手を打った。

それから私たちは盛大にポテトを食べ、世間話に興じたのだった。

短い間だったが、これでマジカル・ヒーリングツアーはひとまず終了だ。ここで紹介したのは、私の印象に残ったほんのわずかな例に過ぎない。私は実はかなりの量の治療をこの時期に受けていた。そして、印象に残らないほど、稚拙なものがたくさんあった。その中で私はあることに気付いてしまった。

「野の医者の治療って、実は大したことないんじゃないか」

ここまで本書を読み進めてこられた読者の方も、うすうす感づいているのではないかと思う。

実際、私の目に変化はなかったし、人格的な変化が起きる気配がなかった。徳の高い浪人になって、徳の高い主君に拾ってもらうという計画もあったのだが、その予兆もなかった。

野の医者の治療は、こう言っては何だが、「子供だまし」のようなものが少なくなかったし、治療者もフツーの人が多かった。カルチャースクールの延長線上で、野の医者をやっている、そういう人も多かった。

しかし、そうなると余計に謎は深まる。

なぜこんな稚拙な治療に人は癒やされるのだろうか。

なぜ、精神病と見まがうほどに深く病んだ人たちが、こういう「子供だまし」でとりあえず快癒するのだろうか。

そういう風に考えると、次のような推理が出てくる。

おそらく野の医者ワールドには、まだ私の知らない何らかの仕掛けがあるのだろう。その仕掛けが、これほどたくさんの人を荒唐無稽な治療に引き寄せ、そして治癒を生んでいるのだろう。

それを探さないといけない。そうすることで、私は粘り強く心の治療について考えないといけない。

私は方針を切り替えることにした。これまでは出来るだけ多くの野の医者に会おうとしていた。つまり広い面を掌握しようとしていた。しかし、それでは野の医者の真実に、そして治療の真実に至ることはできないのではないか。

私は調査対象を少数に絞ってみようと思った。もう少し親密に付き合ってみよう。彼らの生きている世界に飛び込んで、彼らのことを深く知ってみようじゃないか。

どうせ浪人で暇なのだ。時間はいっぱいある。乾き切った干物眼で、野の医者たちのことをくまなく見てやろうじゃないか。

5章 スピダーリ

——ちゃあみいさんのミラクルな日常

ユバールの夜とブラックホール

2014年5月、日中は蒸し暑いが、夜は涼しい風が吹く心地よい季節だ。その夜、私は那覇市栄町《さかえまち》にいた。栄町は豚肉の匂いが漂うアジアンマーケットで、沖縄が日本と東南アジアの中間地点であることを実感させてくれる。その一角にユバールという小さな飲み屋がある。そこで、私は同じ大学院を出て、沖縄の病院で働いているセンパイと泡盛を痛飲していた。

「それでどうなのよ、シューカツは？」

「キビシイですよ。宝くじ状態です。祈るくらいしかやることがありません」

「ほんとに？　そんなにキビシイの？」赤ら顔のセンパイは驚いている。

「そうですよ、日本中、職にあぶれた博士たちで溢れかえっているんですから。ほんと末法の世の中ですよ」私は薄いチヂミをつまみ、泡盛で流し込んだ。

私は遅まきながら、職探しを始めていた。

当初、誰かが何とかしてくれるだろうと現実逃避に走っていたのだが、甲子園が終わり、世間が新生活で浮かれ出した頃から、このままではまずいと気付いたのだ。

色々と考えて、標的は大学教員の職に絞ることにした。どうせ転職するならステップアップしてやろうじゃないかと思ったのだ。そこで、心理学関係の教員を公募している大学に片っ端から応募していた。

大学職の場合、この応募がまた面倒くさい。非常に細かい書類を作成しないといけない。そしてこれまでに作ってきたささやかな業績を針小棒大にアピールし、かつさわやかな好青年を装うような応募動機をでっち上げる。ひとつの公募のための書類を作るだけで、丸一日かかってしまう。

そうして作った書類をポストに投函すると、確かに達成感がある。

「これは確実に採用ものだ。俺はやればできる男だ」と一瞬、自己陶酔する。

しかし、現実は厳しい。どの大学からもなんの返事もない。大学教員は今や完全に買い手市場だ。私のような馬の骨はハナから門前払いなのだ。

問題はどう考えても私が馬の骨であることなのだが、例によって私は責任転嫁をし始めていた。

郵便局はちゃんと働いているのか。ポストがシュレッダーに直結してるんじゃないか。中央郵便局で山羊を飼っていたりしないだろうな。私は郵便局宛てに不幸の手紙を出してやろうかと考えるようになった。郵便局が自分に不幸の手紙を届けるのだ。なんかいい感じだ。

しかし、人を呪わば穴二つである。そういうことを考えているとどんどん精神状態が悪くなる。だから途中から、これはブラックホールに履歴書と業績を捧げる修行なのだと思うことにした。せっせと公募書類を作り、それをブラックホールが無に帰す。うん、無常な感じが功徳を積んでいる気持ちにさせてくれる。きっと来世では一部上場企業の係長くらいにはなれるだろう。

「博士持っててもダメなの？」

そのとき博士論文の準備をしていたセンパイが不安そうに聞いてくる。彼もいつかは転職しようとしていたのだ。

「だから、なんの意味もないですよ。博士くらい、皆持ってるんですって」私は意地悪することにした。

「マジかよ……」案の定、落ち込んでいる。

本当は自分の不幸なのだが、それをセンパイに押し付けることに成功して、私は嬉しくなってきた。センパイをもっと追いつめてやろうと思った。

「マジですよ。大学院重点化政策で大量生産された博士たちが、少子化で縮小する大学のポジションを狙っているわけです。大学教員は今や貴族階級です！　センパイみたいな馬の骨は論外ですよ」私は高らかに宣言した。

どうだ、センパイ。世間っていうのは厳しいものなんだぞ。参ったか。

自分でも不条理だと思うのだが、私はなぜか軽く説教を始めていた。

「だったら、東畑君どうするのよ？」センパイは問題の所在をあるべき場所に戻してきた。反撃してきたのだ。

私は急につまらなくなって、ふてくされた。

「そんなのわかんないですよ。阿弥陀如来でも現れないですかね」

阿弥陀如来が彷徨《さまよ》える博士たちを救済して、極楽浄土に運んでいくのだ。そこには荘厳な極楽浄土大学大学院が待っている。広大な祇園精舎キャンパスの中心には小さな泉があって、そこから任期の定めのない常勤ポストが無限に湧きだしてくる。

救済された博士たちはほっとした表情で名刺交換をしている。国立でも私立でもなく、仏立大学と書いてあるお香が薫る名刺だ。あぁ、なんていいところなんだ。

「開人さん、カラオケ歌うか、ってマスターが言ってるけど、どうする？」

涅槃の境地に浸っていた私に、声をかけてきたのはちゃあみいさんだ。

「今はいいです、あ、キムチもう一つ」私は追加オーダーをする。

「俺は歌う」センパイはカーペンターズをリクエストする。

「オッケーオッケー」ちゃあみいさんは笑う。

センパイの意外に上手なカーペンターズが店内に響く。

「この前行ったチャクラ開くやつ、すごかったですね」私はちゃあみいさんに話しかける。

「だからよ。また行こうね」ちゃあみいさんは水割りを作りながら言う。「来週はさ、打ち出の小槌《こづち》のセミナーがあるんだけど、開人さん来ない?」打ち出の小槌か、怪しくていい感じだ。

「いいですね。面白そうじゃないですか」

「じゃあ、予約しとくよ。金運が開けるはずね、またメールするさー」

ちゃあみいさんは再びカウンターに戻る。センパイのカーペンターズが心地よい。能天気でいいよな、この人。私はセンパイを横目に泡盛をチビチビとやっていた。

ちゃあみいさんとは誰なのか

誤解のないように断っておきたい。ユバールはいかがわしいクラブではないし、ちゃあみいさんは私が入れあげているホステスではない。

ユバールはそれほど美味しくない料理を自信満々に出す小さな飲み屋である。特色と言えば、カラオケが歌えることと、元アルコール依存症のマスターが経営していること、それからそのマスターを治療していた野の医者が店員をしていることくらいだ。もちろん、その野の医者こそがちゃあみいさんである。

余計に意味不明になったかもしれないが、私が出入りしていたのが品行方正な場所だと伝わればそれでいい。そして、なぜそんな謎の店に出入りしていたかと言えば、私がちゃあみいさんにひどく入れあげていたからだ。

ちゃあみいさんは40歳前後の女性の野の医者だ。テンガロンハットをかぶり、謎のアジアンテイストのワンピースを身に付け、パワーストーンで全身を飾っている。おしゃれさんなのである。

この頃、私は野の医者と深く付き合おうとしていた。しかし、野の医者は無限にいるので、その中の誰と交流を深めればいいかが、なかなかわからなかった。また、私は飽きっぽいので、同じ野の医者と何度か連続して会っていると、だんだんと退屈してきてしまうという問題もあった。

その中で奇跡的に意気投合したのがちゃあみいさんであった。出会いは、3月の福の市のときだった。

私はいつものように、彼女のセラピーを受けて、それから彼女のライフストーリーを聴くために、別の日にアポを取った。私の場合、ひとりの野の医者と会うのは、大抵その2回だったのだが、なぜかちゃあみいさんの場合は違った。その後も何かと用事ができて、会い続けることになったのである。

私は彼女の勧めで色々なところに行き、彼女の勧めでヒーリンググッズを買い漁《あさ》った。週に一度はファミレスで会って、近況を報告したり、癒やしやヒーリングについて話し合うようになった。

そして気付けば、私はちゃあみいさんが働く飲み屋で泡盛を痛飲するようになっていた。

ちゃあみいさんは私がもっとも親しく付き合った野の医者になったのだ。

しかし、なぜ彼女とこれだけ仲良くなってしまったのだろうか。

もちろん、彼女と私の性格の相性が良かったこともあるだろう。彼女はテキトーで軽い性格であった。大体のことが「なんくるないさ」「そうだはずね」と簡単に片づけられ、目の前に深刻な矛盾が広がったときも、「しょうがないね、キャハハ」と笑って済ませる。それが心地いい人だ。

私も軽さにかけては人後に落ちることがない。ある隻眼のカミンチュから、驚いたような表情で「東畑さんの本性は異常に軽い」と言われた。魂の底の部分から軽い男なのだそうだ。

軽い性格の二人が出会って、悪ふざけのようにして色々なところに出没するようになったというわけだ。

ただ、ちゃあみいさんにこれだけ惹きつけられてしまったのにはほかにも理由がある。それは彼女が行なっていたマブイセラピーという治療と深く関わっている。最初にちゃあみいさんからマブイセラピーを受けて、私はすっかりそれにハマってしまったのだ。

マブイセラピーとはスピリチュアルセラピーの一種であり、ゲシュタルトセラピーという臨床心理学でも使われている治療法が取り入れられたものだ。だから、それは私にとってはなじみ深いものだった。

野の医者がひしめく沖宮《おきのぐう》の境内で、突如空《から》の椅子を差し出され、もうひとりの自分をそこに出してくれと言われたときには感動した。まさかこんなところで、古巣の文化と出会うと思っていなかったからである。

ただ、もちろん彼女はゲシュタルト・セラピーを自分の好きなようにブリコラージュして使っていた。

最初に彼女は謎のスプレーで私の体を浄化する。聞けば、水にアロマを混ぜて、ちゃあみいさんのレイキを込めて、さらに太陽エネルギーを加えたミラクル・スプレーだとのことだ。飲んだら下痢をしそうな強烈な配合である。

「それで、マブイセラピーでどうなりたいんです？」

ちゃあみいさんは最初に主訴を聴く。このあたりも臨床心理学と同じやり方だ。ユタや占い師は主訴をあまり重視しない。聞かなくても、霊や暦が教えてくれるからだ。だけどスピリチュアル・セラピーは人間の力によって行なわれるものだという前提なので、私の意志が重要になってくる。

「うーん、転職がうまくいかなくて困ってるんですよ。だから、そこを何とかしたい」

「オッケー、オッケー！　任せておいて」ちゃあみいさんのノリは異常に軽い。

私は彼女に言われるがままに、空の椅子に自分の魂を置いた。もちろん、イメージの話だ。

最初に出てきたのは、苔むした小さなお地蔵さんだった。私はそれを森の中で静かに安置しておきたいと思い、静謐《せいひつ》な気持ちになっていた。しかし、ちゃあみいさんはそんな私を怒った。

「これ石像ですよね。やり直してくれない？」彼女は不機嫌になっていた。「等身大の自分出してくれないと、魂とか体のことを癒やせないさ」

「すいません、すぐに等身大の自分を出します」私は慌てて、等身大の自分を椅子に置く。

「じゃあ、よく見てみて。表情はどう？」

「なんかこっち見てますよ。でも、無表情ですね」

薄気味悪い生ける屍《しかばね》のような自分がいる。失職したとき、自殺のリスクが高くなるというし、魂が死んでいるのかもしれない。

「オッケー、じゃあ治していこうか」ちゃあみいさんの機嫌はすぐ直る。

ちゃあみいさんの指示に従って、私はイメージの自分を矯正していく。灰色のハートを真っ赤に塗り直し、曲がった背骨をまっすぐにし、なぜかお腹の部分が空白で腰と胴体が遊離していたので無理矢理くっつける。足の裏に小さなリンゴがいっぱい挟まっているので、それを取り除く。イメージワークなのだ。

ちゃあみいさんは私を質問攻めにする。なぜ腰と胴体が遊離しているのか、なぜそんなところにリンゴがあるのか。そんなもの私にもわかるはずがない（今思えば、浮足立っていたのだろうか？）。だけど、ちゃあみいさんはあくまで私に答えを探させる。答えはその人の中にしかない、そういうところが心理学的なのだ。この感じは悪くない。

とは言え、わからないものはわからない。すると、ちゃあみいさんは「ハットくん（イメージ化した私の魂の名前だ）」に質問しなさいと私に指令を与える。

「ハットくん、教えてください……」私は頼む。しばらくするとハットくんが教えてくれる。「浪人でござると言っています」ハットくんは憎めない奴だ。

「オッケーオッケー」納得したのか、彼女は謎のクリスタルで、私の肩をさする。「だったら、ここ痛いでしょ」

「すいません、あんまり」特に何も感じない。

「自分を感じていいんだよ、って10回言ってごらん」

「自分を感じていいんだよ、自分を感じていいんだよ、自分を感じていいんだよ、自分を感じていいんだよ、自分を感じていいんだよ」

「どう？」7回しか言ってないが、ちゃあみいさんは気付いていない。

「ちょっと痛いです」痛い気がしてくる。

「でしょ?」ちゃあみいさんは得意げだ。「ここ痛い人はね、自分を責める人なんですよ。だから、ほら、自分のこと責めないでいいんだよって、10回言ってごらん」

こんな感じでめくるめくちゃあみいさんワールドは展開していく。

彼女はイメージと自己暗示を使い、私の自己像を修正していくのだ。最後は内面ではなく、外見も変えていく。

「ハットくんの外見で変えたいところある?」ちゃあみいさんは促す。

「ピアスですかね、いかつい銀のやつを付けたいですね」私も楽しくなってきていた。

「キャハハ、いいね、付けよう」

私はイメージでハットくんにピアスを付ける。ちょっとワルな雰囲気になった。

「じゃあ、ハットくんの中に入ってごらん」

そう。次は苦労して変身させたハットくんの中に入るのだ。促されて、私は目の前の空の椅子に座る。

すると不思議なことに凄まじいパワーが湧いてくる。燃え盛るエネルギーを感じるのだ。これにはびっくりした。

「やばいですね、これ」

「でしょー、どう、何がしたい?」ちゃあみいさんは本当に嬉しそうだ。

「喧嘩ですね、その辺のヤンキーと拳《こぶし》を交えたいです。熱く燃えたいです」

「キャハハ、いいねー、やろう。それからはどうする？」
「焼肉食べたいです。そのヤンキーたちと熱く語り合いたいですね、ナイスファイトとか言っちゃって」私は危険だが、情に厚い獣になったのだった。

当時の録音を聴き直して、書き起こしてみるとバカバカしい限りだ。しかし、あのときの私はちゃあみいさんのセラピーで、なぜか元気が出てしまったのである。イメージの力は恐ろしい。

彼女のセラピーの基本にあるのは自己対話である。それは心理学のやり方だ。神様や霊のような人間の外側にあるものの力ではなくて、心理学は自分自身の内側の力を使って、治療を行なっていく。

それは私が訓練を受けてきた文化のものだった。だからだろう、荒唐無稽なところはあったにせよ（太陽エネルギーのスプレーをかけるとか）、私は彼女のセラピーにすぐに馴染んだ。

野の医者が心理学をフル活用している。こんな面白いことはない、と私は思った。一体彼女はどこから心理学を仕入れてきたのだろうか。心理学を使う野の医者と、霊の話をする野の医者の違いは何だろうか。私の学んできた心理学と彼女の心理学は似ているようで大きく違う気もする。一体どこが同じで、どこが違うのだろうか。様々な疑問が湧いた。私は強烈に好奇心を刺激されていたのである。

もしかしたら、ちゃあみいさんと私は、ボノボとチンパンジーくらいの仲なのかもしれない（実は後からそれを裏付ける衝撃的な事実が発覚することになる）。

もしかしたら「心理学とは何か」という私のアイデンティティに関わる問題を明らかにできるかもしれない。徹底的に彼女のことを調べてみようじゃないか。そう思って、私はちゃあみいさんに取材を申し込んだ。

「ちゃあみいさん、今度時間作ってもらえません？　色々話を聴かせてもらいたいんです」

「オッケーオッケー、じゃあここに連絡してよ」

ちゃあみいさんは私にメールアドレスを教えてくれた。こうして私たちの長い付き合いが始まったのだった。

宗教行脚する二人

「今度チャクラを開きにいかない？」ファミレスで茶飲み話をしているときに、ちゃあみいさんは言った。

「チャクラって開くものなんですか？」

「開人さん、レイキを感じられないんでしょ。それ、チャクラが開いてないからだと思うわけ」

「なるほど、確かに」私はレイキとか波動とか、気とかだけはまったく感受性がなくて、何も感じられないのだ。

「すごいところあるから、一緒に行こう」

チャクラ開き。その響きに私は瞬間沸騰していたが、まだちゃあみいさんとあまり親しくなかったので、内心不安だった。この人は実は何かの宗教の人なのではないかという疑念がぬぐえなかったのだ。そして、それは半分外れていて、半分当たっていた。

連れて行かれた先は完全に宗教だったからだ。

そこは沖縄南部の小さな民家だった。場所はありふれた住宅街で、一見普通のお宅なのだが、中に入ると大きな祭壇が設けられている。

そこで、スーツに身を包んだ女性二人が私たちのことを待っていた。尋常じゃない笑顔の女性二人組だ。

ちゃあみいさんは顔馴染みらしく、私を紹介してくれる。なぜか彼女がポイントカードみたいなものを出しているのが気になった。私を餌にしているのではないかと疑ったのだ。好奇心と不信感は同じ根から出てくる感情だ。

「東畑です」相当に警戒しながら挨拶をした。

「よくおいでくださいました、ウフフ」

私はこの時点で、ここが新宗教の支部であると確信していた。突き抜けた笑顔と異常なパワフルさの裏に確かな信仰心が垣間見えた。

会話もそこそこに、私たちは儀式部屋に連れて行かれる。狭い屋内の至る所に、謎の像が置かれているので、いやが上にも期待が高まった。

ついに私のチャクラが開放されるときが来たのである。

しかし、非常に残念なことに、ここでその儀式の詳細を書くわけにはいかない。強く口止めされているからだ。

果たして、そこは全国に支部を持つ宗教団体であった。私の受けた儀式はその宗教にとって最重要の秘法だった。

常軌を逸した祈りがなされた。目を開けることが許されない。私は途中一度薄眼を開けて観察していたのだが、一心不乱に踊っている女性二人の姿が見えて、怖くなったのですぐに目を瞑《つむ》った。

そして、隠されている世の中の成り立ちと神の秘密が開示される。そして、秘術が施される。これで、私は次の時代を生き抜くためのパワーを授けられたということになる。いいことがすごい勢いで起こるらしい。

「今日のことを絶対に外で漏らしてはいけません」パワフルな司祭は私に言った。

漏らしたときには大変なことが起こるのだと言う。特にパワーの源については絶対に内緒である。内緒と言われると、余計に書いてしまいたくなるが、やはりやめておこう。これは仁義の問題だ。

「よかったさ、私もこれでチャクラの大掃除ができたよ」ちゃあみいさんは満足げだった。「開人さんもちょっとオーラが出てきてるね」

「でしょ！　一時間前の僕とは別人ですよ」私は話を合わせた。

「だからよー」ちゃあみいさんは嬉しそうに笑う。

沖縄の人は「だからよ」と言って、話を合わせる。それは意味をもたないコミュニケーションのためだけの言葉だ。

ただ、私の見る限り、その宗教の儀式は本質的にチャクラを開くものではなかった。それはある宗教的秘密を開示するための儀式であって、チャクラやオーラの話を別にしてはいなかった。

確かに人間のエネルギーの根源についての話題もあったので、それをチャクラのことと捉えることはできると言えばできる。だけど、あの親切なパワフル司祭はちゃあみいさんの感想を聞いたら、ちょっとがっかりするだろうなと思った。ちゃあみいさんはまったくその宗教の意味を無視して、勝手にチャクラ開きということにして自分の癒やしに使っているのである。

だから、私はちゃあみいさんに聴いてみた。

「あれって、別にチャクラの話をしているわけではないですよね？」

「いいさー、私が感じるんだもん」

すがすがしいほど自由な人だ。

それから、私はちゃあみいさんに様々なところに連れて行かれた。

新興宗教の集まりや、自己啓発セミナー、あるいはネットワークビジネスの集会など、彼女は神出鬼没だった。

だけど、ちゃあみいさんは様々な集会に出入りしながら、同時にどれにも積極的に参加していなかった。その意味で、彼女は宗教の人ではなかった。

「宗教に入るのは何か違うわけさ。最後は自分だからね。私は自由がいい」

とは言え、それらは彼女が面白半分で儀式や集会に参加していることを意味しているわけでもない。彼女はその時々は真面目にそれらに取り組んでおり、講師の語るスピリチュアル話や宗教的な真理に真摯に耳を傾けていた。

それでいて、彼女はそれらを自由自在に曲解して、好きなように使っていた。ブリコラージュここに極まれり。

あるセミナーが終わった後、私たちは初夏の奥武山公園を散歩していた。

ちゃあみいさんはある拝所の前で立ち止まり、手を合わせた。

「開人さん、沖縄のお祈りの仕方知ってる?」

「知らないです」

「最初に住所を言って、それから名前。あとは好きなように祈る」

さっきまで、宇宙の法則は心が決めると嬉しそうだったのに、急に伝統的なスタイルになるから不思議な人だ。

だけど、私はそれが一緒にいて楽しかった。ちゃあみいさんは色々な人の言うことを、好きなようにつまみ食いして、自分の生き方を確認しているようだった。何より彼女の祈る姿は、静かで美しかった。

イントマヤーとスピダーリ

ちゃあみいさんは不思議な人だ。彼女はずっとスピリチュアルなことを考えている。日々に起きた出来事はすぐにスピリチュアルな意味づけをされ、彼女はその都度生きる指針を確認する。車をぶつけられたら、金にこだわるなというメッセージだと受け取り、夢を見ればお金が入ってくる予兆だと言って楽しみにしている（お金の話ばかりだ）。

彼女にかかれば、私の名前にもスピリチュアルな意味が見出されてしまう。足揉《も》み師のギノザさんがそうだったように、野の医者には言葉とか字にこだわる人が多い。言葉が本来魔法の力を持っていた名残りを今に伝えているのだ。

「あのあと考えていたんだけどさ」ちゃあみいさんは言う。「苗字が東の畑で、名前が開くと人でしょ。東は日本とか沖縄のことだろうから、そこで人を開くのが、開人さんの使命だね」

私は皆からライトワーカーだと断定されてきた。だんだん自分でもそんな気がしてくるから不思議だ。

「きっとそうなんでしょうね」さも当たり前風に言った。「ちなみに、ちゃあみいさんには何か使命があるんですか」

「私はね、この世に天国を作ることだよ。キャハハ」

「そんなのって、どうやってわかるんです？」

「昔、コラージュやってもらってさ、そのときにわかったんだ」

コラージュ？　臨床心理学のコラージュ療法のことだろうか。ちゃあみいさんはちょいちょい私の業界と重なることを話すので驚く。

せっかくなので、このとき私は彼女のライフヒストリーをまとめて聴いてみることにした。

ちゃあみいさんは「貧しい家に生まれて、必死に働いてきた学歴のない」女性である。もはや決まり文句になった感すらある、傷ついた治療者の物語だ。もちろん例外もあるのだが、野の医者業界では「むかしむかしあるところに」の代わりにできるほど、同じ形をした話ばかりが語られる。これがなぜなのか、このときの私にはまだわからなかったのだが、ひとまずここでは話を前に進めるために、ちゃあみいさんの人生の前半についてては省略しよう。

ただ、ちゃあみいさんの場合、男性との関係に苦労し続けてきたことは特筆すべきだ。彼女は身勝手な男性に苦労させられるが、それでも相手が可哀想で別れることができないということを繰り返してきた。

挙句の果てに、私の謎の研究の面倒をあれこれと見てくれるようになっていたのだから、フロイト先生の言う通り、人生は反復なのである。

ちゃあみいさんのミラクルストーリーは7、8年前から始まる。

その頃、夫が借金を抱えていたことが発覚した。その返済のために、ちゃあみいさんは、昼も夜も働くようになった。小さな子供を抱えてのことだから、深刻な重労働だ。

「なんでかわからないけど、男で苦労してるさ。それから旦那とはイントマヤー」

「イントマヤー？」

「方言で、犬と猫。犬猿の仲だね」インが犬、マヤーが猫だ。

はたして、彼女は調子を崩す。働きずくめの日々の中で、極度の不眠に陥ったのだ。神経が昂《たかぶ》り、一週間くらい一睡もしなかった。きっと夫の裏切りへの怒りもあったのだろう。それを押し殺して文句ひとつ言わずに働き続けたのだ。

そしてある日の明け方のこと、彼女は極度の混乱に襲われる。深夜の2時3時からちゃあみいさんは家中の大掃除を始める。突如、掃除機をかけ、床を磨き上げはじめたのだ。

異変に気付いたのは夫だ。夫は家中を磨き上げるちゃあみいさんを止めようとした。

すると、彼女は突如夫に殴りかかった。異様な興奮状態になっていた。

「よく覚えていないけど、なんかおかしくなってたさ。でも今思えば、浄化だったんだろうね。今まで積み重なっていた変なものがそこで全部出たんだと思うよ」

彼女はそのまま精神科病院に搬送され、入院する。しかし、彼女は投薬を拒んだ。

「薬では治らんっていうのはわかってたさ。それで逃げるように退院して、前から話だけは聴いていたグシケンクリニックに行ったわけさ」

「え！　ミルミルイッテンシューチューの？」

「そうそう、開人さん、知ってるんだ。そしたら、あそこは波動じゃない？　私はすぐに波動のことがよくわかって、それで今度は人を癒やしたいって思ったんだ」

傷ついたから癒やす、それは謎の展開なのだが、野の医者の論理ではそういうことになる。ちょうどその頃にちゃあみいさんは夢を見る。

「夢の中で声が聞こえてさ。ユタになるか、スピリチュアルになるかって聞かれたから、迷わずスピリチュアルで、って言ったよ」彼女は嬉しそうに言う。

「どうしてスピリチュアルなんです？　ユタになってもいいような展開ですよね」

「ユタは外からああしろこうしろって言うさ。でもスピリチュアルは自分の中にあるものを見るでしょ。そっちの方がいいさ」

なるほど、ちゃあみいさんは心理学的な人なのだ。彼女にとって、癒やしとは自分の内面に関わることだったのだ。

それにしても、夢を見て治療者になるあたりは伝統的なユタのストーリーなのに、最後にスピリチュアルが選択肢として出てくるあたりに現代を感じる。

そう、彼女が病んだのは、カミダーリではなく、言わば「スピダーリ」だったのだ。

それからの彼女は本格的にスピリチュアルの勉強を始める。様々なセミナーに顔を出し、スピリチュアル系の本を読み漁るようになった。そして、野の医者たちのブログを毎日チェックするようになった。

そんな中、ある日ちゃあみいさんは友人に誘われて「レイキを楽しむ会」というイベントに参加する。何人かで集まって、互いにレイキを流し込んで、エネルギーを調整し、全身の掃除をするのだ。

ちゃあみいさんはそこで下野たえ子さんという女性に出会う。彼女は「レイキを楽しむ会」の主催者であり、マブイセラピーの創始者だ。彼女はカリスマティックな野の医者で、そのときは熱心にレイキの使い方を指導していた。

「そしたら、会のあとに、たえ子さんから電話がかかってきたわけ。あなたは誘った方がいい気がしたからって。それでマブイセラピーのセミナーを受けに行ったのよ。ちょうど、仕事辞めたところで、失業保険も入ったからね。あれは運命だね」ちゃあみいさんはすべての偶然を運命としてしまう。

セミナーは、マブイセラピーの基礎を習得するというものだった。理論を学び、技法の練習をして、そして自分自身も癒やされるというものだ。

その初回に行なわれたのがコラージュ療法だった。

少し説明しておくと、コラージュとは雑誌を切り抜きして、それを画用紙に張り付けることで、一枚の絵を完成させるという方法だ。芸術家ではピカソが取り組んでいたのが有名で、臨床心理学では芸術療法のひとつに位置づけられている。

ちゃあみいさんは無我夢中で写真や言葉を切り抜き、糊で画用紙に張り付けた。私も見せてもらったが、とぐろを巻いた蛇が印象的な一枚だ。

私も臨床心理士としてこれまでクライエントのコラージュを見てきたが、そのときちゃあみいさんが普通の精神状態ではなかったことが伝わってくる。

「そこにさ、〈つくる、天国〉って書いてあるわけ」ちゃあみいさんは言う。「〈これだね〉ってたえ子さんが言うのよ。私も同じことを思ったさ。私はこの世に天国を作るのが使命なんだって。そこから人生が変わったよ」

こうして彼女は数十万円支払って（もちろん分割払いだ）、たえ子さんのセミナーに通い、最終的には修了証と資格証を手に入れた。晴れてマブイセラピーを行なう野の医者になったのである。

その後、彼女が深刻な不眠に陥ったことも、掃除の発作にかられたこともない。ただ、夫とは今もイントマヤーだ。

以上がちゃあみいさんの物語だ。

面白い、と思った。ちゃあみいさんは、精神病でも、カミダーリでもなく、スピダーリを病んだからこそ、今こうしてスピリチュアルな野の医者になった。そう、病名はその後の生き方を左右するのだ。

大学院の頃の思い出──病名ってなんだろう

そういうことを考えていると、昔のことが思い出される。まだ私が大学院生だった頃のことだ。

私が学んだ大学院はもともとユング派と呼ばれる学派の牙城《がじよう》だった。だから、私が入学した頃は、ユング派の言葉で色々な物事が語られ、話し合われていた。

しかし、大学院にいた最後の年に、精神分析という学派の治療者が教員に加わることになった。するとたちまち、大混乱が起こるようになったのだ。

特に問題になったのがケースカンファレンスである。ケースカンファレンスとはひとつのケースについてじっくり検討する会議のことだ。

あるとき、ユング派の先生は問題となっているクライエントについて発達障害だと言い、精神分析の先生は強迫神経症だと言った。別のとき、ユング派の先生はクライエントをパーソナリティ障害だと言い、精神分析の先生は精神病だと言った。それぞれが自分の言い分を主張し続けていたが、まったく収拾がつかなかった。お互いの主張は平行線で、議論にすらなっていなかった。

二人の偉い先生からは、同じクライエントが別なように見えていたのだ。

そしてカンファレンスのあとに、ユング派を好きな大学院生は精神分析の先生がわかっていないと言い、精神分析に近しい大学院生はユング派の先生がわかっていないと言っていた。

私は基本的に揉め事が好きなので、とても楽しかったのだが、それでも疑問は残った。どちらの学派の言い分ももっともらしかったし、どちらかに軍配を上げることは不可能だった。というのも、それに軍配を下せるような第三者など、この世のどこにもいないからだ。

その3人目がユング派ならば発達障害だと言い、精神分析家ならば強迫神経症と言う。あるいはまったく違った見立てを言い出して、余計に意味がわからなくなってしまうかもしれない。

同じクライエントでも、見る人が違えば、病名や見立てが変わってしまうとするならば、一体病名や見立てとは何なのだろうか。

心のケアの分野外の人は驚かれるかもしれないが、それが実態である。心って難しいのだ。

一体、見立てとか診断って何なんだ。この問いについて、野の医者と会い続ける中で、私なりの答えが見えてきた。

治療者の見立ては、クライエントの生き方に方向性を与える。

これだ。

ちゃあみいさんもあのとき精神病だと言われて、それを受け入れていたら、精神病薬を飲み、デイケアに通い、そして無事に社会復帰していたかもしれない。そして以前と同じ生活をしていたかもしれない。

あるいは自分のことをカミダーリとしていたら、沖縄中を拝んで回って、今頃ユタになっていたかもしれない。

だけど結局、ちゃあみいさんはスピダーリを選んだ。だから、レイキエネルギーを充《じゅう》塡《てん》し、自分の使命を捜し、スピリチュアルヒーラーとして生きていくことになった。

精神病は脳の問題で、カミダーリは霊の問題だが、スピリチュアリティは心のもちようの問題なのだから、彼女は心理学的な生き方をそのとき選んだのだと言える。

この本でしょっちゅう出てくるクラインマンの「説明モデル」とは、そういうことを意味している。

つまり、治療者は診断を告げることで、なぜ病いになったのかのメカニズムを説明し、そして治癒の形を呈示し、そのためにどうすればいいのかを説得するのだ。

そして、クライエントはそれを自由自在にブリコラージュして、自分なりの治癒を組み立てていく。

だとすると、見立てとか診断とは、ひとつの物語を呈示することに他ならない。ちゃあみいさんの場合、沖縄にはカミダーリの伝統があるから、精神的失調はただちに精神医学の問題にならなかった。そして、彼女は発作が出る前から実はスピリチュアリティと親しんでいた。だから、彼女は精神科病院から逃げ出して、グシケンクリニックに飛び込んだのである。

その頃にはすでに、地元のネットワークの中で、彼女はスピリチュアリティの文化に親しんでいたのであろう。

私はちゃあみいさんに尋ねてみた。

「ちゃあみいさんって、それまでにもスピリチュアルとか縁があったんです？」

「全然ないよ、あのときグシケン先生に会ってからだよ」ちゃあみいさんは答えた。

「ほんとです？　それだと運命的すぎません？」

しばらく考えてから、ちゃあみいさんは思い出した。

「そういえば、パワーストーンはもうやってたね。あの頃から売ってたよ」

なるほど、パワーストーンか。それはあり得そうな話だと思った。

「今度、僕にも作ってくださいよ、パワーストーン」

「オッケーオッケー、願いはある？」

「就職に決まってるじゃないですか！」私は言った。

「オッケーオッケー」ちゃあみいさんは軽く言った。

後日私はちゃあみいさんから、開運パワーのこもったパワーストーン・ブレスレットを受け取った。そしてタガが外れたかのように、次から次へと彼女からヒーリンググッズを買い漁るようになった。

レイキエネルギーの詰まった謎のスプレーから、人生の道行きを教えてくれる魔法の首飾り（ペンジュラムと言う）、そしてそれらのグッズにエネルギーを充電するための謎のクリスタル。

こういうものを手に入れると、異常にテンションが上がってしまう。これでミラクルな人生が待っている、と楽しくなってしまうのだ。あのとき、ちゃあみいさんが高価な壺をもってきたとしても、私は迷わず購入して、家から追い出されていたことだろう。

癒やす病者とちゃあみいさんの日常

２０１４年の春から夏にかけてはこんな感じだった。私は頻繁にちゃあみいさんと会って茶飲み話をしていた。そうこうしているうちに、徐々にちゃあみいさんの日常生活が見えてきた。わかってきたのは、野の医者の生態である。そして、そのことで、私の野の医者理解は大きく変わることになった。少しまとめてみたい。

ちゃあみいさんは、昼は野の医者として活動し、夜は飲み屋で働いている。お金がないからだ。兼業野の医者とでも言ったらいいだろうか。それに加えて、ちゃあみいさんには母親であり、妻であるという一面もある。家庭を切り盛りしながら、セラピーに精を出し、飲み屋でパートをする。

私の調べた限り、大半の野の医者がこの形態で活動している。多くの野の医者が、それ一本では生活していくことができない。だから、時給700円弱でパートをしながら、野の医者であり続ける。それほどまでして、野の医者でいる必要が彼らにはある。

肝心の野の医者としての活動は幅広い。彼らはセラピーやヒーリングだけをやって生きている訳ではない。

怪しいセミナーに参加したり、あるいは怪しいセミナーを主催したりする。そして、彼女は日常の様々なことを「ミラクル」だと意味づけ、それをブログにアップする。加えて、Facebookで頻繁なやり取りをする（Twitterはあまり使われない）。パワーストーンなどのヒーリンググッズを仕入れてきて、それを販売する。

さらに週末にはヒーリングイベントを主催したり、あるいは人が主催したイベントに参加したりする。

野の医者は完全な個人事業主なのだ。守ってくれる組織などない。自分でお客さんを集めないといけない。だから、ありとあらゆる機会に、自分を宣伝し、病む人をかき集めるのだ。

ちゃあみいさんの場合、当時一番力を入れていたのは、ヒーリングイベントだ。

彼女は複数のイベントに一枚嚙んでいた。タウン誌でイベントの告知があれば、出店者として申し込むのはもちろん、自分でもいくつかのイベントを主催していた。

もちろん、ヒーリングイベントにはほとんど儲けがない。格安でセラピーや施術を提供しているからだ。それでも、野の医者は積極的にイベントを開催する。

私は、それが野の医者のデフレ化だと思い、経済的には自分で自分の首を絞めているようにも思った。もちろん本人たちは、それは広告だからと割り切っている。あとで、本当のセラピーに導入することで元は取れるのだと。だけど、私はそれだけではないように思った。

野の医者たちは誰かを癒やす機会を欲している。そのことで自分自身が癒やされるからだ。

私なんかだと、一日に6、7人クライエントに会ったら疲れ果ててしまうのだけど、彼女たちはセラピーをやればやるほど元気が出てくる。

だから、イベントは彼女たちにとって癒やしなのだ。お客さんの悩みを聞き、心身を癒やしてあげること、そして空いた時間にヒーリングについての情報交換をすること、それらすべてが彼女たちを癒やしている。

このことを突き詰めて言うならば、彼女たちにとっては野の医者でいること自体が癒やしだということになる。

それはちゃあみいさんのヒーリングのコンセプトからも明らかだ。彼女は自分のヒーリング・スペースのことを「ヒーリングクリアー」と呼んでいた。ヒーリングで浄化するという意味だそうだ。

それはおそらく掃除と関係している。ちゃあみいさんは掃除に人生をかけている人なのだ。

借金に追われ、追いつめられて眠れなくなったとき、彼女は夫を殴り、家中を掃除して回った。そして、マブイセラピーに出会って、自分の大掃除をした。

今でも、怪しい儀式でチャクラを開いては、ちゃあみいさんはエネルギーの大掃除をし、助けを求めている人の心の大掃除をしている。

彼女は人の掃除をしながら、自分の掃除をしているのだ。

私はこの頃になってようやく、野の医者とは傷ついた治療者であると同時に、癒やす病者なのだということがわかってきた。これは大きな発見だった。つまり、彼らはまだ癒やされている途上にある病者なのだ。と言うか、癒やす人と癒やされる人は深く繋がっている。

私は最初、このことがわかっていなかった。近代医学の常識通り、治療者と病者は別々のものだと思っていた。だから、当初トヨタ財団に提出した研究計画では、まず野の医者本人について調査をしたうえで、次に野の医者のところで治療を受けているクライエントを取材することを考えていた。

両方を取材しないと野の医者の治療文化の全体が見えないと思ったからだ。

でも、それはとんだ思い込みだった。

そうではないのだ。野の医者はいまだ病んでいて、癒やしを求めている。

それはカミダーリをした人がユタになっても、まだ病んでいるのと同じだ。だからユタは神の使命に従わなくてはならなくて、ユタを辞めることは許されない。

野の医者の真実はこうだ。野の医者のクライエントは野の医者なのだ。実際に野の医者にお金を支払うクライエントのほとんどが野の医者なのであり、野の医者を取材すれば、その患者を取材したことになる。

つまり、病者は治療者という生き方をすることで癒やしを得る。だけど、それで病者じゃなくなるわけではない。病者であるがゆえに人を癒やせるわけだし、人を癒やすことが自分を癒やすことなのだ。それは病むことと癒やすことが「生き方」になるということだ。

それがスピダーリなのだ(カミダーリもそうだ)。

おそらく、科学的な医学によって初めて、癒やす人と病む人、治療者と病者が別々のものになったのだろう。科学は混沌としたものを分けて、分離していくものだ。そうやって、科学は近代社会の治療者を専門職として、病者から分けていったのだ。

そういう意味では臨床心理学の歴史は面白い。臨床心理学は何度も国家資格化を試み、専門職として自己を確立しようとしてきた。１９７０年には、そのことで学会がひとつ機能不全に陥った。そのとき問題になっていたのは、専門職となることで、病者を病者として固定化してしまうのではないかという議論だった。つまり、その頃、臨床心理学は傷ついた治療者と癒やす病者の伝統を生きていたのである。

野の医者はいまだに病んでいる。病むことを生き方にした人である。こういうことに気付き始めたとき、「健康とは何か」が大きな謎となった。

野の医者は劇的に自分が回復したことを語るし、本当の自分として生きていると言う。自分は健康なのだと。でも、本当にそうなのかと疑問に思ったのだ。

だから私は一度ならず、ちゃあみいさんにその疑問をぶつけた。

「ちゃあみいさんって、スピリチュアルに出会って、本当の自分で生きていけるようになったって言いますよね？」

「そうだね、やっぱりあそこで変わったね。溜めこんでたものが外に出て、自分の大掃除ができた」

「あのときは夫との関係が難しかったと言っていたけど、今でも、夫とは難しいんでしょ？」

「それはそうだね。イントマヤーだね」

「本当は甘えたいけど、甘えられない」

「身内は難しいよ。そこはなかなか変わらない。たえ子さんもそう言ってた」

「それって本当に治ったとか、変化したって言えるんでしょうか。一番大事なところはそのままなんじゃないかと思ってしまうのだけど。それって健康なんでしょうか」

「そうだね」ちゃあみいさんはじっくり考え、そして言った。

「でも誰か、究極に健やかな人っているのかな。みんな病みながら生きていて、それを受け入れるってことが、ありのままなんじゃないかな」

私は強く頷《うなず》いた。本当にそうだ。健康な人と病んでいる人を完全に分けること自体が、愚かな質問だったのだ。

だから、私は違ったことを尋ねてみた。

「御主人は、ちゃあみいさんがこういうヒーリングとかやっているのをどう思っているんですか？」

「旦那はまったくそういうの信じないからね。嫌がってるよ」ちゃあみいさんは答える。

「でもね、旦那が体を壊したときとか、私は実はレイキを送ったりしてる」

「そうなんですか」

「うん、目の前でやると嫌がるからね。旦那が寝たら、隣の部屋からレイキを送るの。遠隔レイキっていうやつよ。そうしたら次の日、旦那は体が楽だなとか、言ってたよ。キャハハ」

「ミラクルじゃないですか！」

「そう、ミラクルなのよ」

ちゃあみいさんの日常はミラクルだ。あらゆる場面で、ミラクルを見つけることで、彼女は癒やされている。

野の医者の中枢へ行ってみよう

ファミレスからの帰り道、私は野の医者の核心に近づいてきていることを感じていた。ちゃあみいさんと行動を共にする中で、野の医者が癒やす病者であることがわかってきた。

とすると、野の医者の治療の核心にあるのは、治療セッションではない。そこに、そんな劇的な技や術がないのは、これまでの取材でもはっきりしていた。そもそもそれらは500円で提供されているのだ。

野の医者の核心は、病んだ人を「癒やす病む人」にするプロセスにある。

野の医者は治癒を与えるのではない。ひとつの生き方を与えるのだ。

だから、見るべきは個々のセッションではなくて、セミナーやスクールである。病んだ人はそこで治療のテクニックを身に付け、治療理論を学び、そして治療者としての資格証を手に入れる。そうすることで、彼らは野の医者となって新たな生き方を始めるのだ。

となると訪れるべきは、セラピーのやり方を教え、治療者の免状を発行するマスターセラピストたちのところだ。彼らこそが、普通の病者を野の医者へと変身させるカギを握っている。

私は興奮していた。もう少しで野の医者の秘密が解けるかもしれないと思ったからだ。

そのとき、私のスマートフォンが鳴った。メールが届いたのだ。

ワタイと名乗る人物からのメールだった。見覚えのない名前だ。

赤信号の隙に、サイドブレーキをかけて、私はメールを読む。手首にぶら下がったパワーストーンが揺れる。

「わお！　ミラクルだ！　阿弥陀如来だ！」

車の中で私は絶叫した。

ある大学が私を二次面接に呼んでくれたのだ。

私はブラックホールに書類を送っていたわけではなかった。

しかし、ここからが本番である。

6章 マスターセラピストを追いかけて

——潜在意識と神について

スランプになって、超自我と語り合う

突然なのだが、告白しよう。

私は現在、大スランプに陥っている。文章が全く進まないのだ。

そういうことはどうでもいいから、続きの話を書きなさい。調教師のように厳しい編集者マツヤマユリコさんの声がどこからか聞こえるが、それを無視して告白を続けさせてもらおう。

思い返してみれば、この本を書き始めた2ヶ月前はノリノリだった。

「時代は笑える学術書です！　アカデミックとコミカルを掛け合わせたアカデコミカル・ノンフィクション、これですよ！　一山当ててやろうじゃありませんか！」

マツヤマさんに自信満々に宣言したときの私は絶好調だった。彼女が訝《いぶか》しげな目を私に向けていることには気がついていたが、見て見ぬふりをして、大はしゃぎしながら、書き始めたのだ。

それまでは硬い学術論文を書いていたのだから、こういう気楽な文章を書くのは楽しかった。私は解き放たれた野鳥となった。自己イメージでは火山から復活したフェニックスだったが、はたから見れば興奮剤を飲んだブンチョウだったことだろう。

羽ばたくようにキーボードを打ち、歌うように文章を書き散らした。湯水のように愚にもつかない文章が溢れてくるので、「やっぱり俺は天才だったんだ」と何度ほくそ笑んだことか。

しかし、である。章が進むにつれて、筆は重たくなり、一文書くのに時間がかかるようになってきた。興奮剤が切れたブンチョウのように（残念ながら見たことはないが）、動作緩慢かつ注意散漫になったのだ。油断すると、すぐにネットサーフィンが始まり、挙句の果てにはスマホでゲームをし始める始末である。

実際、ここまでの650文字を書くために、すでに1時間半かかっている。という34文字を書くのにさらに20分かかっている。末期症状なのだ。

このスランプの理由は実ははっきりしている。

私はビビり始めているのだ。

書き進めるにしたがって、朝起きた瞬間に恩師たちの苦虫を嚙み潰したような顔が浮かぶようになった。

「人間ああなったらおしまいやな」

どこからかそういう声が聞こえてくるのである。これが怖ろしい。精神分析の世界では、そういう自分を見張る自分のことを超自我と呼ぶ。

「超自我さん、勘弁してください。しばらく休んでてもらって大丈夫ですから」

私は懇願しているのだが、超自我はパワフルにがなりたてる。だから、私はビビってしまい、ついスマホ将棋へと現実逃避してしまう。

これだけ超自我がうるさいのは、本が佳境に入ってきたからだ。

私は野の医者を鏡にすることで、臨床心理学が本当は何者で、そして心の治療とは何かを考え直してみようと企んでいた。そして、野の医者の実態が分かってくる中で、私は臨床心理学が自分自身のことをよくわかっていないのではないかと思うようになっていった。

自分のことをフェニックスだと思っているブンチョウのように、臨床心理学も本当の姿とは違う自己イメージを抱いているのではないかということを今書いているわけだ。

野の医者たちは必死に科学の言葉を使って自分のことを語るけれども、実は宗教と物凄く近いところにいる。同じように、臨床心理学も宗教とかそういったものの末裔であり、怪しい本性を隠しているのではないか。そもそも、心の治療って本来そういうものなのではないか。そういう疑念を書き連ねているのである。

こういうことを考えたり、書いたりしていると、途端に超自我が冷たい声で喋り出す。

「こんなことしてると、あんた、この先どうなっても知らんで」

なぜ関西弁なのかと言うと、私に臨床心理学を教えてくれた人たちが皆関西弁だからである。超自我はモノマネが得意なのだ。

私が今していることは私を育ててくれた臨床心理学への忘恩の所業なのではないだろうか。私は完全に思い込みで暴走しているだけなのかもしれない。そんなことを考えると、何が何だかわからなくなってくる。

「そんなこともわからへんのか！」

すいません、超自我さま。

「ドイツ語版ユング全集を写経して、出直してきい！」

すいません、ドイツ語は親友に答えを見せてもらってようやく単位が取れただけなんで、ほとんど何もわからないんです。

「バカモン！」

なぜか超自我はサザエさんの波平化して私を責め立てる。こんな調子でスラスラ書けるはずがない！

今日はもう諦めて、ダラダラ過ごそうかと思っていると、メールが届く。

「難しいことを考えずに、とにかくドンドン書くんです！　物事は勢いです！」

マツヤマさんからだ。編集者は編集者で超自我化してくるから、私の心の中は忙しい。

「早く書きなさい！　締め切りをわかってるんですか！」「その前にドイツ語で写経だ！」「お黙り！　学会に間に合わないと困るんですよ！」「なら、先にユング全集の邦訳を出せばいいだろ！」

超自我同士が言い争いをしている隙に、私は脱出する。

しょうがない、一通り泣き言を書いたら気が済んだし、話を前に進めることにしよう。自分のしていることが何なのかは、どうせ終わってからしかわからないのだ。ならばやってみるしかない。

臨床心理学について語りなさい

沖縄の夏はしつこいほどに長い。5月から11月頃まで夏だと言っていい。そして夏じゃない季節がやってきて、すぐにまた夏になる。

その長い夏の最中、私がある大学から採用のための二次面接に呼ばれたところで、前章は終わったはずだ。

このとき、私は一瞬狂喜乱舞したが、すぐに神妙になった。

3月のトラウマが蘇ったのだ。職が決まったと思った後にやってくるお祈りメールの威力はメガトン級だ。人間不信と社会への敵意をまき散らす大型爆弾だ。

天使のように素直な私ですら、資本主義を呪い、『資本論』を紐解《ひもと》いたほどなのである（難しいのですぐに閉じたが）。もう一度同じ目にあったら、きっと取り返しがつかないほどに性格が歪むはずである。

だから、私は心の甲冑《かっちゅう》をきつく引き締め、面接対策を練り始めた。

ガッカチョーから届いたメールを熟読すると、私は模擬講義を15分しなくてはならないということがわかった。それも「臨床心理学概論」の初回を凝縮した授業を見せてほしいとのことだった。

「臨床心理学とはどういう学問なのか」

それがテーマだった。

望むところである。私は日本でも有数の臨床心理学を愛する男なのだ。その愛がゆえに、私はこうして野の医者に会って回って、臨床心理学を枝で突っついて、その本性を確かめているのだ。

この一年の研究成果をガッカチョー殿に見せつけてやろうじゃないか。誰も見たことも聞いたこともないような臨床心理学概論だ。そして、内定を勝ち取ってやるのだ。

この時点の私は、非常に前向きだった。甲冑はあっという間に分解して、私の心は裸でウキウキし始めていた。

二次面接まではまだしばらく時間があったので、私はそれまでにさらなる発見を得るために、精力的に調査を行なうことにした。

いよいよマスターセラピスト巡りだ。野の医者の本質は治療セッションではなく、スクールにある。

私のシューカツも、野の医者研究もクライマックスなのだ。夏の陣なのだ。なのだ、なのだ、と私は興奮しながらブツブツ言っていた。

ドラゴンとトカゲ——野の医者業界は二階建て

哲学テツオくんと呼ばれている私と同世代の野の医者がいる。彼は理屈っぽいのでそう呼ばれ、しかも嬉しそうにそう自称し出すナイスガイである。彼がうまいこと言っていた。

「ヒーラーには二種類います。たえ子さんやヒロミさんみたいなドラゴンと、僕みたいなトカゲです」

前章で書いたように、たえ子さんとはマブイセラピーを開発し、当時勢力を急激に拡大していた野の医者だ。

ヒロミさんというのも沖縄のスピリチュアル業界では有名な野の医者であり、テツオくんの師匠であり、ちゃあみいさんの師匠でもある。彼女は沖縄ヒーリングパラダイスという大きなイベントを主催し、当時沖縄にマインドブロックバスター®という謎のセラピーのブームを巻き起こしていた。

一方、哲学テツオくんは新米だ。つい先日、専業の野の医者になろうと思って、長く続けた派遣社員を辞めたばかりだ。今はそのときのコールセンターで培った話術を武器に、小さなセミナーを開いたり、セラピーを行なったりしている。そして、せっせとたえ子さんやヒロミさんたちの雑用を引き受け、イベントの手伝いをしたりしている。たえ子さんやヒロミさんとテツオくんの間には大きな溝がある。

「ドラゴンは最強です。あの人たちは何があっても大丈夫です。最強のヒーラーだから、何とかなっちゃうわけですよ。それに比べて僕はトカゲだから、トカゲなりにウロチョロ頑張らないと」テツオくんは白い歯を見せて言う。

「とか言っちゃって、ホントはドラゴンになろうとして、狙ってるんでしょ?」私は突っ込んだ。

「無理無理無理無理無理!」テツオくんは超笑う。「トカゲはトカゲ。ドラゴンはドラゴン。頑張ります!」

明るいナイスガイなのだ。

ドラゴンとトカゲ。その比喩が適切かどうかはいまいちわからないのだが、テツオくんが言いたかったのは次のような野の医者の階層構造である。野の医者の世界は二階建てになっている。

一階には、トカゲであるところの、普通の野の医者たちが住んでいる。彼らのほとんどが専用オフィスを持たず、持っていても自宅の一室を用いているに過ぎない。彼らも必死にブログやFacebookを使って宣伝をしているが、クライエントの数は少ない。昔からの知り合いがときたま利用してくれるか、あるいはイベントなどで大幅に割引をして、どうにかこうにかセラピーやセッションを実践する時間を確保している。ちゃあみいさんがそうだったように、彼らの多くは貧しい。副業をしたり、伴侶の収入もあったりして、かろうじて生計が成り立っている。

それでいて、彼らは高額のセミナーやスクールに通うためにはお金を惜しまない。もっといい野の医者になりたいという思いがあるからだ。そうやって、いつか自分専用のオフィスを持って、そこで人を癒やす仕事を専業にしたいと夢見ている。そういう自分になることが、彼ら自身の癒やしであるからだ。

これがトカゲたちの世界だ。

二階にはドラゴンたちが住んでいる。マスターセラピストたちの世界だ。彼らはもちろん自分専用のオフィスを構えていて、謎の企画会社やショップまで経営しているやり手もいる。もちろん、野の医者を専業にしていて、副業などはしていない。彼らのセッションは一回数万円の価格設定なのだから、最高級の臨床心理士も顔負けだ。

それでもドラゴンたちのところにはクライエントが集まってくる。だけど、彼らはセッションにはそれほど力を入れていない。もちろん、セッションを行なうこともあるのだが、あくまで次の段階に進むための入り口でしかない。

本当に力を入れているのはスクールだ。

マスターセラピストたちの本業は人を育てることにある。彼らはセミナーを開催して、そこで癒やしの理論と技法を教える。いかにしたら人を癒やすことができるのかを教え、そして実際にそのテクニックの練習を行なう。

それは3日間の集中講座の場合もあるし、あるいは何ヶ月にもわたって続く連続講座の場合もある(とは言え、講座自体は月に一回程度だが)。講座を修了すると、受講生たちには修了証書が与えられる。そしてそれがその治療法の資格者証になる。こうして、受講生たちは晴れて野の医者になるのだ。

これが莫大な収入を生む。講座が3日で20万円というのはザラにある話だ。おおよそ時給650円で働くトカゲたちにとって、それは超高額だ。でも、傷つきが癒やされ、不幸な人生がミラクルなものに変わると思えば安いものなのだ。

現代の常識では医療と教育は別の分野なのだが、野の医者の世界ではそれらはまだ混然一体となっている。教育によって治療がなされるのだ。だけど、思い起こしてみれば、宗教がそうだったではないか。病んだ人はキリストに触れ、キリストの教えを学ぶことで癒やされたのだ。

野の医者の世界はドラゴンとトカゲでできている。マスターセラピストたちが癒やしの元締めになっている。

こういうことがわかると、もちろん疑問が湧く。マスターセラピストってどんな人たちなんだろう。ものすごい霊能者だったり、スーパーカリスマヒーラーだったりするのだろうか。

さあ、ドラゴン退治の時間だ。

カリスマ野の医者たえ子さん

マブイセラピーの創始者たえ子さんと待ち合わせをしたのは、南風原《はえばる》ジャスコ、通称バルジャスのスターバックスだった。私は少し早く着いたので、ダークモカフラペチーノを啜《すす》りながら、たえ子さんの訪れを待っていた。

マスターセラピストに会うのはやはり緊張する。たえ子さんが相手だとなおさらだ。彼女がすごい人だということはちゃあみいさんから聞かされていたし、他からも評判は聞いていた。

忙しそうだし、会うのは難しいかもしれないと思ったが、私はとりあえずメールを出してみた。すると、驚いたことに彼女の方から電話で連絡があり、すんなり会うことになった。ちょうど、都合が良かったらしい。うーん、ミラクルだ。ちゃあみいさんから買ったパワーストーンのおかげだろうか。

ただ、このときの電話のやり取りから、私は彼女が非常に強い意志をもっていることを感じた。なんと言うか迫力があるのだ。はっきりと自分のやり方がある人のようだった。このあたり、トカゲとドラゴンには違いがあるように思う。凄まじい自信があるのだ。

時間通りに現れたのは、ショートカットの小柄な女性だった。たえ子さんの詳しい年齢はよくわからないが、話の端々から推測するにおそらく40代後半から50代の女性だと思う。しかし、彼女はそうは見えないほど若々しい。キュートな人だ。

「あなたはなぜこんなことをしているの？」たえ子さんは開口一番、私に問うた。

外見に反して、たえ子さんは直球勝負の人だ。眼光が鋭いので、私は気圧《けお》される。

私は研究の目的について一応説明した。しかし、彼女は納得していないようだった。

「どうしてこういうことをしているの？」

たえ子さんが尋ねていたのは、研究の目的ではなく、研究の動機だった。彼女はあくまで私の内面を尋ねていた。二球目もストレートど真ん中だ。

「僕なりに、自分が臨床心理士として何をしているのかを知りたい、そういう思いでこの研究をしています」私は正直なところを伝えた。

「ふーん、そうなんだ」

たえ子さんはあまり納得していないようだが、諦めたようだった。

直球勝負は私の凡打で終わったようだった。確かに自分でも曖昧な動機だと思う。きっとその奥にあるものを、彼女は知りたいのだろう。

なぜ「臨床心理士として自分が何をしているのか」を知りたいのか。

それがたえ子さんの知りたかったことなのだろうと思う。だけど、私は私なりに、そこまで話すことには躊躇《ためら》いがあった。だから、その程度のやり取りで勘弁してもらうことにした。それにしてもたえ子さん、掘り下げ系である。

一息ついて、攻守が逆転したので私はたえ子さんに質問をし始めた。彼女がどういう人で、なぜ野の医者になり、そして今一体何をしているのか。根掘り葉掘り聞いてみた。掘り下げ返しである。

たえ子さんの場合、きっかけは子供の不登校だった。どうしても子供が学校に行かず、そういう状況でたえ子さん自身も鬱状態に陥った。

「息子の不登校を何とかしたいのに、なんでこんなに何もかもうまくいかないんだろうって思っていました。そんなときに、自分の中に声がしたんですよ」

「声？」

「言葉が降りてきたんです。息子が悪いんじゃない、自分が変われば息子も変わるって。そこが始まりです」

たえ子さんは若い頃から、不思議な声を聞く人だったそうだ。妹の病気がなかなか治らないときにも、薬を止めれば治るのに、という声が聞こえたと言う。

たえ子さんは苦悩の中で、自分自身の内なる声を聴き、野の医者の世界に導かれていったのである。

こういう風に書くと、彼女がひとりで野の医者になったようだが、もちろん実際には、たえ子さんにも師匠がいる。

たえ子さんはその頃、カウンセリングを受けていた。シロマ応用心理研究所というカウンセリング機関のシロマツタコさんという女性がたえ子さんのカウンセラーだった。

カウンセリングと聴くと、私もつい興味が出てくる。

「そのカウンセリングはどうでしたか？」私は尋ねてみた。

「うーん……そこで習った技法は役に立ちましたね。コラージュとか」たえ子さんは微妙な表情だった。

彼女は個別カウンセリングを受けるだけではなく、応用心理学という謎の心理学の講座も受講した。ちゃあみいさんの人生を変えたコラージュも、そこで習ったものらしい。

ただ、シロマ応用心理研究所は、たえ子さんにとっては充分納得のいくものではなかったようだ。

「なんか違うなとずっともやもやしていました。だけど、あるときこういう意味だったんだってわかったんです。答えは全部自分の中からやって来ます」

「意味がわかるというのは？」

「その先生が私にコラージュを作らせて、解釈をするんですけど、ずれているんですよね」たえ子さんは語る。「でも自分の中から答えが出てきたんですよ。そういうのってないですか？」

「ないですね」私は何も聞こえない。

「沖縄の人は結構聞こえますよ。うん」

彼女は内なる声が聞こえない私を憐れんでいるようだった。私は肯定も否定もせず、フラペチーノを啜った。


それからたえ子さんは応用心理研究所を離れ、様々なセミナーやスクールに通った。野の医者によくあるストーリーだ。当然のことだが、彼女も最初はトカゲ系の野の医者だったのである。

最初は仕事を続けながら、周囲の人のセラピーを始めた。なぜか会社の同僚がたえ子さんに相談を持ち掛けるようになったのである。

「本当は悩みを聞くと疲れるから、嫌だったんです。だけど、皆が私のところに来るから、そういう流れなのかなと思って、セラピーをするようになっていきました」

たえ子さんにとって一番重要なことは、答えは自分の中にある、だから人はその答えを自分で見つけ出して、自分らしく生きていかなくてはならない、ということだ。

そして、たえ子さん自身にとっての自分らしい生き方とは、人にそういうメッセージを伝え、自分らしく生きるように導くことなのである。このあたりの二重性が野の医者の面白いところだ。

そのために彼女はコラージュ療法やゲシュタルトセラピー、あるいはレイキ、アロマなどを取り入れた治療プログラムを作り出した。それがマブイセラピーである。

マブイセラピーを行なって、クライエントが自分らしく生きることを助ける、そういうことをたえ子さんは始めた。

そうこうしているうちに、ブログや口コミで徐々にたえ子さんを訪ねてくる人が増えてきた。そしてあるとき、たえ子さんは再び声を聴く。来年には仕事を辞めて、専門のサロンを立ち上げる。そう聞こえたのである。もちろん現実はその通りになる。このあたりは展開が非常に早い。

当初、彼女はセラピーを中心に活動していたが、徐々に活動の中心はセミナーの方に移っていった。一対一のセラピーよりも、スクール形式の方が多くの人を相手にできる。それに彼女のクライエントの多くは、自分の使命を見出したとき、自分自身ヒーラーになりたいと望むのだ。たえ子さんはそれに応えるために、今ではセミナーに力を入れている。それがたえ子さんの新しい使命なのである。

こうなってくるとトカゲはもうドラゴンである。

私が興味をもったのは、たえ子さんのマブイセラピーが心理学的なものであるところだ。たえ子さんは神や仏、あるいは霊のような人間の外側にいる何者かではなく、あくまで自分自身の内側に答えを求める。

そういうやり方って、どこから影響を受けたのだろうか。私は訊いてみた。

「そうですね、問題解決セラピーと、ＮＬＰ、それからコーチングですね、うん」自分自身に確認するように彼女は頷《うなず》いた（これはたえ子さんの癖だ、きっと自分と対話しているのだろう）。

いずれもポップ心理学という民間で発展した心理学の影響を強く受けた治療法だ。それらは自分自身を見つめるという方向性においては臨床心理学と似ているのだが、ポジティブシンキングを目指すという点で実は大きく異なる。だけど、一般社会でよく知られているのは、臨床心理学ではなく、ポップ心理学であるから、余計に話はややこしい。このあたりについては、のちに詳しく見てみたい。

たえ子さんは自分のマブイセラピーに絶対の自信をもっていた。面白いのはインタビューの後半で、彼女が何度も私のやっている治療について質問をしたことだ。

「臨床心理士はコラージュをどうやってやるんです？」「鬱の人をどうやって治すんです？」

私は正直に答えた。コラージュ療法ではそれほど解釈をしないこと、そして鬱については一年二年かけて、生き方が少し変わるように援助するのだと伝えた。

「そんなもんですか」彼女はがっかりしたようだった。「うちのセラピーならもっと短期間で、そして劇的に変わりますよ。うん」

野の医者は臨床心理学を鼻で笑う。

「そうかもしれません」

私も笑う。しかし、私は一体何を笑ったのだろうか。

私はこのあたりのことは非常に難しいと思った。なかなか通じ合えないだろうなと思ったのだ。

きっとたえ子さんからしたら、臨床心理学なんて大したことないのだろう。だけど、私の目から見ると、マブイセラピーで劇的に人生が変わると言われても、表面上が変わったに過ぎないのではないかと疑ってしまう。

基本的な価値観が違うので、このあたりのことを話し合って、共有するのは非常に難しいのだ。

臨床心理学内部でも、「認知行動療法は浅い変化しか起こらない」「力動的心理療法は時間とお金ばかりかかってまったく変化がない」と言い合っているのだから、心の治療とは本来的に互いを軽蔑し合うものなのかもしれない。

私たちはまるで違った宗教に属しているように、コミュニケーションができなくなってしまいがちだ。

だけど、マブイセラピーによって人生が変わったと思っている人たちがいるのも事実だし、臨床心理学に感謝している人たちがいるのも事実である。同時にマブイセラピーが合わなくて立ち去った人もおそらくいただろうし、臨床心理学で物足りない人がいるのも事実だ。

保険会社などは、質問紙を使ったりして、エビデンスを調べたらいいだろうと言いそうだが、自分らしく生きているかどうかをどうやって測定するのだろうか。そんなの他人にわかるのだろうか。

治療効果の問題は本当に難しい。治療文化が違う人同士はどうしたら話し合えるのだろうか。私とたえ子さんはこの問題について理性的に話し合えるのだろうか。そもそも話し合う必要があるのだろうか。

最後に私は聴いた。

「今日はお忙しいのに、なぜインタビューを受けてくださったんですか？」

「東畑さんがなんで話を聴きたいのか知りたかったのと、あとはまあ求められたので。私は皆が幸せになれるといいなと思っています」

私は強い善意を感じた。たえ子さんは私を幸せにしようと思っていたのだ。

「今日、話をしてみて、どうでした？」

「うーん、あなたの中ではっきりしていないですよね。また違ったときに会ったらもっとわかるかもしれない」

なるほど、私は自分の使命がわかっていないということだろう。それは確かにそうだ。

そして私は思った。

「今度、治療を受けさせてください」

先ほど臨床心理学を鼻で笑われたのもあって、私はぜひたえ子さんのセラピーを体験したいと思っていた。話はそれからだと思っていたからだ。それにそこまで彼女が自信をもっているマブイセラピーに興味があった。

「いいですよ、本当に劇的に変わりますから」

彼女は笑った。実際、私は後に、たえ子さんのコラージュ療法を受けに行くことになる。

たえ子さんと別れた後、私はバルジャスをうろうろしていた。考え事をしていたのだ。コラージュ、コーチング、レイキ、応用心理学、アロマ。それらの怪しい治療法に、臨床心理学が混ぜられて新しい治療文化を作っている。臨床心理学はそうやってみると、怪しいセラピーを創り出すのに、明らかに一役買っている。これは面白い発見だった。

それらは混ぜることができる程度には近いものなのだろう。牛乳と酒は混ぜることができるが、椅子とフレンチトーストを混ぜることはできない。

臨床心理学というのは思ったよりも、曖昧で怪しいところにいるのかもしれないなと私は思った。私とたえ子さんはどこまでが同じで、どこからが違うのだろうか。そこには一線があるのか、あるいはないのか。

彼女が言うように、そして私が心の底では思っているように、そこに優劣はあるのだろうか。

そういうことを考えながら、バルジャスの本屋に入ると、そこで面白い光景に出会った。私は写真を撮った。

「これは最高だ」

この写真は私の運命を変える写真になるが、それはこの章の終わり頃で。

私はちゃあみいさんの大叔父さんだった

マスターセラピスト詣《もう》ではまだまだ続く。

次に訪れたのはシロマ応用心理研究所である。そう、たえ子さんの師匠だ。私はちゃあみいさんの師匠筋をシャケのように遡《さかのぼ》っていた。

ずっとこの系譜を遡っていくと、一体何に辿り着くのだろうか。私の好奇心には火が点いていた。

シロマ応用心理研究所は、沖縄西部の海にほど近いところにあった。大通りから一本入って、狭い道を行くと、大きな平屋がある。そこがシロマツタコさんの自宅兼研究所である。

「ようこそ、はるばる」。ツタコさんはわざわざ出迎えてくれた。

ツタコさんは沖縄のオバアだ。包容力を感じさせるオバアで、たえ子さんとはまた違ったタイプである。最近は体を悪くしているらしく、歩き方がおぼつかない。おそらく、かなりの年齢である。

研究所の中は広々としていて、気持ちのいいところだ。ツタコさんはお茶を入れてくれ、丁寧に対応してくれる。本当におばあちゃんの家に来たような気持ちになるような場所である。

そんなツタコさんも喋り出すと止まらない。野の医者は語る、語りすぎる。

「人間っていうのはね、誰しも嫌な奴にあったら腹が立ちますよ。でもね、その喜怒哀楽の感情も神様がお与えになったものなんです。だから、感情を全部出していいんだよと言います。そのあとで、そういう態度を自分で改めるんです。嫌な奴ばかり思い出したら腹立つから、次は自分に良くしてくれた人を思い出すんですよ。そうするとありがたいと思う。これを指導します。潜在意識の活用ですよ」

聞かれる前から、ツタコさんは怒濤のように喋りまくる。やはり彼女もただのオバアではなく、野の医者なのだ。

私は神様と潜在意識がさも当然のように並べられているのが面白かったので、このまま聴いていようかとも思ったが、放っておくと時間がなくなりそうだったので、質問で割り込む。

「潜在意識とか、そういうのを学んだのはどういう経緯でしたか」

果たして彼女も貧しい、学歴のない女性である。夫が出奔した後、懸命に働き、ひとりで子供たちを育てたと言う。

そういう日々の中で、彼女はある日友人に誘われてカルチャーセンターの講演に参加する。もう20年以上前、ツタコさんが40代のときのことだ。そこにいたのがウチダ先生だった。

「ウチダ先生のお話は本当に素晴らしかったですよ。先生は心理学のお話をしてくださって、私はもっと学びたい、と思ったわけです」

ウチダ先生とは応用心理学という沖縄で広まっている謎の心理学の元締めである。彼の噂は色々なところで聞いた。たとえば、私が最初に出会った野の医者サオリさんもその門下生だ。

感動したツタコさんは、ウチダ先生の主催する「話し方教室」というこれまた謎の講座に参加するようになる。それはスピーチの仕方を学ぶ講座という建前だが、実質的には自己啓発の色彩の強いものだ。

デール・カーネギーを御存じだろうか（私は知らなかった）。『人を動かす』『道は開ける』などの古典的な自己啓発本を書いた作家だ。話し方教室はそのカーネギーが始めたものだ。自信をもって、堂々と人前で話せるようになることが大事という信念からできたものである。

もともと自己啓発はアメリカのセールス文化と深い関係にあるから、喋りが大事なのだ。

ウチダ先生の応用心理学というのはこの流れから生まれたもののようだ。ナポレオン・ヒルとかマーフィーとか、そういった自己啓発心理学（ポップ心理学）をふんだんに取り入れて作られた代物らしい。

ツタコさんも、そういった自己啓発書を大量に読み、ウチダ先生から応用心理学を学んでいった。

するとツタコさんはすぐに抜擢され、ウチダ先生のカバン持ちになる。人前で話をする素質があったのだろう。

「昔、生徒会長やってましたから」嬉しそうにツタコさんは言う。

そんな昔から生徒会長ってあったんだなと私は新鮮だった。

そうこうしているうちに、ツタコさんは自宅やウチダ先生のオフィスでカウンセリングの実践を始めるようになる。ウチダ先生の代理で講演を行なうようにもなった。

彼女のところには、主に子供の問題で悩んだ母親たちがやってきた。ツタコさんは子供の面接を行ない、母親たちに講座を開くようになった。ここにたえ子さんも参加していたわけだ。

こうしてツタコさんはドラゴンになった。

しかし、そのうちにウチダ先生とツタコさんの間には距離ができはじめる。ツタコさんは向学心に燃えて、ほかのことも学びたいと思い始めたのだ。

だけど、ウチダ先生は自分の城を確立した人だったから、ツタコさんが他のことを学ぶことに否定的だった。徐々に二人は離れていくことになった。

ここからが衝撃の展開だ。

「何を学びたかったんです？」私は聴いた。

「ハコニワリョーホーガッカイに入って、カワイセンセイとかヤマナカセンセイにもお会いするようになって、そっちを学びたいと思ったんです」

「え？」私は聴き直した。

「箱庭療法学会ですよ」

「え？　カワイセンセイって、河合隼雄ですか？　ヤマナカセンセイって山中康裕ですか？」

「はい、よく沖縄に来てくださいました。この部屋の隣は箱庭部屋なんですよ」

なんということだ。こんなところで、そんな名前に出会うとは！

そう、箱庭療法学会というのは私も加入している臨床心理系の学会であり、河合隼雄は日本の臨床心理学を作ってきた偉人だ。山中康裕に至っては私の最初の指導教員だ。私は彼の主催するボーリング大会で三連覇したことがある。

「あと岡田先生も。それからコラージュは森谷先生に教えてもらいました」ツタコさんは嬉しそうに畳みかける。

岡田先生！　この人もまた私の指導教員である。

そして森谷先生は私が大学3年生のときにコラージュ療法を習った先生である。一度、森谷先生の研究室まで行って不在だったから、ホワイトボードに似顔絵を描いて帰った記憶がある。

「そんなことがあるとは……」私は絶句していた。

だとすると、こういうことになる。

ちゃあみいさんの師匠はたえ子さんで、その師匠がツタコさん、そしてその師匠が山中先生である。

そして、私は山中先生の不肖の弟子だ。もう破門済みかもしれないが、山中杯というボーリング大会のトロフィーには私の名前が刻まれているから、弟子だと言い張ってもいいだろう。

すると、ちゃあみいさんは私の姉弟子の弟子の弟子、系図的には私はちゃあみいさんの大叔父さんということになる。ついでに言えば、たえ子さんは系図的には私の姪にあたる。

ちゃあみいさんの人生を変えたコラージュは、私が昔習ったものと同じものだったのだ。

ツタコさんは私を箱庭部屋に案内してくれた。そこにはちょっと見たことがないコレクションが揃っていた。

「すごいですね、こんな揃ってるとこないですよ」私は感嘆した。

「そうでしょ、百円ショップができてからはだいぶ楽になりましたよ」

「わかります！」

箱庭療法とは砂箱の中に玩具《おもちゃ》を置いて、心の世界を表現する治療法だ。

このとき、玩具は治療者の裁量で好きなように集めていいことになっている。だけど、箱庭で使える玩具というのは意外に高い。それが、百円ショップができて、価格破壊が起こった。中国の工場で様々なミニチュアや人形を大量生産するようになったから、玩具は激安になったのだ。私も以前働いていた病院で箱庭の整備を行なったので、そのあたりの苦労はよくわかるのだ。

野の医者と私はあるあるネタで盛り上がっていた。きょうだい弟子なのだから、身内トークで充分楽しめるのである。

「たえ子さんのことは御存じですか？」私はさらに質問を重ねた。

「あぁ、最近彼女はこちらには来ませんね。風の噂では、ちょっと違ったやり方をやっているようで」ツタコさんは苦い顔をした。

「違うというのは？」

「まあ、霊とかそういうのをね」あまり触れてほしくないことのようだった。「森谷先生からはコラージュを悪用されないようにと言われてます。でもまあ、悪用まではしていないでしょうから、好きなように使ってもらえたらとは思っています」

野の医者の師弟関係は難しい（臨床心理学も同じである）。特にドラゴン系の野の医者同士はややこしい。ドラゴンになるために、カリスマである必要があるから、ある程度自分の師匠を否定しないといけないのである。だから、治療法を正統に受け継ぐということはあまり起こらないのだ。

ただ、そもそもツタコさん自身も箱庭療法と言いながら、その実、箱庭を通じて潜在意識を見ているわけだから、あまり人のことは言えない（潜在意識と無意識は別物なのだ、それは後述する）。

技法というのは結局空っぽの容れ物なのだ。そこに好きな思想を詰め込んで、それぞれの治療がなされる。結局、そういうものなのだ、と思うしかない。

応用心理学協会

マスターセラピスト巡りはまだまだ終わらない。

ここまで来たのだから、ツタコさんの師匠のウチダ先生のところにいかないことには、ちゃあみいさんの源流を遡ったとは言えない。

早速ホームページを検索してみると、ツタコさんの師匠ウチダ先生は南風原《はえばる》で「応用心理学協会」という組織を開いているようだった。

「あなたの思い通りになるあなたの人生」

トップページにデカデカとそう出てくる。うん、いい感じである。さらにホームページの上部にはこうある。

「米国ハワイ国際大学連合オリエント地区統括研究機関。米国社会福祉保健省・大統領諮問委員会より応用心理学・カウンセリング貢献によりオバマ大統領より金賞を授与」

金賞！　しかもオバマ大統領から！　ウチダ先生はゴールドドラゴンだったのだ。

さすが、様々なところで噂を耳にする超大物野の医者だ。期待は高まらざるを得ない。

私は早速電話を入れた。なぜかホームページに載せられた番号は、携帯の番号だ。

「ほいほーい、ウチダです」なんとも能天気なおっさんが電話に出る。

立派なホームページだったので、てっきり受け付けの人がいるかと思いきや、所長自らが受け付けをやっているのはいい感じである。私は研究目的を伝えて取材を申し込む。

「いつでもよろしいですよー、暇ですから、ヘッヘッへ」

なんだかとても楽しそうなところだ。

応用心理学協会は南風原の高速道路口を下りて、しばらく行ったところにある。一面畑の田舎道を行くと、子供の声が聞こえてくる。保育園が併設されているのだ。

それなりに広い敷地に車を止めて、奥に向かうと、薄汚れたコンクリート造りの事務所が見えてくる。自動車の音を聞きつけたのか、立派な顎髭を蓄えた小太りの老人が杖をついて出てきた。

「ウチダでございます、ヘッヘッヘ」

彼はなぜか異常に嬉しそうだった。本当に暇なのかもしれない。どことなくミニチュアブルドッグを連想させる可愛らしい人だ。

「色々なところでウチダ先生のお話を伺いました。この応用心理学協会を創設されて、沖縄で果たしてこられた役割は非常に大きいと思っております。そのあたりをお聞かせいただきたく……」私は取材の意図を伝えようとした。

「あ、ソウキチなら死にましたよ」

え！　そうなの！　じゃあ、この人誰なの？

「僕は二代目のサダキチ、フェッフェッフェ」二代目は嬉しそうに笑う。

なんと有名なウチダソウキチ先生はすでに鬼籍に入られていたのだ。私はがっかりした。ちゃあみいさんの源流を辿る旅はここでおしまいだ。時間とは残酷なものである。

しかし、せめて初代ウチダ先生が何者だったのかを、二代目に聞かなくてはならない。私は気を取り直した。

「すいません、存じ上げませんでした。あの、初代が一体何者だったか教えていただけますか」

「変な人ですよ、ゲヘヘ」よく笑う人で、私も楽しくなってくる。

話をまとめるとこうなる。

その苗字が沖縄のものではないことからわかるように、初代ウチダ先生はもともと北海道に住んでいた。郵便局の局長をやっていたそうだ。

北海道にいた頃の初代ウチダ先生は手のつけられないあらくれ者だったらしい。大酒飲みで、飲んだら暴れるタイプだ。それでいて行動力のある人だったようで、共産系の組合を組織して、暴れまわっていたらしい。

だけど、あるときになぜか改心して、子供の教育の専門家となった。そして、乞われて沖縄にやってきて、この研究所と保育園を作った。

二代目ウチダ先生はそう語ったが、まったく意味がわからない。

「なんで北海道の人が沖縄に呼ばれるんです？　そもそも改心ってなんです？」私は訊いた。

「これがね、宗教ですけどね。生長の家っていうところでね、幹部だったんですよ」

なるほど！　ここで宗教が絡んでくるのか。

「共産主義やってても人間が暮らしていけるはずがないって思ったみたいで、それで生長の家に入ったんですよ。でも大して深い意味はないんですけどね、ゲヘヘ」

人生を変える深い意味はあったと思うのだが、二代目ウチダ先生にかかれば、すべてがどうでもいいことに思えるから不思議だ。

「なんでそんな人が子供の教育の専門家になったんですか？」もう一つわけのわからな

い点を尋ねる。

「国語の教師もやってたんですよ」

よくわからないが、そういうこともあるみたいなのだ。

生長の家とは谷口雅春が創始した新宗教である。もともと大本《おおもと》などにも出入りしていた谷口が、それに飽き足らず、様々な読書を経る中で作り上げた宗教だ。特に影響を受けているのはニューソートと呼ばれる一種のキリスト教カルヴァン派思想で、それを谷口は「光明思想《こうみようしそう》」と言っている。英語に直せば、ポジティブ・シンキングのことだ。そう、「考え方が変われば世界も変わる」という野の医者業界ではお馴染みの思想だ。

初代ウチダ先生は生長の家の教化部長として活躍していた。ちょうどその頃、1972年に沖縄は本土復帰する。復帰後の子供の教育を心配した沖縄の政財界から要請を受け、初代ウチダ先生は沖縄へと渡ることになったのだ。

生長の家は愛国心の強い団体であるから、自民党系の保守派の中に根強い支持があった。だから、初代ウチダ先生を招いたのも沖縄最強の建設会社や、知事、そして沖縄選出の国会議員といったそうそうたる大物たちだ。彼らから資金を提供され、初代ウチダ先生は南風原の地に研究所と保育園を開いた。

なんか壮大な話なので、私は感動していた。それでもわけがわからない。

「なぜそんな立派な人が、突然応用心理学を始めるんです？　生長の家とは関係あるんですか」私は訊いた。

「まあ真理は真理ですから。胎教が問題なんですよ。アトピーでも何でも、胎教がだめだと出てくるでしょ。だから、母親の心の指導をしないといけないと思って、始めたんですよ」二代目ウチダ先生はとんでもない話を真顔で語り出す。

「応用心理学ってなんですか？　日本で生まれたんですか？」

「まあ、色々なのを混ぜてね。たとえば、フロイトね。これはよく読みますよ」

「僕もよく読みます」突然身近な名前が出てきて嬉しくなった。

「あとは宗教ね。聖書とか仏典とかね、宗教の本を読むと、大体同じことが書いてあるんで、それのいいところをまとめて応用心理学。ヘッヘッヘ」

なるほど、フロイトとブッダとキリストのブリコラージュか、こりゃすごい。

「宗教って初代はいいこと言うけど、二代目からはダメ、金の話になってくるからね、ゲヘヘ」と二代目当事者のウチダ先生は嬉しそうに言う。

そういうわけで、生長の家の幹部だった初代ウチダ先生は、沖縄で講座を始めて、子育てに迷える女性たちに心理学を教えていったのだ。そのひとりがツタコさんということになる。

もちろん、教えているのは謎の心理学である。フロイトやユングに、カーネギーやナポレオン・ヒルの自己啓発を混ぜて、さらにそこにニューソートのポジティブ・シンキングと仏教や孔子の教えもミックスする。

これらをまとめるキーワードが潜在意識である。ツタコさんが潜在意識という言葉を盛んに使っていたのは、応用心理学、そして生長の家からきていたのである。

臨床心理学では伝統的に「無意識」という言葉を使うが、野の医者たちは「潜在意識」という言葉を使う。一瞬でわかる野の医者の見分け方だ。

だけど、この潜在意識という言葉の歴史は面白い。

兵頭晶子《ひょうどうあきこ》という歴史家は「潜在意識」という言葉の始まりについて、興味深いことを書いている。

明治の頃に近代科学が輸入されると、様々な事柄が合理的に説明されるようになった。だけど、精神が脳の働きだと説明されると様々な問題が出てくる。

死後の世界はどうなるのか、キツネ憑きなどの悪霊に取り憑かれる病いはどうなるのか。そして神の存在はどうなってしまうのか。

精神が脳の作用に過ぎないのなら、それらの聖なるものなど存在しないということになってしまう。全部、脳の作り出す幻想だということになるからだ。

ここで潜在意識が登場する。普通の意識の現象は脳が作り出すものだが、潜在意識は精神そのものであり神と繋がっていると考えられるようになるのだ。

こういうことだ。

潜在意識には神が宿っている。

人間の外側の世界から神が消えたとき、人間の心の奥深いところに神が再発見された。つまり、「潜在意識」という言葉は、心の中に神様がいるという意味をもっているのだ（「無意識」の場合は、神はいないということが前提になっている）。

だから、潜在意識はスピリチュアリズムや心霊学と相性がいい。生長の家はその伝統を受け継いでいるのだ。

初代ウチダ先生が心理学と言うとき、彼は内なる神様である潜在意識の話をしているわけだから、生長の家とは矛盾しないのである。

それどころか、生長の家は宗教でありながら、非常に心理学的でもある。実際、彼らは積極的に精神分析やユング心理学を日本に紹介してきた。

フロイトやユングの書いたものを、著作集という形でかなり早い時期から邦訳してきたのは日本教文社という出版社だ。実はこの出版社の前身は「生長の家出版部」である。

そして何より、教祖である谷口雅春は『精神分析の話』という本まで出版している。この本がまた最高に面白い。

谷口はまずフロイトの精神分析の理論や方法について解説する。それがまた意外にしっかりしたことが書かれている。無意識的な葛藤が心の病いを作り出すとか、クライエントの心には病気を治したくないという願望があるから、治療には抵抗が生まれるのだと基本的なことがきちんと書いてある。

そのうえで、谷口自身が行なった精神分析治療の事例が描かれている。詳細は原著に当ってもらうとして、ここでは簡略に紹介したい。

谷口がまだ暇だった頃に(時間があったので、精神分析をしていたそうだ)、ある神経症の青年が彼のもとを訪れた。すると谷口は青年を霊媒のもとに送る。最近死んだ父親の霊が問題だとわかったからだそうだ。

しかし、なかなか治らないので、前額法《ぜんがくほう》というフロイトの初期の技法を使う。おでこに指を突き立てて、記憶を思い出すよう命じるのだ。

「何も思い出せません」と言う青年に対して、谷口は言う。

「潜在意識というものは今迄貴方の知覚に触れたことをば何一つ断じて忘れるものではない。思い出せないと思う心が邪魔をしているのです」

谷口雅春、ふるっている。まるでフロイトのようだ。果たして青年は記憶を思い出し、自分が治りたくない、治ると辛い現実が待っているから嫌だという気持ちを告白する。

谷口はそれを「内心の障り」と言う。Inner complex の略語である。コンプレックスを「障り」という霊的な言葉に置き換える翻訳は冴えているとしか言いようがない。

そして、青年は治癒する。最後の文章がまたいい感じだ。

「この青年の精神分析はこれで終った。性的錯綜も解除された。父の亡霊もどうやら霊界で修行をつづけて行くらしく、神想観のときには例によって鉦《かね》を叩く有様をするのであった」

除霊と精神分析のミックスなのだ。心と霊が混然一体としていた時代のお話である。

初代ウチダ先生の壮大なキャリアを聞き終わったので、ついでに私は二代目ウチダ先生についても尋ねてみた。

「私もね、若い頃からカウンセリングをやっていましたよ」二代目ウチダ先生は言う。

「そうなんですか！　どこでやられていたんですか？」

さすが御曹司である。英才教育を受けていたのだ。

「当時は東京のガソリンスタンドで働いていたんですよ。それでセンパイが困っていたから、話を聞いてあげたりしてね。これで自分はカウンセリングできると確信したわけですよ、ヘッヘッヘ」

「クールですねー！」私がそう言うと、彼は喜んだ。

本当にテキトーな人なのだ。私はこの愉快な二代目ウチダ先生が好きになってしまった。

そこから私たちは盛り上がった。彼は謎の話をたくさん聞かせてくれた。ハワイの謎の大学と契約して応用心理カウンセラーの資格証を出していることや、初代ウチダ先生がクライエントを突然ビンタした話など、彼は愉快なストーリーテラーだった。

一番面白かったのはウチダ家の物語だ。初代ウチダ先生の父親（わかりにくいのでウチダオリジナルと呼ぼう）はもともと九州に住んでいた武士だったが、明治維新のときに負け組になってしまって、仙台に移住した。ウチダオリジナルには婚約者がいたのだが、彼はほかに愛する人ができてしまった。その結果二人は北海道へと駆け落ちした。それが北海道ウチダ家の元祖となる。

面白いのはそのときに、ウチダオリジナル夫妻がアイヌの集落へと逃げ込んだことだ。当時はそこに隠れてしまえば、絶対に見つかることがなかったのだそうだ。

「すごいですね！　壮大じゃないですか！」私は叙事詩を聞いているようで、興奮した。

「だから、小さいときから私はアイヌの人と仲が良かったよ。集落の長から熊の彫り物をもらったこともある」

「超ビップじゃないですか！」

「沖縄の人がさ、ヤンバルを超えて、アイヌになったという話もある。だから、今私が沖縄にいるのは歴史を遡っているということになるんですよ、ヘッヘッヘ」

二代目ウチダ先生も絶好調になっていた。私たちは嘘かほんとかわからない歴史談義に花を咲かせたのであった。

野の医者はどこから来たか

ここで書いたのは3人だけだが、実は私はこの時期にかなりたくさんのマスターセラピストたちに会っていた。

名前だけ挙げると、NLP、コーチング、マヤ暦、オーラソーマ、アロマ、マインドブロックバスター、人材開発、内観療法。さらには精神科医や臨床心理士に至るまで、癒やしに関わっている人で、スクール展開をしているマスターセラピストのありとあらゆる人たちから話を聴いて回った。

最初は、こういう人たちに会ってもらうのは難しいのではないかと思っていたが、予想外なことに多くの人が気軽に会ってくれて、取材に協力してくれた。マスターセラピストたちは自由なのだ。

このあたりはどことなく不安そうなトカゲ系の野の医者に比べると、やっぱり差がある。ドラゴン系の野の医者は時間に勝手が利くし、何よりも性格がオープンな人が多かった。みんな、かなりテキトーなのだ。

これは意外だった。秘教的な雰囲気があるところも少なくないので、もっとクローズなものだと思っていたからだ。私はカルト宗教に乗り込むくらいの気持ちでいたのだ。だけど、実際には彼らは自分のやっていることについてオープンだったし、かなり率直に今までの経緯について語ってくれた。金銭的なことについても、私はかなり突っ込んで質問したが、嫌な顔もせずに答えてくれた。

そうしてわかったのは、どこも同じようなシステムで運営がなされていることだ。野の医者のビジネスモデル、あるいは教育モデルはどこも変わらない。

まずスクールを行なって受講者に治療者としての資格を与える。さらにその上にはインストラクターコースがあって、それを受けるとスクールを行なう資格が与えられる。マスターセラピストというのは、そのヒエラルキーの頂点に近いところにいる人たちである。ネットワークビジネスと同じで、金銭は下から上へと移動していく。

頂点に上るための道は二つある。

ひとつは自分で新しい治療法を考案してしまうことだ。そうすれば、その野の医者は創始者になって、スクールの元締めになることができる。これは手っ取り早いのだが、クライエントを集めるのが大変だし、創意工夫とカリスマ性が必要だ。たえ子さんなどはこのパターンである。

もう一つ、内地や海外で流行っている治療法を一番先に輸入して、沖縄における代理店になってしまう方法がある。沖縄のマスターセラピストには案外これが多い。先手必勝なのだ。彼らは東京や大阪などの大都市へスクールを受けに行き、インストラクターの資格まで取得して、沖縄に帰ってくる。そして、沖縄でそのスクールを開くのだ。そうすると、そのマスターセラピストは本部には上納金を納めないといけないが、沖縄は大きな需要があるところなので、それなりの成功を収めることができる。

だから、マスターセラピストにはもともとそれなりの資産や経済的な余裕があった人が多い。このあたりがトカゲとドラゴンの一番大きな差だろう。スクールに通うにも、グッズを買い揃えるにも、サロンを開くにも、先立つものはお金だ。早く投資できた人が、ドラゴンになっていくという構造は確かにあるように思う。

沖縄には独特な治療法が多いのではないかという先入観もあったが、実際にはそういうことはなかった。広まっている治療のほとんどが、内地や海外から輸入された治療法だ。だけど、そこに皆自由自在に色々な沖縄的要素をブリコラージュしているのが面白いところだ。チャンプルー文化は沖縄の治療文化でも有効なようだった。

さて、そういう風にして、沖縄のマスターセラピストを訪ねて歩いたことで、見えてきたものがある。それは野の医者がどこから来たのかという彼らの歴史的な起源だ。野の医者の師匠を遡っていくと、最終的には新宗教に辿り着くことが多い。ウチダ先生の生長の家がいい例だ。

だけど、おそらく多くの野の医者が自分は宗教とは関係がないと否定すると思う。実際、彼らのほとんどは宗教団体に属していないし、宗教を胡散臭いものだと感じて、否定的だ。

本人たちの自己理解はそうであるにしても、野の医者の基本信念である「考え方が変われば、世界が変わる」という発想は、実は宗教由来だ。

ニューソート（New Thought、つまり新しい考えという意味だ）というキリスト教系の思想運動の基本信念なのだ。

積極思考、ポジティブ・シンキング、あるいは光明思想、言い方は色々あるのだけれども、それは自分と世界が繋がっているという魔術的な考え方だ。

この発想が様々な形を取って、野の医者の治療文化を作ってきた。比較的古い時代には新宗教の形を取ったし、少し時代が下ると人間性心理学や自己啓発セミナーという形を取る。さらにはネットワークビジネスやニューエイジ思想も、この考え方のひとつの形だ。そして、現在ではそれがコーチングやNLP、ポジティブ心理学などという形を取っている。

だから、「潜在意識」という言葉が、野の医者と臨床心理学を分かつ分水嶺《ぶんすいれい》になる。

彼らは潜在意識という言葉を使って、神が心の奥底に棲んでいるという思想を知らず知らずのうちに表現している。野の医者がよく言う「ありのままの私」「私らしい生き方」「本当の自分」とは、実は神様のように光り輝く自分のことだ。宗教は心理学へと装いを変えたのである。

これは実はかなり身近な考え方だ。読者の中にも、ポジティブ・シンキングや意識が変われば世界が変わるという考え方に馴染みがある人は多いのではないだろうか。

電車に乗れば自己啓発本が中吊り広告になっていて、会社や役所の研修でポジティブ・シンキングが語られる。大成功した起業家が語る夢の実現は、思いが現実化した話ばかりだ。スポーツ選手もみなそういう風に言う。強く思うのが大事だ、現代社会をサバイブするにはそれしかない。そういう風に思っている人は少なくない。

こういう風に歴史を見ていくと、臨床心理学がそういう思想を笑っていられないことがわかってくる。ニューソートを生み出した人物のひとりにメスメルという催眠術師がいる。この人は催眠術の元祖と呼べる人だが、その学問的な子孫にフロイトがいるのは有名な話だ。私たちと彼らは親戚なのだ。

さらに言えば、ニューソートが宗教から心理学へと装いを変えていくときに、大きな影響を及ぼしたのが、ロジャースやマズローの人間性心理学だった。彼らの心理学は日本の臨床心理学の基礎にあるのだから、私たちは親戚どころか直接のきょうだいと言えるのかもしれない。

臨床心理学者はポジティブ・シンキングを、疑似科学とか、ポップ心理学と言って笑っている。私たちと彼らは別物だと。だけど、一皮剝《む》いてみると、私たちは明らかに血が何重にも繋がっているし、一緒になって歩んできている。

だとすると、臨床心理学と野の医者はどう同じで、どこが違うのだろうか。

この問いを問うことで、「臨床心理学とはどういう心の治療なのか」ということがはっきりするように思った。

そう思って、私は覚悟を決めたのだった。

そう二次面接の話である。突然、話は低俗な方に戻るのだ。

さあ、二次面接だ！

ある日の昼下がり、私は4名のしかめつらの学者たちの前にいた。そう、私は大学の面接試験に来ていた。

飛行機に乗って、はるばる内地まで来た。もちろん自費であるから、ただでは帰れない。と言うか結果を出さないといけない。

私は小さな教室にいて、その前にその大学の先生方が並んでいた。私は大学のホームページを熟読して、予習してきていたので、目の前の人が何者なのかを熟知していた。夏の陣なのだ。

一番左にいるのがガッカチョー、その隣に臨床心理学を専門とする年配の教授、その横に基礎心理学の教授、そして一番右が臨床心理学を専門とするやや若い教授だ。

私は様子を見て、どうやら臨床心理学を専門とする年配の教授が、人事権をもっているのではないかとあたりをつけた。なんとなく彼だけが落ち着き払って、こちらを品定めするような目で見ていたからだ。

ということは、この人をあっと言わせれば、私の勝ちだ。私は燃えていた。

「では、模擬授業を始めてください」ガッカチョーが半笑いで言った。

私は周到に準備した必勝パワーポイントの開始ボタンをクリックした。

まず、歴史的な説明から始めた。臨床心理学の祖先についてだ。シャーマンから始まり、魔女、悪魔《あくま》祓《ばら》い師と心の治療者がバトンタッチしてきたことを説明した。心の病いは神が癒やすものだったのだ。

教授たちは、うんうん、と頷いている。始まりはいい感じだ。ただ、人事権をもっていると目される教授は目を瞑《つむ》っている。

寝ちゃだめですよ！　叫ぼうかと思ったが、やめた。まだまだ序ノ口なのだ、話はここからだ。

そして次に、科学の発展に伴い、神のいない世界で心の病いを癒やすために、催眠術師が現れ、それを精神医学が引き継ぎ、最終的にフロイトが精神分析を発明したことを物語った。いい調子になってきた。私は熱弁し始めていた。

「それが臨床心理学の始まりです。だけど、それ以前の治療法は滅びたわけではありません。実際、心理学を学びたいと言って入学してくる新入生は、心理学を勘違いしています」

「うんうん」ガッカチョーが頭をロックコンサートのように振っている。

ここからだ。

「でも、そういうものなんです。心の治療って、そもそもそういう怪しいものなんです。心というものが怪しいものだからです。その証拠にこの写真をご覧ください」

私はマウスをクリックする。映し出されたのは、南風原《はえばる》ジャスコ、通称バルジャスの本屋の写真だ。たえ子さんと会った後に、私はそこの本棚を激写したのである。占い風水の棚があり、その次が心理学、そしてスピリチュアルへと続く本屋の棚である。

「心理学の本って、占いとスピリチュアル、つまり霊の本に挟まれているんです！」

そのとき、教室が揺れた。大爆笑が起きたのである。

「そうだよねー」とガッカチョーたちが大笑いしている。

超完璧だ。狙い通りだ。

この笑いの勢いのままに、私は「問われるべきは、こういう怪しい心理学と臨床心理学がどう違うか、です。それこそが臨床心理学教育です！」と絶叫しようとした。

そのとき、私はターゲットにしていた教授を見た。

目はしかと開かれていた。

しかし、睨《にら》んでいた。

ほかの3人が笑顔なのに、その教授は私を思い切り睨みつけていたのである。

「やっちまった！」私は心の中で絶叫していた。

怒る人もいるのである。今思えば、当然のことだ。怪しい治療と一緒にされたくない、そう思うのが人情ではないか。ちょっと考えれば、わかるではないか。

私は臨床心理学の真実に肉薄していると思って調子に乗っていたのだが、わざわざ二次面接という夏の陣でそんなこと言わなくてよかったのだ。おくびにもださない作戦も取ろうと思えば取れたのに！

それから後のことはまったく覚えていない。盛り上がらない会話がぽつぽつあったような気がする。

私は、人事権をもった（と私が妄想していた）教授の目のことしか考えられなかった。

面接は速やかに終わり、帰りのエレベーターまでガッカチョーが見送ってくれた。

私は縋《すが》るようにしてガッカチョーに訊いた。

「あの、何人くらい二次面接に来ているんですか？」

私はそれでも小さな希望をもっていた。往生際が悪いのだ。

「たくさん！」ガッカチョーは嬉しそうに言った。

無駄な希望をもたない方がいいよ、傷つくだけだからね、と言っているような優しい目であった。

私は絶望したので、駅についてすぐに缶ビールを一気飲みした。

「俺はなんて馬鹿なんだ！」心の中で言った。

「だから言うたやんか！」超自我のがなり声が聞こえた。

大学教員の面接の場合、内定していた場合にはその日の夕方には電話がかかってくると、ネットでは書かれていたが、もちろんその夕方に電話がかかってくることはなかった。

一週間待ってもなんの音沙汰もなかった。

「さあ、もう一回始めようか」ブラックホールの神様の声が聞こえた。

彼は公募書類を飲み込もうと、舌なめずりしていた。

7章 研究ってなんのためにある？

――学問という文化

あの安里《あさと》の迷店ユバールのビールが値上がりした。値段はそのままなのに、中瓶が小瓶になっているのだ。

消費税の値上げの影響だと言うが、あんまりだ。しかも、これがまた、ぬるい。

「ちょっとやばいんじゃないです？　この店、大丈夫です？」

「もう大変よ、でーじイライラする」ちゃあみいさんは苦虫を噛み潰したように言う。

ちゃあみいさんも勝手なマスターに振り回されていて、不機嫌だった。

この頃、私たちは愚痴り合う関係だった。彼女はマスターの、私は先日の面接の悪口を言いまくっていた。

「そういえば、すごいことがわかりましたよ！」私はぬるいビールを飲み干す。

「なんね？」

「たえ子さんの師匠のとこに行ったら、その人の師匠が僕の師匠だったことがわかったんですよ！」私はあの大発見をちゃあみいさんに報告した。

「へー、そうね」一応驚いたふりをしているが、ちゃあみいさんは冷たい。

「ミラクルじゃないです？　家系図的には僕はちゃあみいさんの大叔父さんなんですよ」

「ミラクルだねー」全然ミラクルじゃない声である。

ちゃあみいさんはまったく歴史に興味がない。彼女は目の前のものが、自分にとって癒やしなのか、そうじゃないのかにしか興味がないのだ。

私はこの頃、万事この調子だった。何もかも的を外しているのだ。逆ウィリアム・テル状態である。

あの二次面接の痛恨の失敗以来、私は完全にやる気を失っていた。ちょうど、沖縄は梅雨が明けて、湿気と熱気で気だるい時期だった。私もまた気だるい雰囲気で、毎日をダラダラと過ごしていた。

妻子が学校やら、仕事やらに出かけるのを見送った後に、ワイドショーを見ながら、言い訳のようにブラックホールに投げ込む用の公募書類を作る。

一通り、芸能ニュースをチェックしたら、図書館に行く。心地いいクーラーのもと、お笑い系の本を読む（ちなみに、この頃読んだ本がこの本のネタ本になった。特に高野秀行さんというノンフィクション・ライターの本は面白くて、お手本にしている）。

那覇市与儀《よぎ》公園の県立図書館には、私と同じような暇そうな紳士たちがたくさんいる。紳士の半数は公園のベンチで将棋や囲碁をしたり、ビールを飲んだりしている。

もう半分の紳士たちは、新聞を読んだり、調べ物をしている。彼らは何者なのだろうか。なんのために、何を調べているのだろうか。笑える学術書でも書いているのだろうか。

もしかしたら、彼らは難民博士なのかもしれない。公募書類を書いているうちに朽ち果てて、私にだけ見えている学問の神様なのかもしれない。

そういうわけのわからないことを考えているうちに夕方になるので、私はそのまま酒を飲みに出かけて、泥酔するのだ。そして、人に会えば、天使だ、前世だ、ミラクルだと喚《わめ》いているのだから、どうかしている。一体何を考えているんだ、と他人だったら言ったと思う。

「そういえば、たえ子さんのコラージュは受けた？」ちゃあみいさんはキムチをよそいながら私に聞いた。

「受けたいって言ったんですけど、そのままですね。やる気が出ないっす」私は泡盛を飲みながら言った。

「アレはすごいよ、開人さんも自分の使命がわかるはず」

「僕の使命かぁ……、なんでしょうね」公募書類を作って、ブラックホールに捧げることだろうか。

そのときだった。電話が鳴った。見知らぬ番号からである。

誰だ！　まさか大学の内々定の知らせではあるまいか！

急激にテンションが沸騰した。私は店の外に転がり出た。

「はい！　東畑でございます！」最上級敬語が飛び出す。

「私、トヨタ財団プログラム・オフィサーのオーバと申します」謎の男からの堅苦しい電話だった。

「あ、どうも」内々定の連絡ではなかったので、私は白けていた。

「今よろしいですか？」

「ええ、まあ」

「実はカガが産休に入りまして、私が東畑先生の担当を引き継ぎました」

「あ、そうっすか」

私は適当に聞き流していたが、言葉の意味が遅れて入ってきた。

「え！　そうなんですか！」私は驚いた。

トヨタ財団にあって私の唯一の庇護者であったカガさんが産休に入ったのだ。何ヶ月か前に彼女は沖縄に来ていたので、あらゆる手段を尽くして接待をしたのは記憶に新しい。

それで一体、このオーバ氏、なんの用なのだ。

「つきましては、お願いがございます」オーバ氏は堅苦しく喋り続ける。

「はぁ」

「今度、京都で財団のワークショップがございます。そこで先生の御研究を御発表願えないでしょうか」

トヨタ財団は色々なことをやっている。今回は次年度の研究助成に応募する人のために、今現在どんな研究が助成金でなされているのかのワークショップを行なうらしい。

「いいですよ」私は気楽に答えた、どうせ暇なのだ。

「ありがとうございます！　今回のテーマは〈社会の新たな価値を創出する〉ことでございます。つきましては、先生の御研究がいかに社会の新たな価値と繋がるのかをお話しいただければ幸いでございます！」一気呵成にオーバ氏は熱弁する。

「新たな価値……いや……どうですかね」私は急所を突かれ、口ごもった。

「ありがとうございます！　では楽しみにしております！」オーバ氏は私の話を聞かずに電話を切った。

「開人さん、どうだった!?」ちゃあみいさんは私にミラクルが訪れたのではないかと期待していたようだった。彼女は自分のパワーストーンの引き寄せ力に絶対の自信をもっていたのだ。

「いや、野暮用ですよ」私は途方に暮れて、泡盛を指でかき混ぜた。

研究と価値

悪夢の二次面接以来、私はすっかり方向喪失に陥っていた。

野の医者の研究ってやる意味があるのか。もしかして、ただの悪ふざけなのではないか。そういう疑問が頭から離れなかったのだ。

事実、二次面接でのあの写真は悪ふざけとしてしか受け取られなかったのだ。

当初から私は、野の医者たちを鏡として臨床心理学の本性を明るみに出すことを目的としていた。真実の鏡作戦だ。

そして、私なりに臨床心理学の本性に近づいてきている気はしていた。

だけど、そういうことを明らかにするのって、本当に意味があるのだろうか。

不登校児が登校できるようになるための認知行動プログラムを開発する。

発達障害者のソーシャルスキル・トレーニング（人とうまくコミュニケーションを取る練習）を開発する。

精神病者の夢の傾向を理論化する（かなり専門的だが）。

こういう研究が、人々に幸せをもたらすのはよくわかる。それらはすぐに心理療法に活かされ、困っている人の援助に役立つからだ。

実際、多くの臨床心理士がそういうことを熱心に研究して、社会をよくしようと頑張っているのだ。

それに比べて、私の研究はどうだ。

自分のことを科学的だと自任している心理療法家に対して、実はそれは宗教的癒やしと同じ構造なんですよと伝えたり、必死に心理検査を行なっている人に対して、見立てや診断って科学的真実じゃなくて、物語なんですよ、と言ったりして、一体何になるのだろう。

それって、茶々を入れて、熱心な人を白けさせるだけなんじゃないか。せっかく頑張っていた人がやる気を失くしたらどうするのだ。

たとえ、心の治療の本性が宗教と同じものだったとしても（この点については、私はもはや確信していた）、自分のことを科学だと信じ込んでいた方が臨床心理学は幸せなのかもしれないのだ。

私の研究は、臨床心理学の先人が築き上げてきたものを破壊するものではないか。だから、二次面接であれだけ渋い顔をされたのではないか（私は、そのことばかり気にしていた）。

そういう疑念が渦巻いていた。クエスチョンマークが蝶のように舞っていた。

私は自分のしていることがわからなくなっていた。

だから、ファミレスで京都での発表原稿を書こうとしても、まったく筆が進まなかった。私は４杯目のコーヒーを飲み終え、さらなるコーヒーを求めドリンクバーに向かった。

そのときだ。

「答えは全部自分の中からやって来ます」

たえ子さんのセリフが唐突に思い出された。

こういうのを声が聞こえたと言っていいのだろうか。よくわからないが、もしかしたら彼女のセラピーを受けるタイミングが来ているのではないか。私は自分の使命がわからなくなっているのだ。

いまマブイセラピーの出番じゃなければ、いつが出番なのだ。

早速、彼女にメールを送った。

野の医者のコラージュ療法——私の使命を探して

しかし、たえ子さんのミラクルなコラージュを受けるまでには、ひと悶着あった。

私のメールに対するたえ子さんの返信は警戒心の入り混じったものだったのだ。

彼女は私がマブイセラピーの技法を盗み、企業に売るのではないかと心配していて、その場合には法的な手段に出ることもあり得ると警告していた。

もちろん、私にその気はまったくなかったのだが、たえ子さんの気持ちもわからないではなかった。

女性がひとりでそれなりの大きさのグループを運営しているのだ。色々な危険が起こりうるのだろう。

実際、他のマスターセラピストのグループでは、インストラクターが勝手に治療を剽《ひょう》窃《せっ》して独立したとか、内緒でお金を着服したとか、そういうきな臭い話を聞くことがあった。

何より、彼女にとって、私はかなり怪しい人物だったのだと思う。研究目的ではあったが、好奇心の赴《おもむ》くままに、たえ子さんの弟子や師匠に話を聴いて回っているのだから、不気味と感じても不思議ではない。

だからだろう。彼女は、私がクライエントとしてセラピーを受けるのか、それとも研究者としてセラピーを受けるのかをメールで尋ねてきた。

このあたりは曖昧なところもあるが（二つが入り混じっているのが、この本の特徴だ）、基本的に私は研究者としてセラピーを受けると彼女に伝えた。

たえ子さんのセッションは3万円と高額だったから、トヨタ財団の研究費で支払いをしようとしていたし、実際研究でなければたえ子さんのセラピーを受けに来ることはなかっただろうから、それが順当だと思った。

すると、たえ子さんから、コラージュをするかどうかは、当日話し合って決めたいというメールが来た。私はそれに同意した。

こういうやり取りはそれなりにストレスフルなものではある。ただ、やり取りを通して私はたえ子さんの強さというものを感じていた。そしてそれは、私にとって嫌なものではなかった。

自分をもっている、という感じがしたからである。治療は遊びではない、という雰囲気が伝わってきた。だから、私もいつもと違ってこの日は緊張していた。

オフィスで迎えてくれたたえ子さんは、柔和で朗らかだった。私は少しほっとした。

「ちょうどよかった。来月から沖縄でのセラピーを減らそうとしてるんです」とたえ子さんは言う。

「どうしてまた?」

「私がセラピーをやっていると、私のところばかりクライエントが来るから、受講生たちのためにならないでしょ。それに私自身、今次のステージが来ているのがわかったの。うん」

たえ子さんは「癒やす」ではなく、「育てる」方に重点を置いて、活動しようとしているのだそうだ。つまり、セッションではなく、スクールをメインにするということだ。

私が改めて研究の趣旨を説明すると、彼女はとりあえずコラージュを行なうことについては承諾してくれた。ただし、録音については断られた。

あくまでクライエントとして受けてほしいということだった。その理屈は私もよくわかったので、同意した(だから、他の部分と違って、以下のセッション記録は録音ではなく、終わった後に私が思い出して書き起こしたものだ。なので、それなりに主観が入っている可能性があることは断っておきたい)。

ここでもう一度、説明しておこう。コラージュ療法とは雑誌の好きなページを切り抜き、それを画用紙に貼り付けて、自分なりの作品を作るという芸術療法の一種である。コラージュ療法はそもそも臨床心理学の中で生まれたものだ。本来は日本の芸術療法が一般にそうであるように、治療者は解釈を控え、作品を味わうという姿勢で行なわれる。

だが、これが野の医者の世界では、ある種の自己啓発技法として流通している。たとえば、望月俊孝氏の「夢を叶える宝地図」は広く親しまれている（あくまで野の医者業界では、だが）。なりたい自分を作品化して、夢が叶うように強く念じるという方法だ。コラージュは準備も簡単だし、何より雑誌には資本主義的な欲望を掻きたてる写真やイラストが多いから、人気があるのだと思う（野の医者は資本主義の鬼子だ）。

では、ちゃあみいさんの人生を変えたというたえ子さんのコラージュとはどんなものだったのか。

たえ子さんはまずお茶とお菓子を出してくれる。そして私に主訴を書く用紙を手渡す。私がどう書けばいいかを戸惑っていると、たえ子さんは言う。

「あなたは幸せなの？」

うーん、直球勝負だ。そう言われると辛い。うーん、私は幸せなのか……。

「そういうことね」たえ子さんはにやりと笑う。「本当の自分を知る覚悟はある？」

「は、はい！」私は怯えながら答えた。

もうたえ子さんのペースである。

「劇的に人生が変わるのよ」

楽しみすぎる。

彼女はオフィスの奥から雑誌を大量に持ってくる。おそらく30代女性をターゲットにしたファッションや旅行の雑誌だ。

「じゃあ、7分間でこの中から好きなように切り抜きをしてください。それから15分間で好きなように貼って」たえ子さんは指示する。

そして、彼女はスマホで軽快な音楽を流す。臨床心理学のコラージュ療法と違って、たえ子さんのコラージュにはお茶やお菓子、音楽と楽しい要素が加わっているのが特徴だ。

コラージュをするのは久しぶりだったが楽しかった。切ったり貼ったりという手作業が童心に帰らせる。

私は動物と女性を組み合わせるのに夢中になった。あっという間に時間がきてしまったのだが、まだ納得がいっていなかったので、10分延長してもらい、何とかラッコの頭をした女の作品ができ上がる。

ここまではまあ、普通のコラージュ療法だ。さあ、ここからどうなるのだ。

たえ子さんと私は並んで座って、テーブルの上の作品を眺める（10頁の写真「コラージュ」参照）。

「この中で気になるところは」と彼女は尋ねる。

「これですね」私はラッコの頭をした女性を指す。当たり前だ。

すると、彼女はそれについてのイメージワークを始める。

「これを見てどう思う?」「あなたはこれをどうしたい?」「それをしたら、これはどうなっていくの?」

彼女が使っているのはコーチングの技法だ。未来志向の質問をすることで本当の自分を明確にするのだ。これからどうなっていきたいのか、私はなりたい自分を尋ねられていた。

だけど、私はこの質問に乗りにくかった。こういうとき、私の場合、あまり「どうなりたい」というのが出てこないのだ。普通だったら頭が動物の女性が出たら、「人間になりたい」と出てくるのだろうが、私の場合そのラッコ女は「このまま生きていきたい……」となる。

私のイメージ世界の住人たちは恐ろしく、やる気がないのである。

それでもたえ子さんは諦めずに、様々な技法を使って、私のポジティブな部分を掘り起こそうとした。

たとえば、私に風景を思い浮かべるようにたえ子さんは言う。しかし、私に出てくる心象風景は草木一本生えていない荒野だったりする。

「そこに何かいない?」たえ子さんは訊く。

「あぁ、リスがいますね」遠い目をして私は言う。

「そうなりたくない?」

「特には……」

自分でもやりにくいクライエントだと思う。でも、しょうがない。私は正直に思うことを伝えていた。

すると、驚愕の展開になる。彼女は突然、きっと私を睨《にら》んで言ったのだ。

「あなたは不幸です。不幸な人が書いた本は、人を不幸にします! 私はそういう本に出たくありません!」

たえ子さんは怒っていた。煮え切らない私に業を煮やしたのか、あるいは声が降りてきたのか、よくわからないが、それは突然のことだった。

びっくりした。セラピーを受けていて怒られるというのにも驚いたが、もっと驚いたのは、怒りの内容がそのときの悩みと符合していたことだった。野の医者研究は社会に価値をもつのだろうか、それとも臨床心理学をからかって損なうだけのものなのか、という例の疑念である。

私は動揺していた。しかし、たえ子さんは「もっと客観的になってください」と言い、コラージュのほかの部分のイメージワークを始めようとした。

しかし、私はもやもやしていた。動揺していたのもあるし、納得のいかない部分もあった。決着がついていないのに、他の話題に移っても、集中できなかった。

「さっきの部分に話を戻してくれませんか」と私は言った。

「どうぞ」彼女は応える。

「人を不幸にするというのはちょっと当たってる気がするんです。と言うか、今まさにそれについて悩んでいたんです。つまり、僕は自分のしていることで、人を不幸にするんじゃないかって」

「うん」彼女は続きを促す。

私の中には昔の記憶が蘇り始めていた。すっかり忘れていた出来事だ。

「で、思い出したのが、小学生のときに塾に通っていたときのことです。国語の授業で、先生が、すげない、って言葉の意味を知ってるかって皆に聞くんですね。だけど、誰も知らなくて」私はかなり熱くなっていた。

「それで先生は言ったんです。すげないっていうのは東畑みたいな奴のことを言うんだぞ。冷たいって意味だぞって。それでみんながどっと笑ったんです」

なんてことない話だが、まだ繊細だった私にとってはトラウマチックな記憶だ。

「どう感じたの？」たえ子さんはまっすぐな目で訊く。

「自分って冷たい人間なんだというのが悲しかったのと、あとそんなこと人前で言わなくていいだろうと思って、腹が立ちました」

そう。私はそのとき、悲しかったし、腹を立てていたのだ。

たえ子さんはすかさず言う。

「じゃあ、その先生にぶつけましょう。その怒りを！」

彼女は再び私をワークに導入した。イメージの中の先生に向かって魂の叫びをぶつけさせたのだ。

それが終わると、彼女は柔和な笑顔で言った。

「これで、この過去への囚われは決着がつきましたね」

しかし、私のもやもやは収まらなかった。それは子供だましの方法に思えた。

私がその瞬間、腹を立てていたのは、たえ子さんに対してだったからだ。

確かに人を不幸にする本かもしれないが、だからって、そんな言い方ないだろう。こっちは真面目にやってんだ。

精神分析が言うところの「転移」である。転移とは過去の重要な人物（たとえば親）への愛情や怒りといった様々な思いが、治療者に対してなぜか再現されることを言う。

精神分析は伝統的にこういう複雑な感情を扱い、治療を行なってきた。そして私もクライエントとの治療ではそういうことを話し合ってきた。

だから、そのとき自分の中にある怒りが転移であるという理解は、私の中にあった。

確かにそれは塾の先生への怒りだし、無理解な親への怒りだったのだろう。だけど、そういう知的な理解は、火が点いた心に対しては無力である。

「でも、今僕はたえ子さんに対して、怒ってます。さっきたえ子さんが言ったことについてです」私は直球勝負だった。

「だけど、さっきの言葉は私の信念です」彼女は強く言い返す。

彼女は自分が確立された人なのだ。譲らない。剣呑な雰囲気だった。

「信念なのはわかります。それは自由です。だけど、僕が傷ついたのも事実です」私は言った。「言いようがあるし、気持ちをわかってほしかった。そういう気持ちです」

私はまたも直球勝負だった。

しばし沈黙があって、そして彼女は言った。

「悪かったわ……ごめんなさい」

私は彼女に受け止めてもらった、そういう気持ちがした。


その後もセラピーはまだまだ続く。

たえ子さんの指示のもと、私は自分の魂を呼び出すことになった。もちろん、イメージの話だ。私の魂はなぜか「グロージュ」と名乗った（一体誰？）。

「グロージュさんに、聴きなさい。あなたの本当にしたいことを！」たえ子さんは言う。

「グロージュさん、あなたは何がしたいんです？」

「淡々と生きていきたい……」グロージュさんは言った。

それを聞いて、たえ子さんは言った。

「あなたの使命は、淡々と生きることなのよ！」

結論が出た。なんと気付けば2時間半が経っていた。

「きっと本当のあなたは、このラッコ女ね。こういうキメラ人間を作る人は初めて」最後にたえ子さんは笑いながら言った。「きっと劇的に人生が変わると思いますよ。自分で様子を見ていてください」

私は疲れ果てていた。

さすがマスターセラピストである。たえ子さんのもとに、多くの人が集まってくる理由がわかったような気がした。彼女はまっすぐ、人の心に迫ることができるのだ。そういう強さが彼女にはあった。そこがマブイセラピーの本質だと私は思った。

最後に私は、今回のコラージュ・セッションのことを本に書いてもいいかと尋ねた。

「原稿を見てから決めます。本質をわからないままで、書かれたら困ります」彼女はやはり警戒していた。

「そうですね。わかりました。できたら送ります。ただ、僕が体験した事実を書くとは思います」

「わかりました」彼女は言った。

（なお、ここに詳細が載せられたように、たえ子さんは掲載を許可してくれた。「東畑さんは、そういう風に外の世界を観ているし、そういう風に表現したいのね。と、受け取りました」とのことだった。フェアにこの治療のことを見るためにも、この言葉を申し添えておきたい）。

たえ子さんとのセッションを通じて、私の人生が劇的に変わったかどうかは、自分ではわからない。

だけど、野の医者研究に社会的な価値があるのか、その疑問について、私なりに思うところがあった。私は過剰に自分のやっていることを悪いと思っている可能性がある。ならば、やってみるしかないじゃないか。

「客観的になりなさい」たえ子さんの声が聞こえた。

「そうだ、京都に行こう」グロージュさんも言った。

キャッチコピーみたいだ。ところで、グロージュさん、君は一体誰なんだ。

いざ京都へ

トヨタ財団のワークショップは、京都大学の稲盛財団記念館で行なわれた。

私の野の医者の研究を発表するにあたって、これ以上ふさわしい場所はない。

もちろん、京都大学が、私の母校であるという事情もある。ここで学んだことが一体何だったのかを、私はずっと考え続けているのだ。

だけど、それ以上に重要なのは、その建物が稲盛和夫の財団から寄付されたという事実である。

御存じの通り、稲盛和夫とは京セラの創設者であり、その後破綻したＪＡＬの立て直しに成功した日本有数の経営者である。

だけど、実は稲盛和夫には経営者としての顔とは別に、野の医者としての顔がある。彼が語る経営哲学には生長の家やスピリチュアル系の影響が強く見られるのだ。そう、「考え方が変われば、世界は変わる」というアレだ。実際、彼はセミナーを開いたり、経営者塾を開いたりして、自分の思想を人に伝えるのに熱心だ。

面白いことに、日本一金持ちの野の医者が寄付したその記念館の中で、アカデミックな心理学の研究がなされている。現代的で素晴らしいではないか。

こういう風に書くと、私が浮かれていたように思われるかもしれないが、事実は逆だ。私は凄まじく気が重かった。

故郷に凱旋という感じでは全然ない。野の医者の研究なんてことをしているのがバレたらロクなことにならない。だから、出来るだけ関係者に会わないように気を配りながら、こそっと京都に入り、こそっと沖縄に帰ろうと考えていた。気分は隠れキリシタンである。

発表会場に着くと、プログラム・オフィサー（なんだか遺伝子をいじって人体改造をしていそうな役職名だ）のオーバ氏が出迎えてくれる。

彼の目はきらきらと輝いていた。研究は社会に新たな価値をもたらすのだ、そういう熱い信念が感じられた。この人は研究というものを愛しているのだなと思った。

だけど、その目を見て、私は余計に気が重くなった。私の発表のときに、変なことにならないといいのだが。愛は恐ろしいのだ。私はかなりビビりながら、開会を待っていた。


しかし、予想外なことに、ワークショップは非常に面白かった。

研究発表をしていたのは若い研究者が多かったし、考古学や生物学から社会学や経済学まで専門の違う研究者が、好き勝手に話し合っているのは、刺激的だった。

一番面白かったのは、若い考古学者のしていた話だ。

彼は動物の骨や遺留品について調べている研究者だ。大昔、野生動物たちはどのような地域に生息していたのか、その分布を調べていた。

そうすると、色々な常識が覆されるのだそうだ。

たとえば、今までシカが住んでいなかった地域に、最近、シカが出没するようになったとしよう。それはもちろん、生態系を激変させ、地域の農業や生活を脅《おびや》かす。

すると住人は、シカがここまで来るようになったのは地球温暖化や自然開発などの影響だと言い出す。自分たちが小さい頃には、シカなんて出なかった、そういうわけだ。

環境保全団体が知恵を出したりなんかして、シカたちを本来の場所に戻そうと考え始める。

だけど、この若い考古学者は違った風に考える。

「そこは大昔にはシカが住んでたんですよ。シカは出てきたんじゃありません！　戻ってきたんです！」

そこの数千年前の地層から、シカの骨が発掘されているからだ。

地元の人間が自身の経験則からここ50年程の歴史を語っているのに対して、若き考古学者は数千年、数万年のスパンから地域の歴史を語る。

「これが考古動物学です。動物考古学ではありません。人間の目から動物を見るのではなく、動物の側から世界を見るんです」

動物考古学とは動物の骨などから人間の昔の生活を再現するもので、考古動物学は考古学の方法を使って、動物たちの昔の生活を再現するものだ。そう、彼は動物の目から歴史や自然環境を見ようとしているのだ。

私はしびれた。なんて壮大で、エキセントリックなんだ！　学問は熱い。

動物たちが独立国家を作ったら、日本国はこの若き考古学者を外交官にするべきだと思った。

感動しているうちに、あっという間に私の発表の時間がやってきた。

「先ほども研究と社会的価値ということで大変貴重なお話と議論が得られました。この後もそういう豊かなディスカッションが期待されます。お次は〈野の医者の医療人類学──臨床心理学の医療人類学に向かって〉です。東畑先生お願いします」オーバ氏は相変わらず堅苦しい口調で、私を紹介してくれる。

「よろしくお願いします、東畑です」私はパワーポイントを開く。

さあ、話を始めよう。テーマは「野の医者研究がもたらす新たな社会的価値とは何か」だ。

最初に私はちゃあみいさんのライフヒストリーとセラピーを紹介した。

カミダーリについて説明し、ちゃあみいさんが傷ついた治療者であることについて話をした。

時折、私は懲りずに写真を入れていた。ユバールでカーペンターズを歌うセンパイとちゃあみいさんが写っている写真、私が奇妙な治療を受けている写真、沖宮《おきのぐう》の福の市の写真を見せるたびに、笑いが生まれる。

野の医者研究は笑いと共にあるのだ。居並ぶ偉い学者先生は笑いながら、私の話を嬉しそうに聴いている。

しかし、人生は反復である（フロイトの認識は正しい）。今回もまたひとり、私を睨んでいる人がいた。今回の研究プロジェクトのイインチョーを務める男である（もちろん、私の主観である）。

ただ、今回はインチョーに私の運命を左右する人事権はないのだから、無視して話を先に進めることにした。もしかしたら予算配分権くらいはあるかもしれないが、もらった金はもう使ってしまっているのだ。気にすることはない。

そして、私は野の医者の話から、臨床心理学の現状に話題を移した。ここからが発表の肝だ。

現在、臨床心理学は、複数の学派の雑多な集合体だ。それらはそれぞれに心を全く違った風に捉えている。

異なる学派は互いに自分の治療が優れていると考えている。だけど、それは「キリストと大国主命《おおくにぬしのみこと》のいずれが治療神として優れているのか」という問いと同じくらい、難しい話だ。比較のしようがない。

だから、話がまったく噛み合わない。私たちは臨床心理学者と言いながら、臨床心理学という学問について議論ができないのだ。その結果、臨床心理学という学問全体は混沌とした状況になっている。

「結局、各学派の理論って、神話であり、神学みたいなものだと思います」私は思い切って、言った。「だから、今必要なのは、そういった噛み合わない議論になってしまう、臨床心理学とは一体何かについて考えることです。それは心の治療とは何かという大きな話を考え直すことで可能になります」

私は強調した。

「そうです。臨床心理学は今、自分が何者なのかを知るべきときが来ているのです」

予言者のような言い方で恐縮だが（私はだいぶ野の医者に毒されている）、それが野の医者を研究する意味だと私は考えていた。私たちは野の医者を笑うけど、同じように臨床心理学を笑って、当たり前だとされていることを問い直すのだ。

ディスカッションは意外なことに盛り上がった。

ちゃあみいさんの病歴の詳しい話が尋ねられ、霊やカミダーリについての議論がなされた。精神医学的なコメントがあり、社会学的なコメントがあり、宗教学的なコメントもあった。

ただ、イインチョーはずっと目を瞑《つむ》っていた。不気味だった。

オーバ氏もそれに気が付いたのか、議論を途中で遮《さえぎ》り、この研究のもつ、社会的な価値とは何だと思うかと私に問うた。それがワークショップの主題だったからだ。

「どうなんでしょう、このあたりが難しいところです。臨床心理学内部で互いについて語り合えることは、最終的にはクライエントのためになると思うのですが……」

私の歯切れは悪かった。

そのときだ。

「相対化です！」イインチョーが目を見開いて、叫んだ。

相対化？ 私は突然のことで驚いた。イインチョーは続けた。

「前半見ていて、こんな研究にお金をつけてよかったのかと後悔していました」イインチョーは半笑いで言った。

やっぱり、ちゃあみいさんの部分については面白おかしい悪ふざけだと思っていたらしい。

「だけど、後半であなたがしたいことがわかりました。あなたの研究は、権威や制度になっているものを相対化しようとしているんですね。そうやって当たり前の価値を揺らがせようとしているわけです。それは確かに新しい価値を生もうとする学問的行為です」

これは嬉しかった。すでに読者の皆さんには、充分よく理解してもらっていると思うのだが、私は実は権威に弱い。このときも、有名な学者であるイインチョーが「相対化」とお墨付きを与えたのだから、「これは学問でやんす！ 相対化でやんす！」と頭の中では浮かれた祭囃子《まつりばやし》が響いていた。

だけど、実はそれだけじゃなくて、私はもうちょっと真面目なことも考えていた。

ここが野の医者の文化と臨床心理学の文化の大きな違いなのではないか。そう思ったのだ。

野の医者たちは潜在意識や霊を信じている。私たちは無意識や条件反射理論を信じている。そういう意味で私たちは同じ穴のムジナだ。

だけど、野の医者たちには、そのことについて信じるか、信じないかの二択しかない。たとえば、マブイセラピーが光り輝く自分をもたらしてくれる、そう信じればスクールに通う。そして信じられなくなれば、立ち去るしかない。

そこにはマブイセラピーとは何か、という反省的な問いは生まれてこないのだ。重要なのはそれが癒やしてくれるか、くれないか、という実際的なことだからだ。

だから、ちゃあみいさんは歴史に興味がなかった。自分がしていることが一体何なのかという問いは、野の医者には必要ないのだ。

たえ子さんがあれだけ私を警戒していたのも、同じ理由だろう。私の取材によって、マブイセラピーとは何かと外から問われることは、彼らの信仰基盤を脅かすことになるからだ。

だけど、学問というのは本質的に常識を疑い、自分自身を疑うものだ。

「汝自身を知れ」

学問発祥の地ギリシアでアポロン神殿の玄関の柱に刻まれていたとされる言葉だ。だから、ソクラテスは当たり前だと思われていることが本当に真理であるのかを、執拗に問い続けたのだ。彼の対話篇を読むと、ソクラテスがひどくねちっこい男で、周りの人からは嫌がられたのがよくわかる。

自分自身の常識を疑い、自由な議論ができること、それが学問の条件だ。そうすることで、人間は知識を積み重ねてきたのだ。

野の医者の研究は確かに臨床心理学に茶々をいれるものだ。だけど、そういう茶々から、自分たちが何者なのかを考えることが、臨床心理学にはできる。

臨床心理学は宗教の末裔であると同時に、学問でもあるからだ。

学問は常識が疑われ、地面がゆらゆらと不安定になったときこそ、逞《たくま》しく成長することができる。臨床心理学もまた、そうやって発展してきたのだ。

この打たれ強さこそが、学問と呼ばれる文化のいいところであり、野の医者の文化とは違うところである。

野の医者研究にも意味がある、私は思った。私は臨床心理学を攻撃しているのではない。臨床心理学が立っている地面を揺らそうとしているのだ。

そう思ったら、私はなんだかほっとした。

イインチョーの方を見たら、目が合った。彼はニヤッと笑った。

学問の夜、サルの夜

その夜は学問の宴だった。

私も以前とは違って、観葉植物になることなく、ビールを飲み、から揚げをつまみながら、小粋なアカデミックトークを楽しんでいた。

普通、専門領域が同じ研究者同士だと、話はかなり細かい専門的な内容か、知り合いの噂話か、知り合いのカゲグチに限定される。

なぜそうなるかと言うと、そもそもっている知識の内容がほとんど一緒なので、学問の話よりも、同じ学問領域の人の噂話に徹した方が盛り上がるからである。特にカゲグチを言い出すと、最高に楽しい。人間とはそんなものだ。

だけど、この夜に集まっていたのは、未知の分野の若手研究者たちだったので、共通の知り合いはいなかった。だから、自ずと噂話ではなくて、それぞれの分野の話になった。私は知らないことが多かったので、話を聴いていて楽しかった。

特に快調に話していたのは、霊長類学の若手研究者だった。サルやチンパンジーの研究をしている坊主頭の男だ。彼はいかにサルが面白いかを力説して回っていた。変わった人だった。

私は最近疑問に思っていたことがあったので、訊いてみた。

「サルって、他人の、と言うか他猿のケアをしたりするんですか？　つまり、癒やしを行なったりするんですか？」

私は野の医者と会っていて、人をケアしたいとか、癒やしたいというのは人間の本能なのではないだろうかと思い始めていたのだ。

「これがね」彼は満面の笑みだ。「わからないんですよ。だって、サルの気持ちってわからないでしょ？」

君はそれを専門にする人ではないのか、と私は思ったが、続きがありそうだったので黙っていた。

「サルがね、怪我したほかのサルの傷を舐めたりはするんですよ」

おぉ！　やはりケアすることは本能なのか。

「でもね、だからと言って、サルが癒やそうとしているかどうかはわからないんです。一説では、血液を舐めると美味しいから舐めてるって話があるんですよ」

「なるほど。確かにサルは喋らない」

「そうなんですよ。サルの心は推測するしかない。でもこれが面白い！」坊主頭は快活に笑う。「こんなんするんですよ」

そう言って坊主頭の男は突然、自分の腕を嬉しそうに舐め始めた。

「ウキ、ウキキ！　ウキキキ！　ね、美味しそうでしょ？」

霊長類学者は突如霊長類に変身した。猿マネを繰り出したのだ。

「これはやばい！」私は超笑った。

「ウキキキ！」サルも笑った。

彼は本当にサルが好きなのだ。

ビールとサルの宴の中で、学問はやっぱり面白いのだ、と私は嬉しかった。

私は野の学者で、みじめな気持ちになることもあったが、よく考えればソクラテスもフロイトもニーチェも、みんな野の学者だったのだ。そして彼らもこういう風に楽しかったのではないかと思った。

人を癒やすのも本能なら、何かを知りたいという好奇心も本能なのかもしれない。

そう思って、私は少しやる気を取り戻した。

そしてビールを飲み干した。そろそろ宴は終わる時間だった。

「もう終わり？　ウキ！　ウキキ！」霊長類学者は絶好調だった。

8章 臨床心理士、マインドブロックバスターになる

——心の治療は時代の子

セラピー部!

煙草の煙が蔓延する漫画喫茶で、私は『ラストイニング』という高校野球漫画を読み耽《ふけ》っていた。

弱小野球部が心理作戦に長けた名監督のもと、甲子園に出場し快進撃を続けていくという青春漫画である。

これがまためちゃくちゃ面白い。私は薄いコーヒーをガブガブ飲みながら、漫画を読み進めていた。

さすがに数時間ぶっ続けで漫画を読んでいると目が乾きすぎる(相変わらずの干物眼《ひものがん》だったのだ)。私は漫画を置いて、一休みするために目を固く瞑《つむ》った。そして眼球をグルグル回した。謎のマッサージ師に習った癒やしの技だ。効果はないのだけど、癖になってしまっていた。

眼球を回していると、その日の午前に聴いた野の医者の話が思い出された。

沖縄のとある県立高校には「セラピー部」という部活があるらしい。とびきりの怪情報をラッキー工房のクダカさんが漏らしたのである。

「冗談でしょ?」私は言った。

「ほんとよ、これを見てごらん」

渡されたのは沖縄の地元紙の新聞記事だ。確かにセラピー部が紹介されている。

「誰がこんなことを?」

「私よ」クダカさんは言う。「私が顧問だもの」

わけがわからない。なぜ野の医者が、県立高校の部活の顧問をやっているのだ。

そもそもこの部活は何をするところなのだ。

全国セラピー甲子園でもあるのだろうか。妄想が広がり始める。


部員の足りない沖縄県立カミンチュ高校セラピー部3年生は、大会に出場するため新入生の勧誘を始める。

怪しい、と皆に断られる中、一年生のユタ夫に目をつける。彼は幼い頃から霊感を発揮しすぎたために、不登校になっていた。不信感の強いユタ夫をセンパイたちは説得し、何とか大会出場の規定を満たす。

最初は乗り気じゃなく、さぼりがちだったユタ夫も、センパイたちがタロットリーディングやオーラソーマに熱心に取り組んでいるのを見て、心を入れ替える。

「センパイ、俺もセラピーがしたいんです」

「ユタ夫、お前はもう立派なセラピストだよ」タロ人（タロット担当）は励ます。

「そうだよ！　だって、出会えただけでミラクルじゃん！」ソマ子（オーラソーマ担当）は快活に笑う。

「ありがとうございます！　行きましょうね、世界大会！」ユタ夫は泣き笑いだ。

「当たり前さ！　俺らにとっては最後の夏だもんな。セドナ（スピリチュアルの聖地である）をあっと言わせてやる」キャプテンであるスピ助（スピリチュアルが得意）は拳《こぶし》を突き立てる。

セラピー部、なんて美しい青春なのだ。

このままセラピー部世界大会編、大学セラピー部篇、プロセラピスト篇、マスターセラピスト篇、宗教団体篇、死後の世界篇へと話は膨らんでいきそうだった。

が、やめた。あまりに不毛だと気が付いたからだ。人生の先行きが見えなくて、本当にどうでもいいことばかり考えてしまう。そんな午後だった。

目は少し回復してきた。『ラストイニング』は佳境だった。今日はこれを読み終わったら帰ろう。煙草に火を点け、机の上の漫画を手に取った。

そのときだった。電話がかかってきた。

「はい、東畑です」

「突然すいません、ワタイでございます。今よろしいでしょうか」

ワタイ？　誰だ？

「先日は私共の大学までお越しいただき、ありがとうございました。厳正な選考の結果、東畑先生を公募していた専任教員の第一候補とさせていただくことになりました。お引き受けいただけますでしょうか？」

わお！　ミラクルだ！

干物眼は突如として潤いに満ちて、輝き出した。

例の二次面接から、一ヶ月弱。完全に忘れていた時期の、内々定の電話だったのだ。

史上最強の癒やしとやり残したこと

それから2週間後、私は学長との最終面接のために、再び埼玉県新座市の大学キャンパスを訪れていた。

面接は和やかに終わり、2014年9月から専任講師として採用されることになった。

この一年で様々なセラピーセッションを受けたが、はっきり言ってこの最終面接ほどの癒やしのセッションはどこにもなかった。

最後に任期の定めのない常勤ポストが与えられるセッションなのだ。癒やし以外の何物でもない。なんだかんだ人間は現金なものである。

最終面接のあと、ワタイガッカチョーの部屋で弁当を食べていると、そこに二次面接で私を絶望の淵に追い落とした例の教授が現れた。

「おー、東畑先生！　どう？　大丈夫だった？」

カシワバと名乗るその教授は凄まじくフレンドリーだった。

「いやー、うちの学科に笑いが足りないんじゃないかと思ってさー、ぜひ東畑先生に新風を巻き起こしてもらいたいと思ったんですよ」カシワバセンセーは嬉しそうに言った。

どういうことだ、あのときはあんなに私のことを睨《にら》みつけていたではないか。

「でも、あのとき、怒っておられませんでした？」私は採用が決まってしまっていたので、フレンドリーに訊いた（こういうところが私の現金なところだ）。

「あれって採用面接じゃない？　笑っちゃだめだと思ったの、ボク。それで必死に笑いをこらえていたのよ。でも、みんな超笑ってるんだもん、ひどいよねー」

カシワバセンセーは真面目そうな見た目に反して、とってもお茶目な人だった。

帰りの飛行機、私はエコノミーの座席に深々と身を預けて、感慨に耽っていた。

悪夢のシューカツは何とか4ヶ月で幕引きとなったのだった。

私はこの時期には覚悟を決めていたので、ワンコ蕎麦のように煮え湯を飲みまくろうと思っていた。それだけに、あっけない幕切れではあった。

とは言え、ほっと安堵したのが本当のところである。よかった、本当によかった。今までの行いを悔い改めて、これからはワタイガッカチョーとカシワバセンセーの雑用係として働こう。御恩に報いるのだ。奉公しまくろう。

私は雑用に勤しむこれからの人生に思いを馳せ、愉快な気持ちになっていた。

そのとき、気が付いた。

とすると、沖縄にいられるのもあとひと月ちょっとではないか！　今度こそ沖縄から離れないといけない。

問題は野の医者のことだ。もちろん、教育研究職だから細々と研究を続けることはできる。だけど、さすがに埼玉で勤めながら、今まで通り取材をすることは不可能だろう。ならば、短期決戦しかない。ひと月ちょっとで、野の医者研究に決着をつけてやろうじゃないか。


実は私はこの時期までに相当に調査を進めていた。暇だったからだ。

ドラゴンたちについては相当程度の人数インタビューを行なっていたし、怪しさで目を引く野の医者のところにはほぼ足を運んでいた。

しかし、まだやり残していたことが二つあった。

ひとつは野の医者の歴史を明らかにすることだ。この頃には彼らの歴史についてはおおまかには把握していたが、沖縄で最初にできたヒーリングショップなど、最重要人物へのインタビューは終わっていなかった。

時代と心の治療は深く関わっていると思っていたので、歴史をしっかり調べておくことはどうしてもやらなくてはいけないことだった。

もう一つ、まだ謎として残されていたのはスクールである。野の医者業界が、トカゲとドラゴンの二階建てになっていることはわかっていたし、マスターセラピストを訪ね歩いたことで、スクールがいかに野の医者にとって重要であるかは理解していた。それは野の医者の癒やしのメカニズムの中核部分である。だけど、実際にスクールで何が行なわれているのかを私はまだ見ていなかった。


というのも、そこにはいくつか理由があった。

理由のひとつはスクールが非常に高額だったことにある。安くても十万円は余裕で超えて、高いものだと全コースを修了するのに六十万円ほどかかってしまう。スクールは、ビジネス的にも野の医者の核心部分なのだ。気軽に手を出せるものではなかった。

さらに、私は「とりあえずやってみる」主義なので、スクールを調査する以上は、ちゃんと受講生として受けようと決めていた。

それはどういうことかと言うと、私自身が資格を取り、野の医者になるということだ。

実はここにちょっと抵抗があった。私には「自分は臨床心理士なんだ」というアイデンティティがあったし、一応研究者として野の医者と向き合ってきたため、自分が野の医者になることに迷いがあったのだ。

加えて、どのスクールを受けようか決めるのがさらに難しかった。値段が高額なため、何個もスクールを受けるのは難しい。とすると、後悔しないように、受けるスクールを厳選しないといけない。しかし、これがなかなか決められない。

最初は、三万円のセッションまで受けたのだから、たえ子さんのスクールを受けようかとも思った。だけど、彼女のスクールは何段階も講座が準備されていて、それを順に受けていかないといけないので、予算面で難しかった。

また、たえ子さんの場合、果たしてスクールを本に書くことに同意してくれるのかが、怪しかった。彼女は誰かが技法を盗むのではないかという不安を抱えているため、高額を出したうえで執筆がＮＧになることは充分にあり得た。そういうリスクは回避しておきたかった。

そういう事情もあって、私は野の医者の核心の目の前まで来て、長らく足踏みをしていたのだった。

だけど、沖縄を離れるタイムリミットが決まった以上、四の五の言ってはいられない。チンケなプライドを捨て、大胆な決断力を発揮し、トヨタ財団の資金力をフル活用するときが来たのだ。

そう思ったときに、浮かんできたのはマインドブロックバスターという謎のセラピーと、ミヤザキヒロミさんというこれまた謎の野の医者のことだった。

マインドブロックバスター®とその黒幕

野の医者の調査を初めてすぐ、私は「マインドブロックバスター」という謎のセラピーが爆発的に流行していることに気が付いた。

「心のブロックを外してもよろしいでしょうか」

手かざしをする宗教団体と似たようなセリフで、セラピーを始める人としょっちゅう出会ったのだ。

2013年冬に沖縄コンベンションセンターで行なわれた「沖縄ヒーリングパラダイス」でも、マインドブロックバスターのブースは異常に大きくて、勢いが感じられた。それから調査を行なっている一年の間に、マインドブロックバスターはさらに勢力を拡大していた。どのヒーリングイベントに行っても、必ずひとりはマインドブロックバスターを提供している人がいたし(彼らのことを業界用語で「バスターさん」と言う)、バスターさんだけのヒーリングイベントすらあった。

私も何人ものバスターさんから、バスターされた(バスターという響きが、書いていて気持ちがいい)。

ウイルス対策ソフトみたいな名前の通り、それは私の心のブロックを上書きするセラピーである。

バスターさんは私の手に触れて、見えてきたイメージを言う。

「長いブランコが延々と揺れているのが見えます」

「はあ」私はバスターさんが何を言っているかわからない。

「ブロックを書き換えても、よろしいでしょうか」

「ええ、まあ」

「ブランコにスズメが大量に止まったので揺れが止まりました」

「はあ」

「これで心のブロックは外れました」

これだけである。

「軽く片手に触れるだけ。3分で1個、心のブロック解除」

ホームページにはこう書いてあるが、本当にこれだけである。

セラピーを受けた瞬間になんの感慨もない。もう終わり？　という感じだ。だけど、バスターさんたちは、「様子を見ていたら、そのうちにミラクルが現れるわよ」と、これまた無責任なことを言う。

マインドブロックバスターはひどく表層的なのだ。たえ子さんのマブイセラピーが心の深いところに触ろうとするのに対して、マインドブロックバスターはまったくそういうことに興味がない。なんせ「掘り下げはしません」と自ら銘打っているのだ。

正直言って、最初にバスターされたときには、あまりの簡素さに唖然とした。お金をドブに捨てたと思った（とは言え、5百円だったが）。早い、安い、簡単。牛丼屋みたいなセラピーなのだ。

奇妙だと思った。

そして、私の場合、奇妙なものを見ると俄然好奇心が湧いてきてしまう。なぜこんなにバカバカしいセラピーが、すごい勢いで広がっているのだろうか。一体、マインドブロックバスターって何なのだろう。そして、それが流行する現代の野の医者たちって何なんだ。

そこで私はマインドブロックバスターの情報を追いかけ、その周辺を探り始めた。

そうすると、マインドブロックバスターが沖縄でこれだけ流行っているのには、ミヤザキヒロミさんという謎の人物の影響が大きいことがわかってきた。

彼女は「聖《セイント》☆お姐《ねえ》さん」あるいは「ジプシークイーン」と自称する沖縄野の医者業界の黒幕だ。

彼女の最大の武器は発信力だ。毎日毎日、長文の爆笑ブログを更新し続けている。たとえばこんな感じだ。

「そういえば最近、〈100％当たるインド人の占い師〉の話を聞きました。

彼はこう言うそう。

『ここ3ヶ月の間にカレーを食べましたね?』

当たる、当たらないレベルの占いとはこんなものかもしれませんね?!」

意味がわからないのだが、なんだか笑えるので、つい毎朝ブログをチェックしてしまうのだ。

ただ、彼女のブログは笑えるだけではない。巧妙に計算されていて、優れた宣伝になっている。しかも、彼女の場合、他の野の医者のセッションや講座を幅広く宣伝するところに特徴がある。ここがすごい。

さらにヒロミさんの活動は幅広い。「沖縄ヒーリングパラダイス」を主催しているのも彼女だし、国際通りに「ヒーリングカフェ・占いパラダイス」というヒーラーが集う謎の店(野の医者の梁山泊《りょうざんぱく》だ)を開いているのも彼女だった。

ミヤザキヒロミは仕掛け人なのだ。彼女は野の医者業界全体を宣伝し、盛り上げようとしていた。

そんな彼女が、そのとき猛プッシュしていたのがマインドブロックバスターだった。

マインドブロックバスター自体は、横浜で生まれたもので、ヒロミさんの発明したものではない。

元養護学校教員である栗山葉湖《くりやまようこ》という女性が始めたものだ(のちに私は本人に話を聴きにゆく)。ヒロミさんがそれをふとした偶然から学び、沖縄で教え始めた。そして、それが大流行していたのだ。

彼女自身がスクールを開いて、次々と新しいバスターさんを誕生させているのはもちろん、さらにそのバスターさんのうちの少なくない数がインストラクターコースを修了し、新たなバスターさんを育てていた。ネズミ算式に、バスターさんが増殖していたのである。なんとヒロミさんから数えて、すでに曾孫のバスターさんまで誕生する始末である。

このペースでいけば、十年後には全人類がバスターさんになる勢いだ。きっと、学校の朝礼も、心のブロックを外すところから始めることになるだろう。なんて、平和なんだ。

要するにミヤザキヒロミさんは、沖縄で野の医者研究をする以上、避けて通ることはできない超有名にして、要注意人物だったのである。

そんな彼女と初めて会ったのは、調査を始めてから比較的遅い時期で、私がマスターセラピスト巡りをしていた頃である。彼女が指定した場所は宜野湾《ぎのわん》市のリゾートホテル、ラグナガーデンのロビーだった。

ポストモダンのセラピークイーン

渋滞のせいで、待ち合わせの時間に少し遅れてホテルに着くと、ヒロミさんはもう待っていた。

彼女は背が高く、髪が長い。アジアンテイストの衣装を着こなしているカッコいい女性だ。落ち着きがなく、大きな目がギョロギョロと動いているのが印象的だ。

私たちは店に入るでもなく、普通にロビーのソファに腰かけて話を始めた。宿泊しているわけではないのだから、権利がないと思うのだが、ヒロミさんはなんの遠慮もない。自由な人なのだ。

最初に私は聴いた。

「ヒロミさんって何者なんですか？　自分ではどう思ってる？」

「結構変わるけど、今まではイベントコーディネーターって言ってましたね。国際通りでやっている店も、毎日イベントみたいなものだからね。でも、最近は講師業の方が多いかな」

「なんでこういうことを？」

「その前に！」彼女は私の質問を遮《さえぎ》って、叫んだ。「ホームページの写真とちょっと違うと思ったでしょ？」

この人は占い師なのか。確かに写真と本物はちょっと違う（もちろん、本物の方がチャーミングである）。

「あれね、修正しすぎちゃったの！　チョー受けるでしょ？」ヒロミさんはとても豪快な笑い方をする。

彼女もまた傷ついた治療者のミラクルストーリーを語ったが、彼女の場合はそれがぶっとんでいる。

確かにヒロミさんには精神的に不安定なところがあったようだ。自傷行為を繰り返していたり、自殺願望の強い時期もあったりしたようだ。沖縄に来てからも、鬱で引きこもったりしていたそうなので、本質的に不安定な人なのだと思う。

だけど一方で、彼女のエネルギーは凄まじい。16歳で家から出され、それからはバニーガールとなって歌舞伎町を渡り歩く。その後、大病を患い生死の境を彷徨《さまよ》ったときに、「本当にしたいことをする」と決めて、世界中を放浪するようになった。

ヒロミさんは世界中を回って、洋服や小物を仕入れては、新宿の路上やお祭りの露店で売っていたそうだ。

「当時はナンバーワン露天商でしたね。完全に天職だったと思う。謎のブランドバッグなんて死ぬほど売りましたよ。ヤーさんが来ようが、警察が来ようが、全然負けないの！　ジプシークイーンって自分で言っちゃってるのはその名残りですね」

毎日がお祭りなのだ。かき氷から、台湾製の化粧品、そして謎の機械まで、何でも売ってきたそうだ。時代はバブルだったから、本当に毎日がお祭りだった。

その中でヒロミさんは体の不調をきっかけにマッサージに目覚め、そこからヒーリングの世界へと入っていく。数えきれないほどのスクールに通い、資格を取得しまくったそうだ。

「私ほど、ヒーリングを受けている人はいないんじゃないかな。とにかく、気になるとすぐ行っちゃうの」

おそらく、彼女はずっと病んでいるのだろう。露天商をしていて明るく輝く裏で、深刻な心身の不調を抱えていたのだろうと私は思った。だから、彼女は癒やしを求めて彷徨い、そして癒やしを売り捌《さば》き続ける露天商なのだ。

そして２００７年に、沖縄の母と呼ばれる占い師に勧められて、沖縄に移住する。なんの葛藤もなかったそうだ。ヒロミさんのフットワークは異常に軽い。

その頃の沖縄にもスピリチュアルやヒーリングをしている人はいたが、皆宣伝が下手で、相互の関係もほとんどない状態だったそうだ。

そういう中で、彼女は精力的にイベントを主催し、ブログを書き続けた。

「私はね、ブログに愛を込めてるんですよ。ちゃんとこの人が売れますようにってね」

そうこうする間に、彼女の周りには人が集まるようになり、今では沖縄野の医者業界の黒幕になっている。大掛かりなイベントには必ずヒロミさんが噛んでいるし、沖縄の野の医者たちはほぼ１００％ヒロミさんのことを知っている。

彼女の場合、自分のことだけじゃなくて、他の人の宣伝をするから、皆から頼りにされているのだ。

私はヒロミさんと話していて、楽しんでいることに気が付いた。

もちろん、彼女が絶え間なくジョークを挟んで話をするから面白いというのもある。彼女は笑いをこよなく愛している人だった。だけどそれ以上に大きかったのは、ヒロミさんがヒーリングやスピリチュアルに向けるまなざしにどこか冷静なものが含まれていることだ。

確かに彼女も愛とか、前世とか、潜在意識とか、そういう独特な世界のことを熱心に語る。だけど、同じ瞬間にそういう自分を冷めて見ているところがあった。

「でも、これが実は自己洗脳が大事でさ」「そう思っておいた方がいいじゃない？」「人それぞれ見え方が違うしね」そう言って、彼女は笑うのだ。

ヒロミさんは私が今までに出会ってきたマスターセラピストとは明らかに違った。彼女にとって潜在意識や前世は実在するものではなく、カッコ付きの仮説的な（とりあえずそういうことにしておこう的な）存在だったのだ。

そういう態度を、世間ではポストモダンと言う。ポストモダンとは絶対的な真実などなくて、それぞれの人がそれぞれのストーリーを生きているだけだという、どこかもの悲しい世界観だ。

だけど、ヒロミさんはポストモダンになる瞬間に笑う。愛や光、天使や前世、そういったものは全部自己洗脳なのかもしれない、そういう可能性を笑いながら認めていく。もちろん彼女にかかれば、精神医学だって、科学だって自己洗脳ということになる。

この感じは、私が野の医者の研究でやろうとしていることと近いものだったので、リラックスできた。一緒になって、怪しいことももっともらしいことも、笑い飛ばすことができたのだ。

私がそのことを指摘すると、ヒロミさんは言った。

「ほんとにたくさんのヒーラーとその裏側を見てきましたから。愛とか光とか言っても、食べられなきゃどうしようもないじゃない？」

そう、だから彼女は自分のやり方とは違う野の医者を平気で宣伝できる。

全部仮説で、自己洗脳なのだから、どれかを信じることができれば、ハッピーになれる。そして、ひとりでも多くの人が経済的にヒーリングで食べていけるなら、それがまたハッピーなことだ。ヒロミさんにはそういう思いがあるようだった。

クールなのだ。

ポストモダンのセラピークイーンが、マインドブロックバスターという軽薄な治療を大流行させている。

それは偶然ではないように思った。その二つは軽薄で、真面目じゃないという所で結び付いているからだ。

そして、それが大流行しているということは、野の医者業界にもまた、そういったポストモダンの波が来ているということなのだろうか。

ものすごい面白そうじゃないか。もっとヒロミさんとマインドブロックバスターについて知りたい。私の好奇心には火が点いていた。

「マインドブロックバスターのスクールっていくらなんですか？」

「12万円よ」

安っ！　ずいぶんリーズナブルだ。

「僕がスクールを受けることはできますか？」

「もちろん！」

「研究目的でもいいですか？」

「もちろんもちろん、じゃんじゃんやっちゃって！」

すべての条件が整っていた。予算内に収まり、面白そうで、そして本に書く許可も出ている。これ以上のスクールはない。

だけど、そこで私の野の医者化計画はストップしていた。このラグナガーデンでのインタビューの後、私は悪夢の二次面接によって、完全なやる気無しのプータロー博士になっていたからだ。スクールに通う話はのびのびになっていた。

しかし、私はもはや沖縄を出ないといけない運命にある。四の五の言い訳を言っている場合じゃない。スクールを受けてみようじゃないか。チンケなプライドは捨てて、臨床心理士は野の医者になるのだ。

野の医者はいかにして癒やすのか、なぜ彼らは癒やすことができるのか、癒やしって何だろうか。この本を通じて私が解き明かしたかった謎の核心がそこにある。

そう思って、飛行機から降りると、すぐに私はヒロミさんに電話をした。

「スクールです！　僕はマインドブロックバスターになりたいんです！」

「ウェルカム！」ヒロミさんは言った。

7月の終わりに、ちょうどマインドブロックバスターのスクールが3日間連続で開かれる。「そこにおいで」とヒロミさんは言ってくれた。

楽しみすぎる。私はそれからホントに眠れない夜を過ごしたのだった。

潜在意識はラーメンの味を変える

そのスクールは宜野湾市にある「アクアロータス」というヒロミさんの拠点で始まった。

「スクール」と言うので、私はてっきり講義室で行なわれるのかと思っていたが、指定されたのは一階にラーメン屋がある普通のアパートだった。名前はカッコいいが、ただの2LDKの一室だ。

午前10時にそこに3人の受講生が集まる。スクールと言うので大人数で行なわれるのかと思っていたら、生徒はたった3人だった。この時点ですでに怪しさ満点である。

この人たちが私の同期ということになる。早速自己紹介をした。

30代前半の背の高い女性はアラシロリンカさんと名乗った。50代前半の小柄な女性はフテンマサヨコさんだ。そして、怪しい野の学者の東畑開人さん。うん、悪くない三人組だ。

どうしてこのスクールを受講したのか、私は二人に尋ねた。リンカさんは家族関係のことで悩んでいて、それを解決したいという思いがあると言い、サヨコさんは対人不安が強いのでそれを治したいと語った。

やはり、受講生はスクールに癒やしを求めている。自分で自分を癒やせるようになる、そしてそれを使って人を癒やしていく。スクールは傷ついた治療者と癒やす病者の世界なのだ。私の予測は当たっていた。

いやが上にも期待は高まった。

「ごめーん、遅れて」

そこにヒロミさんが大汗をかきながら、お菓子を大量に持って現れる。

私たちはお茶を飲み、お菓子をつまみながら、雑談をする。お茶会のような雰囲気である。

研究者である私は自分が完全に場違いだと思っていたが、あとから聞いたら、まったく違和感がなかったそうだ。私はかなり野の医者化していたのだ。

スクールは一応、マインドブロックバスターの教科書に則《のっと》って行なわれる。本部が作成した公認教科書があるのだ。しかし、それほど厚いものではないので、3日間の講義を成り立たせるためには、各インストラクターが裁量で様々な話やワークを入れていくことになる。

ヒロミさんの場合、最初にマインドブロックバスターについての講義を行なう。もちろん、概念や歴史の講義ではない。そんなものには誰も興味をもたない。

ヒロミさんが語るのはミラクルストーリーだ。自分がマインドブロックバスターに出会って、いかに人生がミラクルに変わったのかを彼女は力説する。

一昨年まで（かなり最近だ）、「母親のことを許すことができない」という心のブロックがヒロミさんの中にはあった。ちょうど、その頃母親が癌に侵されていたこともあり、ヒロミさんはザマアミロという思いと罪悪感の両方に苦しめられていたのだと言う。

だけど、マインドブロックバスターで心のブロックを解除したら、母親に優しい気持ちを抱くことができるようになった。

それだけじゃない。今までヒロミさんにきつく当たってきた母親も受け入れモードに変わった。

さらに、さらに、それだけじゃない。母親の癌も、ミラクルなことに完治したのだそうだ。

「まあ、アーモンドを食べていたからかもしれないけど」ヒロミさんは言う。

何を言っているのかよくわからなかったが、ミラクルが起きたということだ。

ヒロミ流マインドブロックバスターの極意はそこにあるようだった。

まず心のブロックを外す。すると自分の考え方が変わる。結果ミラクルなことに、世界が変わっていく。

「私はバシバシ、ブロックを外してますよ、そしたら夢がどんどん叶ってく」ヒロミさんは嬉しそうに言う。「もうひとつだけ例を言っちゃおうかな」

私たちは、目を輝かせて話に聞き入る。

「下にラーメン屋があるでしょ」確かにある。「私は最初、あの匂いがものすごく気になったんですよ。窓を開けると、豚骨の匂いがもわーって上がってくるの」

家賃が安かったのはそのせいなのだと気付いたときには、後の祭り。彼女は毎日イライラして過ごしていたそうだ。だけど、ある日彼女は気付く。

「匂いが許せないっていう心のブロックがかかっているんだって。それでマインドブロックバスターで自分のブロックを自分で外したの。そうしたら匂いがまったく気にならなくなったの」

「へー」私たちはあまり感動しなかった。どうでもいい話だと思った。

「大したことないと思うでしょ？　でも、違ったのよ。匂いが気にならなくなったんじゃなくてね、匂いがなくなってたのよ」

「どういうことです？」リンカさんは聞く。

「なんとね、ブロックを外してすぐに、下のラーメン屋が豚骨ラーメンじゃなくて、魚介ラーメンになってたのよ！　すごくない？」

すごすぎる。超面白い。潜在意識はラーメン屋の味すらも変えてしまうのだ。

説明が終わると、すでに2時間ほど経過している。ヒロミさんは喋りっぱなしだ。野の医者は語る。

昼休みは皆で近くのレストランに食事に行き、それから午後の授業に入る。


「ありのままの自分!」


午後は「ありのままの自分」ワークから始まった。

潜在意識が本当に存在していることを証明するためのワークだ。


ヒロミさんは私を床に座らせて、女性陣が私の肩に思い切り体重をかける。

「立ち上がろうとしてごらん」ヒロミさんは私に言う。

もちろん、立ち上がることなんてできない。

「無理ですよ、僕の筋力じゃ」

「東畑さん！　次はありのままの自分、って叫ぶのよ!」突如ヒロミさんのテンションが上がる。

「ありのままの自分!」私は叫ぶ。

すると、先ほどまでの重圧が嘘のように、私はしゃきっと立ち上がる。彼女たちの体重は、天使の羽と化していたのだ。

「なんですか！　これは！」超笑ってしまう。

「すごいでしょ！　私たち全然、力抜いてないよ、そうよね？　ね？」

ヒロミさんはリンカさんとサヨコさんに同意を求める。

「本気で力入れてましたよ！　すごいです、東畑さん！」サヨコさんが言う。

「これが潜在意識の力なのよ」ヒロミさんはギョロ目を輝かせる。

「ありのままの自分、ヤバスギですよ！」私は死ぬほど喜ぶ。


攻守交代して、今度はサヨコさんが床に座り、私は体重をかける側に回る。

「立ち上がって」

ヒロミさんの合図で、サヨコさんは立ち上がろうとするが、小柄なサヨコさんはビクとも動けない。

「次は、ありのままの自分よ！」ヒロミさんは言う。

「ありのままの自分！」サヨコさんは絶叫する。

彼女は私たちの手を振りほどき、ムクムクと起き上がる。凛として立つ。

「なんですか、これ！」私は絶叫する。「面白すぎるじゃないですか！」

「すごいでしょ。潜在意識のパワーなのよ」

最後にリンカさんが座る。

「次はなりたい自分って言ってみて」調子に乗ったヒロミさんは変則バージョンを言う。

「なりたい自分！」リンカさんは叫ぶ。

するど、私たちが本気で力を入れているのに、リンカさんはよろよろと立ち上がり始める。私たちは負けじと、彼女の肩を思い切り押す。

それでもリンカさんは負けずに、私たちの手を振りほどき、凛として立つ。

「あぁ、……あなた、よっぽど意志の力が強いのね」ヒロミさんが微妙な表情をしている。

そう、今回は立てるパターンじゃなかったのである。「なりたい自分」は潜在意識ではなく、顕在意識の考えることだからだ。

空気を読めずに立ち上がったリンカさんは気まずそうな表情をしている。

だけど、ヒロミさんは気持ちを立て直す。

「じゃあ、次はありのままの自分よ」

「ありのままの自分！」リンカさんが叫ぶ。

私を含め皆が思い切り、力を抜くのがわかる（!）。すると、今度はなんの抵抗もなく、スクッとリンカさんは立ち上がる。ピースサインだ。

「ほら！　潜在意識ってすごいでしょ」

ヒロミさんは喜ぶ。私たちも拍手で、大喜びだ。

「リンカさん、すごい！　潜在意識万歳！」

読者の皆さんはもちろんお気付きだと思うが、「ありのままの自分」と言われると、私たちの力が抜けてしまうのである。だって、立ち上がった方が面白いし、盛り上がるではないか。

もちろん、そんなことは皆おくびにも出さない。出すのは野暮だ。12万円払っているのだ。

バカバカしいことなのかもしれない。だけど、こういうワークを通じて、徐々に私たちはヒロミワールドに取り込まれ始めていた。

自分が力を抜いているのはわかっている。だけどそれでもリンカさんが立ち上がると皆嬉しい。そうだとすると、潜在意識があった方がいい、という気持ちになってくる。というより、潜在意識が存在する！ という心構えになってくるのである。

早くもマインドブロックバスターを習得してしまう

盛り上がってきたところで、早くもマインドブロックバスターのやり方が教授される。え、もう?! と思ったが、やるものはやるのだ。このあたりの気楽さがマインドブロックバスター、というかヒロミさんのいいところである。

やり方は超簡単だ（だけど、企業秘密があるだろうから、細かい部分については省略する）。

端的に言えば、マインドブロックバスターとはクライエントの潜在意識のイメージを書き換える方法だ。

「潜在意識はね、暴れ馬なのよ」ヒロミさんは言う。「だからね、潜在意識には強く命令するのよ、そうすると言うことを聞くから」

ヒロミさんが見本を見せる。

まずクライエントに外したい心のブロックを言わせる。最初はサヨコさんがクライエント役だ。

「私は恥ずかしがり屋です」

「ブロックのイメージを見せていただいてもいいですか？」ヒロミさんは尋ねる。

「はい」サヨコさんは照れながら言う。

「皆いい？　このとき心の中で相手の潜在意識に命令するのよ。ブロックのイメージを見せなさい！　って」

潜在意識、哀れである。もともと神様だったはずなのに、今では人間に酷使されているのだ。

ヒロミさんはサヨコさんに手を重ねて、イメージを読み取る。

「ヤドカリが走っているのが見えるわ。足がちっちゃいけど、殻が大きすぎる。これがあなたのブロックね」

わかったようなわからないようなイメージだが、ヒロミさん曰く、そのとき浮かんだものをそのまま言っているだけだと言う。潜在意識が勝手に見せているものなので、自分にはなんの責任もないということだ。

「このブロックの解除のイメージを見せていただいてもよろしいですか?」ヒロミさんは尋ねる。

もちろん「このとき、解除のイメージを見せなさい！ って命令するのよ」とヒロミさんは付け加える。

再び手を重ねて、ヒロミさんは目を瞑る。

「ヤドカリが海に向かって走ってるわ。あぁ、そのままサーフィンをして、喜んでる」

ヒロミさんは目を見開いて、大笑いする。「めっちゃ面白くない? 見えちゃったのよ」

いよいよ、イメージの入れ替えを行ない、心のブロックを解除する。

「入れ替えのイメージを見せていただいてもよろしいですか（入れ替えのイメージを見せなさい！）」

「お願いします」サヨコさんは言う。

「新しい貝殻が砂浜に打ち寄せられるイメージが見えるわ。あなたは前の殻を捨てて、その中に入るの」

「おぉー」私とリンカさんは感嘆の声を上げる。

なんか物語がいい感じでまとまったからだ。

「はい、これでおしまい。もう心のブロックは外れたからね、超簡単でしょ?」

私たちは二人組になって、イメージを書き換える練習を繰り返した。

サヨコさんは生来真面目なのだろう。なかなかイメージが浮かばないようだった。浮かんでも、「エンジェルさんが」とか「光が」とかスピリチュアルにありがちなイメージなので、ヒロミさんからリラックスと言われている。

頭でイメージを作るのではなく、その場で唐突に浮かんでくるものを言うのが大事なのだそうだ。

その点、私はものすごく褒められた。

「焼肉屋のイメージが見えますね。豚バラが焼けすぎているのが見えます」

「それよ！　それが潜在意識なのよ！　東畑さんって、学者だから頭でっかちなのが出るかと思ったけど、なかなかやるわね」

「はい！　先生！　潜在意識に命令しまくってます！」

「そうよ、なんでもいいのよ。適当にやるのが大事よ」

そしてヒロミさんは名言をのたまう。

「デタラメOK！　でまかせOK！」息を吸う。「だけどごまかしはNG！　愛が大事なの！」

そう、彼女はポストモダンのセラピークイーンなのだ。真実なんてどこにもない、あるのはもっともらしいものだけなのだ。

スクール一日目はこうして暮れていった。

「明日までに心のブロックを10個自分で外してきてね」

最後にヒロミさんは宿題を出した。

自分で自分の癒やしをできるようになる、それがスクールの目的のひとつだ。だから、習った技法はまず自分に対して行なわないといけない。このあたりも、スクールが同時に癒やしであることを物語っている。

その夜、私はユバールで例のセンパイと飲む予定をしていた。だから、ユバールに行くモノレールの中で5個ブロックを外した（20分ほどの乗車時間なので、いいペースだ）。

ユバールに着くと私はセンパイのブロックも外してあげようと思って、手を差し出すように言った。私は完全に浮かれていたのだ。だけど、センパイは拒否した。

「俺は葛藤を生き抜くよ」

臨床心理士らしく、ミラクルに頼るのではなく、心理的な葛藤を悩み抜くのが大事だとのたまったのだ。

カッコいいこと言ってんじゃねえよ、と酒に酔った私はセンパイをなじった。でも、すぐに、そうやって怒っている自分は心のブロックに囚われていると気付いたので、自分でブロックを外すことにした。

「心のブロックを見せなさい！」私は潜在意識に命令した。

コーラの中にチュッパチャプスが浮かんでいるイメージが見えた。私はそれをポテトチップスに書き換えた。よし、これで6個目だ。そう思ったら、機嫌が直った。だから、紳士的にセンパイに語りかけた。

「センパイ、葛藤を生き抜きたいのもブロックです。外して差し上げます（私にブロックを外させなさい！）」

センパイは心底軽蔑した目で上機嫌な私を見ていた。

手から金粉

二日目の朝、私は二日酔いだったが、早めにアクアロータスに辿り着いた。

サヨコさんはすでに駐車場で待っていた。

「どうです？　ブロック外しました？」私は眠たい目をこすりながら聞いた。

「夫にもやってみたんですけど、洗脳されてるんじゃない？　って言われましたよ」とサヨコさんは笑う。

「まあ、洗脳されてますよ、そりゃ」本音がこぼれる。

「そうですよね」小柄な彼女は困ったように笑った。

二日目もヒロミさんの講義から始まった。

ヒロミさんは今までの成功した治療例の話を始める。心のブロックを外すことで、どれだけミラクルなことが起きるのかを大笑いしながら話すのだ。

彼女は朝から絶好調だった。立て続けに冗談を挟みながら、自分のスピリチュアル歴を延々と語り、自分がどのようにして危機を乗り越えて、今ハッピーでいるのかを語る。リンカさんとサヨコさんは、憧れの目でヒロミさんを見ている。トカゲはドラゴンに憧れる。こうやって、彼女たちはますます野の医者の世界にのめりこんでいくのだろう(他人事ではないのだが)。

私はあまり関心がないのと、二日酔いなのとでぼーっとしていた。

ひと息つくと、教科書の音読が始まる。こういうことをするのは小学生以来かもしれない。私たちは順番に教科書を読んでいった。

マインドブロックバスターに習熟するとどうなるのかという部分を、私たちは分担して読んだ。サヨコさん、リンカさんと続いて、次は私の部分だった。

「その他に、ブロック解除後に掌《てのひら》から金粉《きんぷん》が出る人がいます。これを〈天からのギフト〉と呼んでいます」

は？　私は驚いて音読をやめる。

「え？　手から金粉？　なんですか？　これ？」

「え？　東畑さん、手から金粉出したことないの？」ヒロミさんは意外そうな表情で言う。

「ないですよ、そんなの！　手から金粉が出るんですか？」

「え、出るでしょ。ねぇ、サヨコさん？」

「出ますよ」サヨコさんもすました表情で言う。

この人たちは一体何を言ってるんだ。どうかしてる。

「じゃあ、出しちゃおうよ、一回金粉出たら、あとはいつでも出てくるから、おいで」

そう言って、ヒロミさんは私を窓の近くに呼び寄せる。カーテンを開けると、沖縄の殺人的な太陽光線が差し込んでくる。

「ほら、よく見ててよ」

ヒロミさんは日差しに掌を差し込む。15秒ほど、皆で真剣にヒロミさんの掌を凝視する。

「ほら、出てきたよ。ここところとここ。光ってるでしょ？」

確かに手相の溝の部分が、光っているような気もする。ヒロミさん曰く、体の中のオーラが太陽エネルギーに触発されて溢れ出すのだそうだ。

リンカさんとサヨコさんが順に掌をかざしていくと、二人共、手から金粉が吹きこぼれる。

しかし、私からはなかなか金粉が出てこない。オーラが足りないのだろうか。私はひとりだけ劣等生になった気持ちになって、傷つき始めていた。

「必ず出るから、念じるのよ」ヒロミさんは優しく私を励ます。

1分ほど太陽光線に手を晒していると、ついに手の溝が光り始める。

「出た！　金粉よ！　東畑さん、やればできるのよ」ヒロミさんは拍手する。

リンカさんもサヨコさんもわがことのように喜んでくれる。

「東畑さん、言っとくけど……」ヒロミさんは笑いながら言う。

「汗じゃないからね」

「わかってますよ！　どこからどう見たって金粉じゃないですか！」私は弾んだ声で言う。

そう、私は乾燥肌だから、金粉が出てくるのに時間がかかったのだ。


守護天使も前世も見てしまえ！


二日目は充実していた。ヒロミさんは次から次へと新しい技を教えてくれた。

魂が何人《なにじん》であるのかを見る方法（私はなぜかモンゴル人だった）。

前世を見る方法。

守護天使を呼び出す方法。

脳の中の松果体《しょうかたい》をグルグル回して活性化させる方法（謎すぎる！）。

基本的にやり方はすべて同じである。手を重ねて「前世を見せなさい！」と念じる。

そしてそのときぱっと浮かんだものが相手の前世だということになる。

私はリンカさんに手を合わせ、目を閉じる。

「タッパーが見えます。冷凍庫の奥深くにあって、カチカチになったお米が入ってます」私は厳《おごそ》かに告げる。

「リンカさん！　あなたの前世はタッパーなのよ！　超ウケる！」ヒロミさんは大喜びする。

「タッパーってどういう意味なんですか？」リンカさんは訊く。

「わかりません、ただ見えただけです」私は正直に伝える。

「いいのよ、余計なこと考えないで。それでいいじゃない！」ヒロミさんは言う。

私がヤマダ電機の社員だったら、心が凍結しているというストーリーを与えて、魂を解凍するための超高額電子レンジを2、3個売りつけたかもしれない。

ヒロミさんは言う。

「やり方は全部一緒だから、コツを覚えたら簡単よ。相手の潜在意識を、こちらの潜在意識で読み取るの。だから、同じクライエントでも、違うセラピストが見たら、違うイメージが見えるわけ。こっちの潜在意識が違うからね、それでいいのよ」

ヒロミさんの高笑いと共に、二日目のスクールは暮れていった。

習ってもいないのにオーラを見始める男

あっという間に最終日になった。朝から晩まで、ハイテンションで謎の技法を学んでいるのだから、さすがに私も疲れていた。

しかし、疲れれば疲れるほど、ハイテンションになってしまい、ヒロミさんのぶっとんだ話が頭に染み込んでくるから困る。宗教の合宿ってこんな感じなのかもしれない。

私はこの日も早めにアクアロータスに着いたので、魚介が薫るラーメン屋の前で皆の到着を待っていた。

するとヒロミさんから、寝坊して一時間遅刻すると連絡があった。彼女もさすがに疲れていたのだろう。

仕方がないので、予備のカギを使ってマンションの中に入り、リンカさんとサヨコさんと3人で、ヒロミさんの到着を待つことにした。すると、彼女たちはお喋りを始める。

もちろん、話しているのは野の医者の話だ。あそこのヒーラーはよかった、あそこはダメだったと話は尽きない。「ゐなぐぬ　みっちゃいするりば　ユタぐとぅ　いゅん」である。

私は疲れていたので、ぼんやりと考え事をしていた。

この何日か、私は凄まじくヒロミさんに褒められていた。

私がなぜ褒められていたかと言うと、前世や守護天使、心のブロックについて、見えるもののセンスがよかったからだ。ヒロミさん曰く「潜在意識」っぽいのだそうだ。

褒められるのは嬉しかったのだが、実は私は褒められるのも当然だ、と思っていた。というのも私にはこういう遊びにハマっていた過去があったからだ。私は実は経験者だったのだ。

大学4年生のときだ。その頃、私と親友のタエナカくんは互いにもうひとつの名前を付けるという遊びにはまっていた。ぱっと頭の中に降ってくる名前をお互いに付けるという遊びだ。大学院入試のプレッシャーでどうかしてたのだと思う。

「じゃあ、タエナカくん、君は荒鮭稲荷《あらじやけいなり》だ」

「おぉ、かっこええな、東畑くんはそやな、乱刃《らんば》太子《たいし》やな」

「めっちゃいいな！」

名前を付け始めたら面白くなって、頼まれてもいないのに、同じ学部の人の名前も付け始めた。

「カガヤはジャクマオちゃう？」

「どんな字書くの？」私は訊いた。

「若いに、馬に、男。若馬男」

「ぴったりじゃん、じゃあツネオカはギンバラだな。カタカナで」

「お！　ええなぁ。じゃあパソコンルームはカニギーナにしようや」

「めっちゃカッコいい、君は天才だな」

「そやろ？」

「じゃあ、カニギーナ行って、卒論書こうぜ。俺は今日、死ぬほど勉強しちゃうよ」

どうかしてる。小学4年生がする遊びであって、大学4年生がする遊びではない。大学院入試に落ちるのが不安すぎたのだ。私たちは自分の頭の中にしかないものを現実に押し付けることで、不確かな現実をコントロールしようとしていたのだろう。

私たちは当時これをホーリーネームと言っていた。それはあくまで遊びだった。ホーリーネームということで、デタラメな名前を思いつくのが笑えたのだ。

だけど、ヒロミ理論でいけば、私たちが言い当てていたのは「本当」のホーリーネームだったということになる。「荒鮭稲荷」は私が思いついたデタラメに過ぎない。でも、それは私の潜在意識がタエナカくんの潜在意識に触れて出てきたものだと言うこともできる。だったら、それは彼の本当の名前と言っちゃっていい。

ぱっと思い浮かんだことは、潜在意識が教えてくれる隠された真実である。それがヒロミ理論なのだ。

デタラメOK、っていうのはそういうことだ。

だとすると……。

私はさらに考えを巡らせた。だとすると、前世や守護天使、あるいは霊のことを「本当かどうか」と考えること自体が間違った問いなのではないか。

そもそもそれは物質的に存在するかどうかを観察したり、検証したりできるものではない。

存在するとしてもそれは主観の中に、自分の思い込みの中にしかないのだ。だったら、自分が感じたものが「本当の前世なのか」「本当の天使なのか」と問うことには意味がない。

「それが前世でいいじゃないか」そう言ってしまうのがヒロミ流だ。そして、野の医者たちは皆そうやって、マジカルな世界のことを語っているのではないか。

3日目ということもあり、私はかなり毒されていた。

そんなことを考えていたら、私は突然気付いてしまった。霊の正体、前世の正体、天使の正体がわかってしまったのだ。

「あの、お話し中すいません」私はリンカさんとサヨコさんの会話に割り込んだ。

「実は僕、今オーラも見えるようになっちゃいました！」

「ホントですか？」二人は感嘆の声を上げる。

「見てあげますよ」お安い御用だ。「サヨコさんは茶色に緑が混じってますね、柔らかい光です。リンカさんはピンクと紫ですね。結構明るいですね」

「すごーい！　どういう意味なんですか？」リンカさんは訊く。

「わかりません」それはまた別の話だ。「ただ見えただけです」

要はイメージであり、思い込みであり、それがオーラっていうことでいいのだ。

「すごーい！　もしかして天才なんじゃないですか？」サヨコさんは言う。

「お二人も見えますよ。だって、前世とか見ちゃってるのに、オーラが見えないはずないでしょ」

「まあ、そうですけど……」二人は急に戸惑っていた。

　そこにヒロミさんが「ごめんごめーん」と遅れて参上する。

「ヒロミさん！　東畑さんがオーラ見えるって言い出してるんですよ！」リンカさんが慌てて報告する。

「見えるでしょ、そりゃ」ヒロミさんは当然のように言う。

「僕、わかっちゃいました。思い込みが真実ってノリですよね？」

「そうそうそう、そうなのよ！」ヒロミさんは喜ぶ。

　霊も、前世も、天使も、「ほんとかどうか」ということを考えるからややこしいのだ。

　ヒロミさんは少し遠い目をして言う。

「昔さ、遠隔ヒーリングを受けたの」

　遠隔ヒーリングとは、直接体に触れるのではなく、離れた場所からパワーを送る治療法だ。

「部屋で待っていたら、時間通りにすごいエネルギーが来たのよ。だから、次の日、すごいやつきましたってお礼を言ったら、昨日だったたっけ？　忘れてたって言うのよ！

でもいいんですよ、思い込みなんです！」

この会話は後に重大な結果を引き起こすことになる。だけど、私たちはまだそれを知らない。

臨床心理士、マインドブロックバスターになる

最終日はあっという間に過ぎていった。

私たちは守護天使を呼び出したり、臓器との対話を行なったりした。

リンカさんが私の体をスキャンしてくれる。彼女が掌を使って、私の体内をモニタリングし、異常のあるところを探し当てるのだ。

そしてついに卒業式だった。夕日が射し込み、部屋はオレンジ色になっていた。

マインドブロックバスターの認定証を受け取るのだ。

これを受け取ると、私も野の医者である。

だけど、最後に最大の難関が待ち受けている。

証書を持っているヒロミさんのもとに辿り着くのを、リンカさんやサヨコさん、そして過去の卒業生たちが邪魔するのだ。

彼らはヒロミさんのいるところまでの短い距離を塞《ふさ》ぐ。両腕をまっすぐ伸ばして、私が前に進めないようにするのだ。

だけど、私はもうそういう難関のクリアの仕方を知っている。簡単だ。

「ありのままの自分！」私は唱える。

皆が腕の力を抜く。ミラクルなことに、私は暖簾《のれん》を押しくぐるように、やすやす腕を潜り抜け、ヒロミさんのもとに辿り着く。

「東畑開人さま、あなたはマインドブロックバスター養成講座における所定の講義と実習を修了し、認定マインドブロックバスターとして〈心のブロック解除〉セッションができることを証する」

「ありがとうございます！」

「おめでとう」ヒロミさんと固い握手を交わす。

臨床心理士、マインドブロックバスターになる。

無事、認定証を受け取ったあと、私たちはお茶を飲みながら、しばし雑談をする。

このとき、ヒロミさんが私たちに名刺の作り方を教えてくれる。

名刺には「3分で1個心のブロック解除」と書き込む。そうすると、名刺を見た人が興味をもって、セッションを申し込むのだそうだ。

ヒーリングスクールはなぜかビジネススクールになっていた。

そして、ここにマインドブロックバスターの本領が発揮されるのだが、それについては少し後で書きたい。

帰る前に、私はリンカさん、サヨコさんと連絡先を交換する。今度、インタビューをさせてほしいとお願いしたのだ。

それから、ヒロミさんにもひとつお願いごとをした。彼女は満面の笑みで、それを承知してくれた。そのお願いが何だったかについては、最後の章で明らかにしよう。

こうして、禁断のスクールは暮れていったのであった。

マインドブロックバスターとは何か――マーケティングが生んだ癒やし

スクールを受けてわかったのは、マインドブロックバスターが予想を超えて軽薄だったことだ。

マインドブロックバスターの技法は、ご覧の通り、簡便にして単純だ。理論も、潜在意識を変えればミラクルが起こるという単純なものだ。仏教で言えば浄土真宗だ。他力本願ならぬ、潜在意識本願である。

ヒーリングと言うと、心の奥深いところにある傷つきを見つけ出し、隠されていた本当の自分を発見するというイメージがある。

だけどヒロミさんの場合、「ありのままの自分！」と叫ぶだけで充分なのだ。深刻なことや重たいことは何一つない。笑って、楽しくて、それでいい。マインドブロックバスターはテキトーなのだ。

最初、私はそれがヒロミさんのキャラクターのせいだと思っていた。彼女は笑いを愛していたし、ヒーリングを斜めから見ているところがある。

だから、私の受けたスクールは例外的にテキトーだったのだろうと思っていた。マインドブロックバスターは短期間で急成長したとは言え、全国規模の組織なのだから、本当は真面目なのではないかと思っていた。

だけど、実はそうではない。マインドブロックバスターというものに、そもそもそういう軽薄さが宿っているのが、あとからわかった。

私は後に、マインドブロックバスターの創始者栗山葉湖《くりやまようこ》氏に横浜で話を聴いた。彼女は快活で、とても知的な人だった。葉湖氏は自分のことを冷静に分析しながら話をする。彼女から話を聞いてわかったのは、マインドブロックバスターがお金の問題と深く結び付いているということだった。

そもそも葉湖氏自身が、幼い頃より、家が貧しいことをコンプレックスにしてきた女性であり、学校教員になったあともお金の心配が尽きない人だった。

彼女の不安や傷つきの中核には「お金がない」という思いがあったのだ。

葉湖氏のそういう思いを解消してくれたのが、マインドブロックバスターだ。その誕生の話がまた面白い。

彼女はもともとシータヒーリングという、脳波を変えてより良き人生を歩もうという治療法のインストラクターをしていた。少しでも小遣い稼ぎになればという思いだったそうだ（いつもお金のことを考えている）。

だけど、当然思うように集客ができるわけではない。クライエントや受講生が集まらないのでは、小遣い稼ぎどころではない。

そういうときに、彼女は知り合いに紹介されたビジネス・コンサルティングのセミナーに参加する。

彼女が集客の手段だったブログのアクセス数を増やしたいのだと相談すると、マーケティングの専門家が「あなたの強みはなんですか」と聞いた。

葉湖氏は特に自分の特技が思いつかなかったのだが、シータヒーリングで習う技法の中では比較的得意だったものを思い出す。

「イメージの書き換えですかね」

「いいね、それでゆこう」

そのとき、彼女の中で「3分で1個心のブロック解除」という言葉が思い浮かんだ。

そして、長時間かけて心を掘り下げていくシータヒーリングを、簡単簡便でお手軽な方法にしてしまったらどうだろうかと彼女は思いつく。

かなり大胆な変革だと思うのだが、葉湖氏はそもそも心を掘り下げるやり方に反感をもっていたそうだ。

「だって、資格をもっているって言ったって、何日かだけ講習を受けただけの、普通の人じゃないですか。そんな人に自分の悩みを詳しく話すなんて嫌でしょう?」

彼女の現状分析はクールなのだ。


果たして「3分で1個心のブロック解除」という宣伝文句は大当たりした。ブログのアクセス数が跳ね上がったのだ。

そこから、彼女はマインドブロックバスターという治療法のやり方とシステムを開発していく。技法の簡便化を行ない、テキストを作り、独自のスクール展開を始める。5百円という安い値段でセッションを提供し、スクールも相場に比べるとかなり安い値段で提供する。

本部はそれほど上納金を取らないので、現場の講師が月に数人スクールを行なうだけで、独立して食べていける。そういうシステムを確立したのだ。

マインドブロックバスターが一番重視しているのは、セラピストが稼げるということだ。ここが他のヒーリングと大きく違うところであり、マインドブロックバスターが流行している理由だと、私は思う。

マインドブロックバスターはマーケティングから生まれたのだ。そんなセラピー聞いたことがないが、事実だ。だからこそ、早く、安く、お手軽なことが大事で、心の深みを探るなんて重たいことはしない。

「掘り下げるのが嫌いなんですよ、いいじゃないですか。ヒーリングは遊びですよ」葉湖氏は言う。

「遊び？」

「そうです、ディズニーランドと同じです。楽しければ、それでいいじゃないですか」

私は気になったので、訊いてみた。

「葉湖さんは潜在意識は信じているんですか？」

「もちろん。だけど遊びでもあります。不真面目でいいんです。それくらいがちょうどいい」

彼女は徹底的にポストモダンの野の医者なのだ。天使がいるか、前世があるか、そんなことはどうでもいい。重要なのはマーケティングなのだ。経済が成り立つかどうかが、天使がいるかいないかの百倍大事だ。

マインドブロックバスターにとって一番重要な癒やしは、「ありのままの自分」になることでも、「本当の自分」を知ることでもない。

癒やしは、ヒーリングで収入を得るというところにある。葉湖氏自身がそうだ。

彼女はマインドブロックバスターというシステムによって、富を得た。それが彼女の新しい人生を切り開き、癒やしになったのだ。

だから、彼女はそれを隠さない。

私がオフレコでと言って収入を聴いたときも「オフレコでも何でもないです。マインドブロックバスターを始めた最初の月で３００万の売り上げがありました」葉湖氏ははっきり答えた。

ヒロミさんが最後に教えたのが、名刺の作り方だったのも、ここから理解できる。ビジネスとしてやっていくこと、お金を稼げること、そこにマインドブロックバスターの癒やしは宿る。それがマーケティングによる癒やしなのだ（もしかしたら、私が先の学長面接で癒やされたのと一緒なのかもしれない）。

人はこういうマインドブロックバスターのありようを軽薄だと言うかもしれない。

確かにマインドブロックバスターは軽薄だ。私のスクール体験を見ての通りだ。だけど、軽薄なものに癒やされる人がいるのは事実だ。実際、当時沖縄でマインドブロックバスターは大流行していた。だったら、次のように考えるのが真実に近いと思う。

私たちは今、軽薄でないと息苦しい時代に生きている。だから、軽薄なものが癒やしになる。

心の治療は時代の子

時代によって、心の治療は大きく変わっていく。何が癒やしになり、何が心のケアになるのかは、時代時代によって違う。

戦後すぐに、マインドブロックバスターを持っていってもまったく見向きもされないだろう。同じように、認知行動療法を明治の東京に持っていっても理解されないだろう。というより、実際、戦後すぐにマインドブロックバスターは生まれなかったし、認知行動療法は明治時代には生まれなかった。

その時代ごとの空気が、時代に見合った治療法を生み出すのだ。

ここ二十年の臨床心理学の歴史を見ると、それは明らかだ。

様々な学者が1995年を境に、日本社会が大きく変わったことを指摘している。

1995年以前、世間では自分探しがブームだった。

日本は豊かで経済的には恵まれていた反面、精神的な空虚さを感じる人が急増していたのだ。

そのときに、自己啓発セミナーや新宗教、そして臨床心理学がそういう人の受け皿になった。

だから、その頃の臨床心理学は、深く自分を見つめて、自分らしい生き方を援助する治療法が主流だった。心の奥深くにある傷つきや願望を真摯に見ようとしたのだ。

臨床心理学は日本社会が抱えていた空虚感を癒やす役割を背負っていたと言ってもいい。

だけど、時代は大きく変わったように思う。

心の時代というある種、幸福な時代は終わりを告げ、私たちはグローバリゼーションの最中で経済学の時代を生きるようになった。

すべての事象が金銭的価値に置き換えられ、費用対効果が求められる。企業がそういう価値観をもっているのは当然だが、それが学校教育にまで導入される時代だ。

心の治療だって、今ではエビデンスという効果の問題は避けて通れない。いかにして早く、安く、簡単に効果が出るのかが厳しく問われているのだ。

そういう時代状況を嘆く人はたくさんいる。お金がすべてじゃない、そういう風に言う人はいっぱいいる。

だけど、「財政破綻したらどうするの?」「会社がなくなっても、そんな悠長なこと言えるの?」と言われると、彼らはこう答える。

「長い目で見たら、会社を傾かせるんだよ」

結局、両陣営共に、金銭至上主義の方が、マーケティングの話をせざるを得ないのだ。

それを批判してもしょうがない。私たちはそういう時代を生きている。

それほどまでに私たちの社会には余裕がない。

そして、そういう社会状況に人々は傷ついている。

労働条件はますます苛酷になり、お金のために自分を切り売りしないといけない。そうまでしても、いつ経済的な苦境に陥るかわからず、陥ったときには助けてくれるものはない。すべては自己責任で片づけられてしまう。

経済学の論理やマーケティングの哲学は、人々に不安と傷つきをもたらしている。だから、そういった傷つきに対する癒やしが求められている。

そういう時代に、野の医者の世界では、コーチングやマインドブロックバスターが流行している。

それらは共に、資本主義に最適な人間像を理想としている。コーチングはそもそも重大な経営判断を行ない、次の事業を計画していく経営者を作り出すための治療法だ。

マインドブロックバスターに至っては、起業してお金を稼ぐことこそが癒やしだと考えている。だからスクールを受けると、次のような考えを抱くようになる。

お金の話をするのは恥ずかしいことではない。深いことを言ってても、食べられなくてはどうしようもない。軽薄だっていい。マーケティングに成功することが何より大事。マインドブロックバスターにはそういう哲学が深く染み込んでいる。

臨床心理学も例外ではない。現在認知行動療法がブームだが、それはエビデンスの思想が深く浸透した治療法だ。保険会社が求める経済論理に最適化した治療法なのだ。

資本主義による傷つきは、資本主義的な治療によって癒やされる。

これが面白い。傷つけるものは癒やすものであると、ギリシアの神様が言ったではないか。

早い、安い、効果がある。そういう時代に傷ついた人が、そういう治療法に癒やされる。そういう治療法は、そういう価値観の人間を生み出すから、そういう時代に生きることを支えるのだ。

心の治療は時代の子である。現代の外科医が幕末日本で活躍するドラマがあったが、体の医学についてはそういうことが可能でも、心の治療では不可能だ。

心の治療は時代の生んだ病いに対処し、時代に合わせた癒やしを提供するものなのである。その時代その時代の価値観に合わせて姿を変えていかざるを得ない。

だから、心の治療は時代を映す鏡でもある。マインドブロックバスターは軽薄に笑っていないと生き残れない時代の鬼子《おにご》だ。

さて、だとすると、こういう結論になるかもしれない。

心の治療に進化はない。その時代時代に合わせて、鏡の中の像のように姿を変えていく。それでも、私たち治療者は、より良い心の治療を求めて、探求と研鑽を重ねる。それは時代にキャッチアップしようとする営みなのだ。

宴会芸

さて、私の場合、スクール終了後、心のブロック解除を行なったことは一度もない。だけど、前世を見る技は、宴会の定番芸となった。

「インコ！」「古着！」「砂浜！」と前世を言い当てて回るのだ。真顔《まがお》でやるのがポイントである。

私としては大爆笑を引き起こしているつもりだったが、一歩引いてみると皆ただ苦笑いしていたのかもしれない。でも、そこは見て見ぬふりをする。知らないほうがいいことが人生には多い。

正月の親戚の集まりでも、得意げに前世を見て回った。私を軽んじていた親族たちが、ますます私を軽んじるようになったのは言うまでもない。

私はますます軽薄となっていったのだった。スクールはそうやって、生き方に影響を与える。


私はついに、野の医者の癒やしのシステムの中核を目撃した。そのことで、心の治療とは一体何か。人が癒やされるとはどういうことか。そういうことについて、私なりの仮説が生まれようとしていた。

ただ、まだひとつやり残したことがあったから、沖縄を出る前にそれをやり切って、そして結論を出そう。

終わりまで、あと少しだ。

9章 野の医者は笑う

——心の治療とは何か

別れの季節——やまとぅしはばちかしど、またまじゅんぬまやー

8月の沖縄は暑い、暑すぎる。そして、尋常じゃなく湿度が高い。湿気が体にまとわりついて離れないのだ。クーラーをつけないと、とてもじゃないが寝ていられない。私はこの湿気の正体は、汗なのではないかと疑っている。実際、那覇空港では、飛行機から降りた瞬間に、濃厚な汗の匂いがする。私にとって、沖縄は汗の島だ。

夏になると人々は盛んに汗をかく。50メートル歩くだけで、Tシャツはビチャビチャになる。運動なんてしようものなら最悪だ。私は精神科デイケアで働いていたが、夏場に体育館でバドミントンやバレーをしていると、体が半分溶けたみたいになってしまう。

夜になれば、涼しい風が吹く。泡盛で酔っ払って店を出ると、風が心地いいのが沖縄の夏だ。だけど、スウェーデンで吹いている上品な風と違って(行ったことないけど)、沖縄の風からは日中にどこかでかかれた汗が薫ってくる。

人々は皆で大量に汗をかいて、それを吸い込んで、そしてまた汗をかく。小さな島で人々は汗を還流させている。

なんと言うか、色々な意味で湿度が高いのが沖縄なのだ。

私は目が干物になるくらいなので（ちなみに就職が決まってから、症状は完全に消えた。現金な目だ）、基本的に湿度が低い。

だから、私は別れというものが基本的に苦手だ。

2014年の8月、沖縄を出るにあたって、私はお世話になった人や仲よくしてもらった人たちに別れの挨拶をして回った。

本音を言えば、飛行機もあるし、メールも電話もある時代なのだから、まあまた近いうちに会うでしょう、と軽く考えていた。

「お世話になりました！　ほんじゃ、また今度！」という軽いノリだ。

だけど、私が出会った沖縄の人たちは湿度が高かった。酔っ払ってはしゃぎながらも、どこか潤いのこもった寂しい感じがあるのである。

「開人さん、行っちゃうんだね」ちゃあみいさんもまた珍しくしんみりしていた。

就職が決まったことを那覇市国場《こくば》のマックで報告したときのことだ。

てっきり、ちゃあみいさんは「ミラクルさー！」と大はしゃぎするものだと思っていた。私は「パワーストーンのおかげですよ！」とヨイショして盛り上がろうと思っていたのに、雰囲気が少し違った。

「でもまた、沖縄に来ることもあるんでしょ？」となんだかしおらしいのである。思い起こしてみれば、この4月から一番よく会って話をしていたのが、ちゃあみいさんだったから、私も少し寂しい気持ちがした。

「またよく来ると思うんで、そのときは連絡しますよ」

「だからよ」ちゃあみいさんは様々な感情を込められる沖縄独特の言い回しで応えた。なんだか湿度が高いのだ。でも、ちゃあみいさんも気を取り直したように、話を変える。

「研究はもう終わったんだっけ？」

「もう少しですね。まだ調べたいことがあって、それを8月中にやっちゃおうと思ってはいるんですよ」

「会ってない人がいるわけ？」

「アトリエかふうとX先生のとこです。でも、どうやったら会えるかがわからないんですよ」

「あぁ、そりゃ難しいね」ちゃあみいさんはアンニュイに言った。

私は最後の調査として、沖縄における野の医者の歴史をなんとしてでも解明しておきたかった。

そのためにはX氏と、沖縄で最初にできたヒーリングショップ「アトリエかふう」に話を聞きに行くことがどうしても必要だった。

しかし、その両方とも糸口がつかめないでいた。X氏にはアクセスする方法すらわからなかったし、アトリエかふうの方はメールアドレスはわかったものの、連絡をしても返信がなかった。

X氏は、おそらく沖縄最強の男性野の医者だ（なぜX氏と記号化しているのかについては後述する）。この業界でその名を知らないものはいない。彼は精神医学から心理学、そしてスピリチュアル方面にまで幅広く精通し、そこからさらに独自の治療法を立ち上げて、多くの人に癒やしを与え続けている。

私も病院に勤めている頃から、彼の話を患者さんたちから聞いていた。「X先生はすごいですよ。とにかく癒やされる」という大ファンの患者さんもいたし、病状が悪化する中、X氏のところで謎のセッションを受けて、立て直した患者さんもいた。カリスマティックな人なのだ。

そして、その弟子たちがまた、野の医者として大活躍している。

X氏が沖縄の野の医者文化に与えた影響はあまりに大きい。

だから、私は研究を始めた当初から、彼に会ってみたいと思っていたのだが、どうすれば会えるのかがわからなかった。

X氏と繋がりのありそうな何人かに頼んでみたこともあったが、色よい返事をもらうことができないまま、沖縄を出る日が迫ってきていたのである。

私は色々な人に別れの挨拶をしながら、最後までインタビューを実現する可能性を探っていた。

そんな私でも、さすがに勤めていた病院のスタッフとの送別会は感慨深かった。多くの人がすでに病院を離れていたので、同窓会のようだった。

毎日缶ビールを飲みながら帰った看護師シンイチさんを始め、昔一緒に働いていた看護師たちと、事務職をしていた後輩たちが集まってくれた。高卒後すぐに事務職として働き始めた彼女たちはまだハタチちょっとだったから、まるで大学のサークルの飲み会みたいにハイテンションだった。

「東畑さん、まだ沖縄にいたんですか？　何してたんです？」

祖父が蛇を飼っているユウカさんは言う。もっともな疑問である。

「前世見たり、天使呼び出したりしてたよ」私は答える。

「チョー受ける！　私の前世わかるんですか？」

「わかるよ、手を出してごらん」私は占い師のように深刻な表情をしてみる。

「ヤバーい、超コワーい」

ユウカさんはノリが異常に軽い。

「見えた！　タガメだ！　ユウカさんは田んぼで稲の葉っぱを食べていたんだね」

「超ヤバーい！　どういう意味なんです？」

「それは全然わからない、ただ見えるのよ」

「超イミわかんなーい」ユウカさんは喜ぶ。

例によって、虫かごを売りつけるストーリーを展開するのも可能だったが、しなかった。

「あっさ、トンちゃん、ますます進化してるな」シンイチさんは呆れたように言って、笑う。

私たちは昔のように酒を飲みまくってはしゃいだ。沖縄に来てから大変なことも色々あったが、こうやって仲間と一緒に酒を飲んで、皆で笑い飛ばしたことを思い出した。

宴会の最中に、私はヒガミサという若くして課長になったデキル後輩に頼みごとをした。

「10月にさ、沖縄に来るんだけど、そのときバイトしない？」

「なんですか？　怪しいことじゃないでしょうね？」不信感に満ちた目で、彼女は私を見る。

「実はさ、10月に怪しい治療者たちのお祭りがあるんだけど、そこでアンケートを取るんだよ。その回収を手伝ってくれない？」

そう、私はミヤザキヒロミさんに頼んで、「沖縄ヒーリングパラダイス」でアンケート調査を行なうことになっていた。

野の医者の生態を、統計的に明らかにしてみようと思い立ったのである。

政府もまだ手をつけていない前代未聞の試みだ。

スクールの終わりに、私がヒロミさんに頼み込むと、彼女は快諾してくれた。アンケート回収用のブースを作ってくれると約束してくれたのだ。

だけど、アンケートを書いてもらい回収するのには、ある程度の人員が必要だ。ひとりでそんなことやるのは大変だし、何より私はそういう単純作業が嫌いなのだ。研究費はまだ幾分か残りがあったから、それを使ってバイトを雇おうと思い立ったのだ。

そこで、白羽の矢が立ったのが、ヒガミサである。彼女もこの夏で病院を辞めることになっていたから、ちょうどいいのではないかと思った。何より、彼女は超有能だったので、任せてしまえば、私はヒーリングパラダイスを満喫できる。

「いいですよ、一日で、1万円は下さいよ」

「ありがとう、よろしく」

すると、他の後輩たちも協力すると言い出す。4人もいれば上等だ。私は左うちわで、怪しげな治療を受けられるではないか。

思い出話に花を咲かせていると、時間はあっという間に過ぎていく。ぼちぼち解散する時間になっていた。

店の外に出ると、涼しい風が心地よかった。でも、相変わらず湿度は高かった。

元同僚たちは名残りを惜しんでいる感じで、どことなく立ち去りがたい、湿度高い系の雰囲気だった。

私はそういうのが苦手だったので、言った。

「ほんじゃ！」

ぱっと立ち去ろうとしたのだ。

するとシンイチさんが「こらー、トンちゃんよー」と言って、私の首を絞め出す。

「痛いっす！」

「焦らず、様子を見なさい！」

「そうだった！」

そうだ、「難しいときこそ、様子を見よう」というのを、私はこの人たちと一緒に働きながら学んだのだった。そう思うと、私の湿度も少し上がっていた。

皆、千鳥足で三々五々に別れていった。家に帰りついて、切れていた携帯の電源を入れると、メールが2通届いていた。

一通目は短いものだった。

「やまとぅしはばちかしど、またまじゅんぬまやー」

バリバリ沖縄人のシンイチさんからのバリバリ沖縄方言メールだった。

「やまとぅ」は大和で、日本本土のことだ。「はばちかしど」は「羽ばたけよ」とか「頑張れよ」、「まじゅん」は「一緒に」、「ぬまやー」は「飲もうな」という意味だ。


「内地で頑張れよ、また一緒に飲もうな」


私はここにきて寂しい気持ちになった。「まじゅん」という言葉の響きは、とても湿度が高かった。私の湿度も上がって、本当に沖縄を去るのだなと、実感した。私はあまり意識していなかったけど、確かに別れの季節のど真ん中にいたのだ。

だけど、そういうセンチメンタルな気持ちも次の瞬間には吹っ飛んだ。

もう一通のメールは「アトリエかふう」のタカハシさんからだった。

このタイミングで返信が来たのだ。彼女は私と会ってくれると書いていた。

「ミラクルだ！」深夜に大声を上げた。

沖縄を去る日はもう目の前だったが、野の医者の医療人類学はまだ終わらない。

沖縄スピリチュアル20年史

アトリエかふうは、沖縄中部の住宅地にある。見晴らしのいい小高い丘の上にあって、海が見える。もともと米軍の軍人住宅なのだ、普通の家とは作りが違って、白い外壁と緑の芝がどこか異国情緒を感じさせる。

タカハシさんはまだ40代後半の細身で小柄な女性だった。沖縄のスピリチュアル史を切り開いた女性なので、宇宙とチャネリングしているようなぶっとんだ人かと思いきや、物腰が柔らかく、とても上品な人だった。魔女は魔女だが、王室御用達《ごようたし》の魔女といった風情だ。

「返信が遅くなってごめんなさいね」

タカハシさんはそう言って、私にハーブティーと自分で焼いた野イチゴのケーキを出してくれる。そのチョイスも上品魔女にふさわしい。よく見ると、部屋にはタロットが飾られている。彼女がやるのだろうか。

時間もなかったので、私はタカハシさんが何者なのか、アトリエかふうはどのようにできたのか、そして彼女が見てきた沖縄のスピリチュアルの歴史について尋ねた。

タカハシさんは幼い頃、南米に住んでいた。父親が一風変わった人だったそうだ。父は子供に世界を見せたいということで、家族は世界中を転々とした。

南米にいた頃、タカハシさんは幼心に、なぜ世の中に貧富の差があるのだろうと疑問を抱いた。どうして学校に行けない人がいるのか、なぜボロボロの服を着ている人がいるのか。彼女にはそれが不思議だった。

だから、彼女は成人すると、世界から貧富の差を失くす仕事に就きたいと考えるようになった。そして実際に、外務省の外郭団体の職を得る。彼女は英語とスペイン語が充分にできたから、外国から沖縄にやってくる人のために働いたのだった。

だけど、彼女は徐々に自分の仕事に疑問をもち始める。人よりもいい給料をもらい、潤沢な予算を執行しているのに、必ずしも貧困の解決にはならないような仕事をしていていいのかと考え始めたのだ。そこで、彼女は大学に行き直して、政治や行政など直接的に貧困問題に取り組める仕事に転職しようと考え始めた。

ここまでの部分でわかるように、タカハシさんは心の世界のことや、天使のような不思議な世界ではなく、現実に関心を寄せる人だ。そういう人がなぜ、沖縄スピリチュアル史の開闢《かいびゃく》の人になったのだろうか。

「フフフ、不思議なことがいっぱい起こったんですよ」上品魔女は上品に笑う。

彼女から口止めされているから、ここには詳しく書けないが、大学進学するために貯めていたお金を、彼女は使うことができなくなった。逆ミラクルが起きたのだ。

失意の彼女はこれからどうやって生きていこうか思い悩んだ。その頃のことだ、『アウト・オン・ア・リム』という本と出会ったのは。

『アウト・オン・ア・リム』はシャーリー・マクレーンという有名な女性俳優が、霊媒との出会いを通して、輪廻転生や前世などの魂の世界を知っていく過程を描いた本だ。

この本は、世界中でブームを引き起こした。

方向喪失状況に陥っていたタカハシさんもまた、その本に衝撃を受ける。そして、本を翻訳した元大蔵官僚の山川紘矢氏とその妻に会ってみたいと思うようになる。

「でも無理だろうな、沖縄に来ることなんてないだろうしな、って思っていたんです。そういうことを考えながら部屋の掃除をしていたときに、突然、思いついちゃったんです」

タカハシさんはハーブティーを飲んで一息つく。

「じゃあ呼んじゃえばいいんだって。なんのコネもお金もないのに、そういうアイディアを思いついちゃったんです。そうしたら、もうすっごい嬉しくなっちゃって。何も手につかなくなっちゃったんです」

ここからタカハシさんのミラクル・ストーリーが始まる。

彼女は早速、山川夫妻に沖縄で講演会をしてくれないかと手紙を書く。すると快諾の返事がやってくる。

タカハシさんは友人と協力して、講演会の準備を始めた。沖縄中の本屋を巡って、ポスターを貼り、山川夫妻の本に講演会のチラシをはさんだ。那覇市の中心地、久茂地《くもじ》の電信柱にもチラシを貼った。

「警察が来たら、きゃーっとか言って逃げるんです。とても楽しかった時代です」

まだ彼女が20代の頃の話だ。インターネットがないから、足を使って広報しないといけなかったのだ。セラピー部並みの青春物語だ。

果たして講演会は大成功する。なんと5百人の集客に成功した。その勢いで、タカハシさんと友人は宜野《ぎの》湾《わん》市に「アトリエかふう」というヒーリングショップをオープンすることになる。

1996年のことだ。沖縄スピリチュアルの歴史はまだ二十年もない。

「主に売っていたのは本とCDでした。まだ、その頃はそういう本は怪しいっていうんで、普通の本屋には置いていなかったんですね」

アトリエかふうができた頃、現在「スピリチュアル」と呼ばれている分野は「精神世界」と呼ばれ、ノストラダムスやアトランティス大陸、UFOなどのニューエイジ的なものとパッケージになっていた。

アトリエかふう以前の沖縄には、そういった文化について学んだり、語り合ったりするような場所はほとんどなかったそうだ。タカハシさん曰く、何軒かのヨガ道場（ちょうどオウム事件があった時代だ）などで、ひそかに「精神世界」に触れることができたそうだが、そこもひどく敷居の高い場所だったと言う。

しかし、確実に関心は高まっていたのだろう。アトリエかふうができると、そこに人が集まり始めた。

「でも、怪しかったでしょうね。しかも、若い女の子が二人で経営しているから余計にね」フフフと魔女は笑う。「だから宗教やってるんですか、って疑われましたよ」

そういう時代だったのだ。ほかの場所で聞いた話では、ヒーリングショップができると、ユタやカミンチュが「神様に挨拶したのか！」と怒鳴り込んでくることもあったそうだ。文化の衝突が起きていたのだろう。

　さてさて、アトリエかふうの収益の柱はセミナーだった。彼女たちは山川夫妻を呼んだ経験と、来店してくれる顧客の名簿を活かして、内地からヒーラーや精神世界本の著者を呼んだ。セミナーを開き、セッション会を開くことで、着実に沖縄にヒーリングやスピリチュアルに触れる人が増えていった。ネットワークが生まれたのだ。

　とにかく時宜《じぎ》を得ていたのだろう。アトリエかふうができてすぐに、アロマ専門店の「天然香房」や「夢の空間クラリス」ができ、ヒーリングショップとしては「エッセンス」が開店した。そういうものを求める人がいて、そういうものを提供したい人がすでに沖縄にはいた。

　だから、彼らは競合店になるのではなく、協力し合いながら、一緒に文化を広げていくことになった。互いにセミナーやセッションを紹介し、沖縄全体にそういう文化を根付かせていった。

「もう二十年になるわけですけど、この業界の転換期ってどういうものがありますか」

私は訊いた。

「ひとつはアソウレイコ先生がいらしたことですね。あとはヒロミさんがいらしたときかな。この二つはとても大きいと思います」

アソウレイコ氏は精神科医で、本をたくさん出版し、漫画本まで出している超有名な野の医者だ。クリスタルやアロマを使った治療を行い、前世を見るヒーリングを行なっている。あのセラピー部の仕掛け人も彼女だ。彼女はもともと内地で活動していたのだが、タカハシさんたちが講演に招待した縁で、沖縄に移住をすることになったのだ。今では多くの患者さんが彼女のもとを訪れており、その影響力は計り知れない。まさにアトリエかふうは仕掛け人だ。ひとつの文化が広まるための触媒になったのだ。

沖縄スピリチュアルの歴史を大雑把にまとめると、次のようになる。

はじめに書物レベルでの精神世界ブームがあった。これは世界的な潮流だ。そういう土壌にアトリエかふうができる。すると、それまでは個人がひそかに本を読むしかなかったのだが、次第に人と人との交流が生まれ、確実に野の医者文化ができていった。その頃の野の医者業界はまだ内地からの輸入の段階だった。著名なヒーラーは内地からやってきて、沖縄の人々はたまにセミナーに参加し、本を読んで楽しむという状態だった。まだ自らが野の医者になるという基盤が整えられたわけではなかった。

だけど、１９９９年にアソウレイコ氏が移住してきてからは、内地との人的交流も活発化し、徐々に沖縄内部で野の医者を育成するシステムが整い始める。そうすると、沖縄の中で、人々が野の医者としてサロンを開業するという文化が生まれ始める。傷ついた人が、傷ついた治療者になる道が開かれ始めた。

2007年にミヤザキヒロミさんが沖縄に移住すると、さらに新時代に入る。この頃は、ネットの普及もあり、オフィスは無しの名刺ひとつで開業するというやり方が広がっていく。ヒロミさんが主宰するヒーリングイベントがその土壌となった。イベントの場で、安い料金でセッションを提供するという文化が生まれたのだ。そうすると、野の医者になることはお手軽になり、スクールやセミナーが充実していく。こうして、野の医者の人数が爆発的に増加するようになった。

以上の沖縄スピリチュアル史には様々な変化が含まれている。

「精神世界」と呼ばれていた頃には、UFOなどの超常現象や前世のようなもうひとつの世界がもてはやされたが、今ではむしろ個人の心のありようを問題にする心理的セラピーのやり方が主流になった。

現実の外側よりも、心の内側の方に関心は移ったのだ。今では、そこからさらに一歩進んで、マーケティング的なものが流行り始めている。心の内側よりも、経済的なことの方が心を打つ時代になったのだろう。

宗教→精神世界→スピリチュアル→セラピー→マーケティングとトレンドは変化してきている。もちろん、それは日本社会のこの二十年の変化を反映したものだろう。心の治療は時代を映す鏡なのだ。

アトリエかふうもまた、時代の変化を受けて営業形態を変えてきた。

当初メインだった本を売ることはなくなった。普通の書店でもそういう本が売られるようになったからだ。

だから、宜野湾市のアクセスしやすい場所から、今の神秘的な雰囲気の漂う場所へと移転した。

一時期はそこでカフェも開いていたそうだが、現在は閉じている。今の営業の主力は、タロットのセッションとそのスクールだ。

文化の中心地だったアトリエかふうも、今ではその発信地としての役割を終えたのかもしれない。時代は移っていく。でも、タカハシさんは今も野の医者のひとりとして、活動している。

最後に私はお願いごとをした。

「あの、X先生と会いたいんです。お知り合いではないですか？」

沖縄を出る日はもう迫っていたから、タカハシさんが最後の頼みの綱だった。

「もちろん知ってますよ、今電話してみましょうか」

タカハシさんはあっさり了承し、その場で電話をかけてくれた。

しかし、そのときは繋がらなかった。

「またかかってくると思うので、東畑さんのことを伝えておきますね」

「ありがとうございます」

私は一縷《いちる》の望みを託して、アトリエかふうを出た。外に出ると海が見えた。気持ちのいい風が吹いていた。海からの風はからっとしていて、汗の匂いの代わりに、芝の匂いがした。


果たして、その夜にタカハシさんから連絡がきた。あっけないほどだった。X氏が会ってくれると言うのだ。早速私は教えられたFacebookのページにメッセージを送った。

すぐにX氏から返信が来た。彼は県外にいることも多いらしいのだが、そのときはちょうど沖縄にいたらしい。スケジュールの調整はうまくいった。私たちはあるレストランで会うことになった。

実は、私には野の医者研究を終えるうえで、どうしてもX氏に聞いておきたいことがあった。臨床心理学や精神医学に精通したうえで、スーパードラゴンの野の医者になったX氏だからこそ、話し合えるのではないかと期待していた質問があったのだ。

それは、心の治療とは何か、臨床心理学と野の医者はどこが違うのかの根幹に関わる質問だった。

これを聞かずに、沖縄を去るわけにはいかない。

残念なお知らせ

X氏と私はゆっくりと食事をした。そこで私は、彼のミラクルストーリーを聴き、そして彼の治療を体験した。それはめくるめく時間だった。X氏はスーパードラゴンだったから、炎のように熱いセッションを行なった。彼はグレイトなパフォーマーで、ちょっと信じられないような技を繰り出したので、私はすっかりのぼせあがってしまった。

一方でX氏には非常に冷静なところがあった。彼は普段ミラクルなことをハイテンションに語る人であったが、このとき私が目撃したのはその裏の顔であった。彼は非常に冷静に心の治療というものを見つめていた。そのために、彼は臨床心理学や精神医学を学び、正確な理解をもっていた。だから私たちは心の治療とは何かということをクールに話し合うことが出来た。実際、彼は自身の治療が周囲から「怪しく」見られがちであることを認識したうえで、その効用と限界を語っていた。だから、それは実り多いインタビューとなった。


だけど、残念なことに、私はその内容をここに書くことができない。

実は原稿の時点では、X氏と語り合ったことについて、ここに詳細を書いていたのだが、出版前に原稿を見せたところ、X氏から掲載NGを言い渡されてしまったのだ。

原稿は録音テープを使って、事実に忠実に書いたものだったし、私としては抑え気味に書いたのだが、それでもNGはNGだった。

その理由は、私の原稿によって、X氏が今まで築いてきたものが壊れる可能性があるということだった。彼は冷静に自分を見つめていたが、それでも彼が描いてきた自己イメージと、私が書いた彼とには本質的なところで大きなギャップがあったのだ。そして、それは今後の彼の活動を破壊しかねないものだった。

X氏はそのとき私に誠実に喋りすぎたのかもしれない。彼は正直すぎたのだ。そして、私もまた、それをあからさまに、そのままに書き過ぎたのかもしれない。

X氏はそのことを申し訳なさそうにしていたし、私も残念だったのだが、ダメなものはダメということなので、本来ここに書いていた部分については、諦めることにした。


でも、この本はそういう本なのだと思う。

つまり、この本は野の医者の治療について、私の目から見えたものを書いている。当然、そこには私の解釈が入るから、私に見えたものが本人の理解とはズレることがある。というか、そこがズレることで、心の治療の本性を見ようとしているのが、この本の仕掛けだ。

だけど、そうすると、野の医者たちの世界観は脅《おびや》かされてしまう。ミラクルな世界は危うくなってしまうのだ。すると、掲載NGということも起こってしまう。私と野の医者の間には、確かに溝がある。だから、諦めるべきところは諦めないといけない。

X氏はその名の通り、謎の男にとどまるのだ。

だけど、どうしても書いておきたいことがある。

私とX氏との間で最後に交わされた会話だ。

私には彼にどうしても聞いておきたい質問があったのだ。

それは野の医者の治療とは一体何か、そして心の治療とは一体何かに関わる非常に重要な問いだった。私はこの謎を解くために、沖縄中を駆け巡ったのだ。

その部分だけ、以下に書き残しておきたい。

X氏にどうしても聞いておきたかったこと

海の見えるレストランで、X氏とメインディッシュを食べ終わった後に、私は彼にどうしても尋ねたかったことを聞いた。

「人が癒やされるってどういうことだと思いますか」私は切り出した。「取材しながら、それをずっと考えていたんです」

「うん」彼はじっと続きを待っている。

「スピリチュアルの治療と僕が学んできた臨床心理学とは、そこが違うように思ったんです」私は続ける。「たとえば精神分析は悲しいことをしっかり悲しめるように消化することを目指します。だけど、スピリチュアルの人は悲しいことを取り除いて、元気になることを目指しているように思ったんです」

「はい」Ｘ氏は深く頷《うなず》く。

「躁状態のことを癒やしだって言っているように思ったわけです。だから、スピリチュアルな治療を受けた人はパワフルだし、劇的に治ったたって言っているんじゃないかと思うんです」

そう、私は色々な野の医者と会っていて、ここに抜きがたい疑念をもっていたのだ。マブイセラピーのたえ子さんが臨床心理学を笑ったとき、私が笑ったのもそこだ。

劇的な変化と言うけど、それはあくまで躁状態になっただけであって、本質的な部分は何も変わっていないんじゃないか。

Ｘ氏は話を聞き終えると、お茶に手を伸ばし、一服した。そして、カラッと笑って言った。

「この世界では、精神医学が言う軽い躁状態を、一番元気な状態だと見ますね。だから、ニュートラルではないんです。軽い躁状態を、よくなる、と言います」

「Ｘ先生もそう思っておられる？」

「そうですね。ミラクルっていうのは、そういうことです。そうすると、人はすぐに起き上がることができます。私が目指しているのはそういうことです」

「なるほど」

やっぱりそうだったのだ。

そもそも何が治癒なのかが治療法によって違うのだ。

癒やしはひとつではない。

心の治療とは何か――イワシの頭の医療人類学

ここまで再三書いてきたように、野の医者たちに会う中で私が得た結論は、心の治療には「イワシの頭も信心から」のメカニズムが根深く埋め込まれているということだ。つまり、ジェローム・フランクという精神科医が見抜いたように、心の治療はクライエントがいかに治療者を信頼し希望を抱くかにかかっている。

イワシの頭も信心から。信じる者は救われる。

ここまでは一応常識的な理解だと思う。

だけど、心の治療の秘密はその一歩先にある。

イワシの頭も信心から。確かにそれで病いが癒やされることもある。だけど、イワシの頭によって癒やされた人は、それからイワシの頭教の熱烈な信者としての生き方を始めることになる。

ここがポイントだ。

まずイワシを食べてはいけない。イワシの住む海の方に枕を向けてもいけない。朝晩、イワシの頭にお神酒《みき》を供え、イワシの頭天国におわすイワシ観音さまに祈りを捧げる。きっと、イワシの頭をおろそかにしないように、信者たちは日々の細かいことにも最大の礼儀を払うという倫理を身につける。食事を残すことはいけないことだし、身辺は綺麗に掃除をしないといけない。人間関係も丁寧に行なう。

週に一回はイワシの頭教那覇支部の会合があって（もちろん、海辺で行なわれる）、そこで信者同士の交流が行なわれ、教会の役割分担が決められる。会合の終わりは、イワシの頭をそれぞれ自分の頭の上に乗せて、イワシの頭音頭で盛り上がるのだ。

イワシの頭で心が癒やされた人には、イワシの頭的な生き方が待っている。心がイワシの頭的になること、それをイワシの頭セラピーは「治癒」と言うのだ。

信じさえすれば、皆同じように病いが癒えるわけではない。治癒は一つではないのだ。心の治療は、それぞれの治癒へと病者を導く。

マインドブロックバスターのスクールで行なわれていたのもそういうことだった。確かにそこでは人を癒やすための、治療技法や理論を学ぶ。講義を聞き、技法の練習をする。互いにセッションを行ない、癒やしを実感する。

そのようにして行なわれているのは、受講生がマインドブロックバスターの世界観、価値観、人間観を自分のものとするプロセスだ。受講生はスクールを通じて、マインドブロックバスター的な生き方を身に付ける。その総仕上げとして、資格証書が渡される。

資格を得てマインドブロックバスターになることで、マインドブロックバスター的な生き方が現実化するのだ。そのとき、マインドブロックバスターという治療者であることこそが、「治癒」である。

もちろん、それは極端だ。マインドブロックバスターは極限まで単純化され、軽薄化された心の治療だ。だけど、だからこそ、そこに心の治療というものの本質が浮かび上がってくる。

治癒とはある生き方のことなのだ。心の治療は生き方を与える。そしてその生き方はひとつではない。

心は体と違って、目で見たり、触ったりすることはできない。脳は見ることができるけど、心は見ることができない。心は傷つくことがあるけれども、それは体と同じように傷つくわけじゃない。心から血が流れることはあるけれども、あくまでそれは比喩だ。心はその人の生き方に現れるしかない。だから、心の病いや傷つきとは、生き方の不調にほかならない。私たちはこの世界の中でうまく生きていけないとき、心を病む。そういう危機のときに、心の治療は、人に新しい生き方をもたらす。

その生き方はそれぞれだ。

精神分析なら悲しみを悲しめるようになること、ユング心理学ならその人が生きてこなかった自己を生きていくこと、人間性心理学なら本当の自分になっていくこと、認知行動療法なら非合理な信念を捨て去り生きていくこと、マインドブロックバスターならマーケティングにさとく経済的に独立して生きていくこと、X氏なら軽い躁状態になって素早く起き上がること。

治療の種類によって、何が治癒であるかが違うのだ。だから、それらは互いに互いのことを非難し、嗤《わら》う。

「それは本当の治癒じゃない」「治ったと勘違いしているだけだ」「もっと早く治せる」互いが互いの治癒を偽物だと思ってしまうのだ。

だけど、事実としてあるのは、世間には本当に色々な種類の心の治療があり、多かれ少なかれそれらによって心癒やされた人がいることだ。

それらはそれぞれの生き方を治癒として呈示する。もちろん、常識的な価値観に近い生き方もあれば、遠いものもあるだろう。現代日本社会に適している生き方もあれば、一昔前にちょうどよいものもある。インドネシアに適した生き方もあれば、ニューヨークに適した生き方もある。

そして、何より大事なことは、現代日本社会では多様な生き方が許され、実際に共存していることだ。マンションの隣人がインドネシア的な生き方をしていることだって充分にあり得る。

私たちはそういう時代を生きている。だからこそ、私たちの社会は多様な心の治療を抱えて歩んでいる。つまり、様々な生き方があり、様々な健康があり、そのための様々な心の治療があるのだ。

心の治療はニュートラルではない。無色透明な健康をもたらすものではあり得ない。すべての心の治療が、独自の価値観をもっている。ここにあるべき生き方が含まれている。

あるべき生き方を目指して、治療者たちは治療技法を考案する。その技法は、その治療法の独特の価値観を暗に明にクライエントに伝達する。クライエントはそれを自分なりに取り込んで、自分の新しい生き方を作り出す。ここに治癒が生まれる。

だから、こういうことだ。

それぞれの治療者はそれぞれの価値観をもっていて、それをときにはあからさまに、ときにはひそやかに、クライエントに押し付ける。押し付けるという言葉が強烈すぎるならば、「巻き込んでいく」という言葉の方が適当かもしれない。

心の治療とは、クライエントをそれぞれの治療法の価値観へと巻き込んでいく営みである。

もちろん、ほとんどの治療者はそれを意識してやってはいない。と言うか、それは教科書の基本として禁じられている。クライエントなりの人生を歩むことを援助すること、それが臨床心理学でも、精神医学でも、そして実は野の医者の世界でも基本とされている。

しかし、それにもかかわらず、私たち心の治療者は意識しないままにある生き方、ある価値観にクライエントを巻き込む。心の治療は無色透明ではないからだ。すべての心の治療が、生き方についての非常に強固な価値観をもっている。治療者とは、その価値観に深くコミットした人たちのことだからだ。

傷ついた治療者とは、その治療法が目指すあるべき生き方をするようになって癒やされた人だ。だから、他の人をその生き方へと導くようになるのだ。

もちろん、クライエントはそれに素直に付き従うわけではない。そんなことはあり得ない。

彼らはそれを取捨選択する。自分の生きている現実と治療法の価値観とをブリコラージュして、自分の人生を築いていく。生き方のブリコラージュが行なわれるわけだ。

この生き方を与えるという点で、私は心の治療を宗教と同質のものだと思う。キリストだって、手で触れることで人を癒やし、そのうえで癒やされた人をキリスト教徒に導いたのだ。

もし「宗教」という言葉にアレルギーがあれば、「文化」という言葉がいいと思う。治療とはある文化の価値観を取り入れて、その人が生き方を再構成することなのだ。

だから、臨床心理学と野の医者は親戚だ（もちろん精神医学も、シャーマンも、宗教も）。私たちは同じメカニズムを使って、治療という営みに参画しているのだ。

しかし、それと同時に、野の医者と臨床心理学は違う道を行っている。目指すべき治癒が違うからだ。臨床心理学と野の医者が呈示する生き方は違う。野の医者が思考によって現実が変わることを目指すのに対して、臨床心理学は現実を現実として受け止め、生きていくことを目指す。軽い躁状態が健康なのか、落ち込めることが健康なのか。このあるべき生き方の点で私たちは意見を違え、違う道を歩んでいるのである。

とは言え、と私は思う。何が「現実」なのかということも、文化によって変わってしまうのだから、話は本当にややこしい。

さあ、臨床心理学に帰ろう

私は野の医者御用達のレストランで、感慨に耽《ふけ》っていた。ずっと追い求めてきた謎に、ひとつの答えを得たからだ。

X氏は、ぼんやりと海を見て、気のエネルギーを整えていた。食後のまどろむような時間帯だった。彼には今、何が見えているのだろうか。

私もまたぼんやりして、今までに出会った野の医者たちのことを思い出していた。パワーストーンに太陽エネルギーを込めるちゃあみいさんの姿が目に浮かぶ。レンタルビデオのカードが見つからなくなったときに、天使を使って探させるヒロミさんのことが思い出される。

「カミサマは波動だったよー、アゲジャビヨ！」と嬉しそうに語った隻眼のカミンチュを思い出した。

彼らは苦しい時期を乗り越えて、新しい現実と出会い、新しい生き方を始めた人たちだ。彼らの世界では、天使が舞い、ミラクルが輝いている。そういう世界で、彼らは軽い躁状態になって日々を逞《たくま》しく生きている。

目の前に座っているX氏の海もまた、きっと様々なメッセージやミラクルに満ちているのだろう。

だけど、それは私に見えている海とは違う。そろそろ私は私の現実に帰らないといけない。私は私の海を見た。

臨床心理学に帰ろう。

そこは魔法も、前世も、天使もいない世界だ。ミラクルじゃないやり方で、人の心と向き合う世界だ。

そういう馴染みの世界に帰ろう。

そう思ったとき、私は馴染んだ世界の地面がぐらぐら揺れていることに気が付いた。揺らしているのは私自身だ。野の医者と会いながら考えてきたことが、地面を揺らしていた。

心の治療は無色透明ではない。じゃあ、臨床心理学って何なんだ。

そういう問いが馴染みの世界を脅かしていた。

そう、今や私は、臨床心理学を素朴に科学的な心の治療とは考えていなかった。本当の科学は価値判断をしない無色透明なものだ。だけど、ひとたび科学が生き方を提唱するならば、それはもう無色透明ではない。それを人はイデオロギーと言う。

臨床心理学も、ある特定の色をもったものなのだ。それは、ある生き方を提唱する文化なのだ。

その生き方がいいものなのかどうかを判断できる基準は何かあるのだろうか。

私たちがクライエントに勧める生き方は彼らに何をもたらし、何を奪うものなのだろうか。

そして私たちはそういう生き方を提唱することで、この社会にどういう影響を与えているのだろうか。

私たち臨床心理士の仕事は、心を病んだ人を復調させる仕事ではない。臨床心理士もまた、病んだ人にある生き方を与える仕事なのだ。私たちもある生き方をいいものと信じていて、そこにクライエントを巻き込んでいくのだ。ならば、その生き方とは一体何なのか。

X氏は海のエネルギーのことを私に語り始める。X氏の弟子は笑いながら、イルカの話を始める。私はぼんやりとそれを聞き流す。私の興味はそこにはなかった。

臨床心理学の揺れる地面は私を不安にさせた。当たり前のことが、信じているだけのことになったからだ。

だけど、私はその揺れを楽しんでもいた。

臨床心理学が学問だからだ。

臨床心理学はどうすれば人が良くなるのか、早く良くなるのかだけを考えていればいいものではない。

良くなるとはどういうことなのか、私たちは一体何をしているのか。そういう前提を学問は真剣に問う。

そして、この問いは、実はずいぶん前から臨床心理学を襲っていたものだ。混沌とする現代に、心の治療もまた混沌とせざるをえない。何が良くて、何が悪いのか、どの心の治療が良くて、どの心の治療が悪いのか、臨床心理学自身もわからなくなっていた。地面はすでに揺れていたのだ。

学問とはそういう揺れの中で、粘り強く考え抜くためにある。

私たちが宗教の末裔でありながら、それらと違うのは、私たちが自分自身をそういう風に遠くから客観的に見て、考えることができるからだ。

臨床心理学は野の医者と違って、そういう揺れの中で、自らのことを考え抜く。そうすることで、新しい時代における心の治療を作り出していく。

私はこれからの仕事のことを考えていた。

心の治療とは何かについて私なりの答えが出た今、次に臨床心理学がいかなる種類の心の治療であるのかが問われないといけない。

その揺れる地面の上で必要なことは、笑いながら学問をすることだ。私は彼らから、笑い方を教えてもらった。

笑いは楽しくなるためだけにあるわけではない。馬鹿にするためだけにあるものでもないし、現実逃避するためだけのものでもない。苦しい場所で、一瞬自分から離れて、そこに逞しく留まり続けるためにあるのだ。


終わりの時間が近づいていた。

X氏と私はデザートまで食べ終えて、食後のお茶を飲んでいた。日が暮れようとしていた。空はオレンジ色に染まっていた。席を立つべきときだ。

私はX氏にお礼を言い、別れを告げた。

「さようなら」

彼は大きな手を振って、見送ってくれる。

車のエンジンをかけ、国道58号線を走る。

窓を開ける。汗を含んだ風が吹き込んでくる。太陽は海の彼方へと沈む。

ヘッドライトを点ける。青い看板には那覇への道のりが記されている。

この道は空港に続いている。

「やまとぅしはばちかしど、またまじゅんぬまやー」

アクセルを踏むと、シンイチさんの方言が突然心に響く。それはシンイチさんだけじゃなくて、沖縄で出会った人たちからのメッセージのように思った。

どこかの野の医者が遠隔ヒーリングで、私に愛と光を送っているのかもしれない。

汗が薫る那覇空港では帰りの飛行機が待っている。私は沖縄を去るのだ。

「にふぇーでーびる」私は沖縄方言で感謝の気持ちを呟く。

すると、もう一度、その声は響く。

「やまとぅしはばちかしど、またまじゅんぬまやー」

野の医者は笑う

湿度の高い別れをしておきながら、何食わぬ顔ですぐに沖縄に舞い戻ってきてしまうのが、私のいいところだ。もう少し時間を置いた方が、旅立った感が出るような気もしたが、現実は物語ではない。

ちなみに私は9月から女子大の専任講師として働いていた。研究室が与えられ、いくつかの授業と学生の指導を担当することになっていた。

だけど、私は優雅な時間を満喫していた。周りの先生は忙しそうだったので、私も忙しいふりをしていたが、実際には9月は授業もないので、毎日研究室で昼寝をして過ごしていた。暇な時間があり余っていたのだ。学者(Scholar)とは、ギリシア語で暇の意味なのだから、私は学者としてあるべき生き方をしていると思っていた。

とは言え、ワタイガッカチョーとカシワバセンセーへの感謝の念を忘れたことはない。昼寝をしていてふと目覚めたとき、もしあそこで拾ってもらっていなかったら、今頃も那覇の自宅でブラックホールに履歴書を投げ込む修行をしていたのかと思うと、ぞっとして飛び起きた。

二人の教授に足を向けて寝てはいけない。そう思って、私はソファの枕の位置を逆にして、足を窓の方に向けた。再度昼寝に励むのだ。

東京がもう秋に差し掛かり、昼寝にも飽きた頃、私は再び沖縄に飛んだ。猛烈な台風が接近する中で、那覇空港に降り立った。

ヒロミさんと約束した沖縄ヒーリングパラダイスがあったからだ。

だけどこれがまたひと悶着だった。

アンケート回収のバイトを、前の職場の事務の後輩たちに頼んだのに、突然行けないと言われたのだ。

その理由がひどい。

「ごめんなさーい。20歳以下限定の男女が集う徹夜のパーティーが離島であるんです。

チョー面白そうだからそっち行きます。東畑さんも来ます？　あ、オジサンだからダメか。キャハハ」ユウカさんは無責任に言う。

なんて薄情な奴らだ。そしてなんて下品なイベントなんだ。あの湿度の高い別れはなんだったのだ。

とは言え、怒っている暇はなかった。何とかして、アンケートを回収する人員を集めないといけない。

本当はその下品なパーティーに参加したかったが、年齢制限で参加できなかったヒガミサに相談すると、友人を二人集めてくれた。それでもまだ足りないと言うと、5歳の娘を連れて行くと言い出す。

5歳児に一体何ができるんだ！　ほんとにテキトーすぎる。

仕方がない。私は奥の手を使うために、電話をかけた。

「あの、バイトしません？　ヒーリングパラダイスでアンケートを回収する仕事です」

「いくら？」すぐに金の話になる。

「半日で5千円で、どうです？」

「OKOK！　任せといて」

もちろん、電話をかけた先は、ちゃあみいさんだ。時間に自由が利いて、気楽にものを頼める相手は、私にはちゃあみいさんしかいない。

野の医者のアンケートを、野の医者に頼んで回収してもらう。なんともわけのわからない状況だが、友達が少ないんだ、しょうがないじゃないか。

朝9時頃、沖縄コンベンションセンターに着くと、すでに大勢の野の医者たちが右へ左へと忙しそうにしていた。台風が近づいてきていたが、空は微妙に曇ったままで、今のところ大荒れにはなっていなかった。

国際会議も行なわれるような真面目な会場は、スピリチュアルな雰囲気に染められていた。彼らはお香を焚き、ヒーリングミュージックを流し、謎のアイテムで自分のブースを飾っていた。

私もヒロミさんに頼んで、机と椅子を手配してもらう。準備してくれた場所は会場の入り口のところだった。アンケートを取るには絶好のポジションである。

ヒガミサとその友達がやってくる。そして本当に5歳の娘もやってくる。

「マカセトケ」5歳児はヤクルトを飲みながら、にやりと笑う。

意外に頼もしい奴じゃないか。

私は彼らに会場設営を任せることにして、イベントホールで野の医者たちの話を聞く。懐かしい顔ぶれだ。取材して回った人たちが、学園祭の朝方のようにすがすがしい顔で準備に励んでいた。

足揉み師のギノザさんを見かけたので話しかけると、彼は絶好調でスピリチュアル話を始める。

「さっき会場のオーラを見たら、８００人は来るって感じだったね。９００人来たら、皆の力が龍神になるよ。それが台風を吹き飛ばすんだよ」

ギノザさんはきらきらした目で言った。龍神かぁ、面白くなってきた。


開幕の時間がやってくると、ヒロミさんが開会の挨拶をする。

台風退治のために、皆の力を合わせようと楽しそうに宣言する。

２５０名規模の会議が可能な５００平米の大部屋に、野の医者が１００名ほどいる光景は圧巻だ。

天使の格好をしている人もいるし、サムライの格好をしている人もいる。机の上には、天使カード、タロット、パワーストーンが並べられている。パソコンによる占いや、電子ピアノを使ったヒーリングまである。

あれだけ調査をしたのに、知らない野の医者がいっぱいいた。この人たちを知り尽くすなんて無理なのだなと私は思った。今この瞬間にも、ブリコラージュされて新しい謎の治療が生まれてくるような世界なのだ。

そしてお客さんがどっと押し寄せてくる。広い会場は人で溢れかえる。入り口付近で、ヒガミサがアンケートを配っているので、声をかける。

「せっかくだから、中も見てきたら？」

「さっき行きましたけど、無理です。吐きそうでした」

独特のオーラに当てられてしまったのだと言う。わからないでもない。私も去年参加したときは、2時間いただけで眩暈《めまい》がして、倒れそうになった。確かに独特の雰囲気なのだ。

そう思うと、一年かけて、私は野の医者の水に馴染んだようだった。私はもう吐き気がしなかったし、次々と野の医者の謎のセッションを受けて、大喜びしていた。

ヒロミさんが声をかけてくる。

「どう？　アンケート集まってる？」

「おかげさまで、順調です」私は答えた。

「そう、よかった。台風が来ると言うから、どうなるかと思ってたけど」

「あの、聞きたいことがあるんですけど」この機会に彼女に聞いてみる。

「何？」

「ヒロミさんって、スピリチュアルのことを実は笑ってますよね？」

ヒロミさんは少し考えて、慎重に言葉を選んでいった。

「片足突っ込んで、片足外に出してるかな。それが面白いんじゃない？」

彼女は笑って言う。そこには彼女特有の愛があるようだった。

午後になるとちゃあみいさんがやってくる。

「何したらいい？」

「これを配って回収してください」アンケートと筆記用具を渡す。

「ＯＫＯＫ！」

４００部刷ってきたアンケート用紙は、見る見るうちになくなっていく。

ちゃあみいさんは知り合いが多いから、イベント会場の中を縦横無尽に練り歩いて、野の医者たちにアンケートをお願いしている。

入り口の方を見ると、ヒガミサとその友達はさぼってお喋りをしている。代わりに5歳の娘が満面の笑顔でアンケートを配っている。

「偉い！」私はそう言って、彼女にヤクルトをあげる。「飲みなさい」

「マカセトケ」歯抜けの笑顔がこぼれる。

私は色々なブースを訪れて、セッションを受けて回った。すべてのオーラを一瞬で浄化するセッションや、人生をリーディングして曲にしてくれるセッション。よくもまあ、次から次へと新しいやり方を思いつくなと私は感心していた。

そうこうしている間にも、アンケートは着実に集まっていた。

回収したアンケートは２００部を超え、さらにちゃあみいさんと5歳児が会場中を駆け回って集めていた。

会場の人数も増え、息苦しいほどだった。凄まじい熱気だ。ガヤガヤとすべての方向から声が聞こえてきていた。耳をすませると、未来のこと、前世のこと、魂のことについて語る声が聞こえる。そして笑い声が四方から聞こえる。野の医者の文化が、国際会議場を覆っていた。政府の会議が行なわれる真面目な場所に、愛や光や癒やしが満ちているのに、私は笑った。気付けば、空は晴れ渡っていた。台風は過ぎ去り、風が雲を払いのけたのだ。龍神が出たのだろうか。いや、出たということにしておこう。

回収したアンケート２８５部は、野の医者文化がどういう人たちによって作られているのかを教えてくれる。

有効回答だけを数え上げると、男性が36人、女性が２４１人。この文化が圧倒的に女性のものなのがわかる。

平均年齢は男性が37・９歳、女性が39・６歳だった。それは中年の文化だ。

宗教は無宗教か、沖縄の祖先信仰と答えた人が90％を超えている。

学歴は、男女共に50％以上が、短大卒以上だ。沖縄の大学進学率が30％台であることを思うと、これは意外だった。この文化は本を媒介とするところがあるから、ある程度の学歴がある人の方がとっつきやすいのかもしれない。

アンケートに答えてくれた人のうちの69人が人にセラピーを行なう野の医者だった。

彼らの治療者歴の中央値は3年で、一回のセッション料金の中央値は3000円。多くの人が自宅やイベントで治療を行なっており、その人数も月に大体5人程度である。予想通りではあったが、彼らは経験が少なく、治療者と言ってもそれで生きている人は少ない。実際、彼ら自身が治療を行なう機会の少なさに不満をもっている。

面白いのは、彼らが治療者になった動機だ。

1位は「人の役に立ちたい」、2位は「自分の問題を解決するため」、3位は「気付いたらそうなっていた」という回答が得られた。なんとも彼らららしいではないか。

逆に、人々が受けてきた治療についても、このアンケートでは尋ねている。

治療歴の平均は6年で、月に一回程度セッションを受けるのが平均的だ。平均の支出額は4000円程度である。お小遣いで野の医者の治療を受けているという感じだ。

今まで受けてきた治療で多かったのは、1位が占い、2位が手相、3位がタロットだった。いずれも占い系列だ。気楽に利用できるのが占い文化なのだろう。

相性が良かったものを尋ねると、1位がアロマセラピー、2位がタロットとマッサージで同数、その次が占い、という結果だった。

なんだかんだで、体に働きかけるものが人気があるのがわかる。私が見てきたような極度に怪しい治療は、一歩踏み込んだ人たち向けのようだ。

実際、治療を受ける動機としては、1位が心身の不調、2位が結婚や恋愛の相談、3

位が自分の性格、人生の目的を知りたいというものだった。

体のこと、人間関係のこと、そして自分のことという順番だ。だけど、治療に求めるものを尋ねると、1位がリラックス、ストレス解消、2位が人格や精神の向上、3位が自己啓発となった。

体のことに加えて、心のことを何とかしたいという思いを、野の医者の文化は確かに引き受けていた。

最後に彼らの経済水準についてのデータに触れたい。

女性の60％以上、男性の50％以上が年収300万円未満だった。

「東畑さん、これだけ沖縄にいたのに、まだ沖縄のことわかってないんですね」

ヒガミサは私を笑った。アンケートを配りながら、内容を見て思ったのだそうだ。

「どういうこと？」私は尋ねる。

「このアンケート、収入のところ、一番下が300万円未満じゃないですか？　みんなここに入っちゃうに決まってるじゃないですか」

ヒガミサの言う通りだった。

このアンケートは『スピリチュアル市場の研究――データで読む急拡大マーケットの真実』という本を書いた有元裕美子氏からデータを借り受けて作ったものだった。

彼女は主に首都圏を対象にして調査を行なっていたから、年収の選択肢が首都圏仕様になっていた。だけど、この島の人は貧しい。

沖縄のアルバイトの時給は600円台なのだ。年収にしたら200万円以下、100万円以下の項目を作るべきだったのだ。

そう、私は沖縄の貧しさのことを、まったくもって甘く見ていた。ここに最大級の私の愚かさがあった。

なぜ沖縄に野の医者が多いのか。それは沖縄が貧しいからではなかったか。

沖縄には産業が少なくて、多くの職が熟練を期待されない接客業だ。一握りの人しか、キャリアを築くことが難しく、時給も安い。観光業はあるけれども、そのほとんどが内地の資本によって経営されているので、従業員は使い捨てになりがちだ。

そういう環境の中で、野の医者は働かないといけない。子供を育てるために、自分自身がサバイブするために、その日の糧を稼がないといけない。この厳しい労働の結果、彼や彼女たちは心の不調に陥る。そして、癒やしを求めて、野の医者の文化に辿り着く。

いや、それだけじゃない。私は全然わかっていなかった。

なぜ多くの野の医者たちが同じような人生前半の物語を繰り返し語っていたのか。つまり、壊れた家庭に育ち、自分自身も離婚をしたり、暴力を受けたりしながら、それでも生きることを強いられてきたのか。

その背景にも貧しさがあったはずだ。お金を稼ぐことに追われ、そしていつお金が無くなるかわからない不安に付きまとわれ、近未来ですらどうなっているかわからない不安定さの中では、人間関係はひどく壊れやすくなる。

特に女性はそのようなリスクにさらされやすい。それもあって、野の医者には女性が多いのではないか。

このような苦境の中で、人は野の医者という生き方に憧れるのだ。人に使われるわけでもなく、自分で自立して、やりがいのある仕事——孤独と人間関係の傷つきを癒やす仕事をする。それが野の医者たちの求めている癒やしだ。

数十万円するスクールは確かに高額だ。だけど、大学に行ったり、専門学校に行ったりすることを思えばはるかに安い。

彼らは新しいキャリアと経済的な自立を夢見て、野の医者になる。

野の医者というのは資本主義の鬼子《おにご》なのだ。

思えば、彼らが盛んに唱える「自分が変われば世界が変わる」というニューソートの考えもまた、そもそもアメリカ資本主義が育んだものだった。

アメリカの広い荒野を彷徨《さまよ》って石鹸《せっけん》を売り歩いたビジネスマンたちには、たとえ商品が売れず、ひどいことを言われても落ち込んでいる暇はない。ポジティブシンキングで、すぐさま立ち直り、そして次の町へと出発しないといけない。

彼らは次の町で、弁舌さわやかに商品の魅力を語る。彼らは現代の野の医者のように語りまくる。商品は彼らのスピーチで光り輝き始める。そうやって彼らは代金をせしめる。

野の医者たちはそういう精神を受け継いでいる。資本主義の片隅で、経済的困窮に傷つけられた人たちが、癒やされるために資本主義的な癒やしの文化に参入するのだ。だから、彼らはよく笑う。何もかもを笑い飛ばそうとするのだ。

バフチンという、自分自身恵まれない人生を送った学者が、笑いについて書いている。

「笑いとは、その本質からしてきわめて非公式なものである。笑いは、公式の生活のあらゆる生真面目さの彼岸に、無遠慮な祝祭的集団をつくりだす」

野の医者は、非公式なやり方で、資本主義の公式な世界を逞しく生きようとする。そのために笑う。

もう夕方だった。私はフーレセラピーを受けながら、野の医者とは何者かを考えていた。

フーレセラピーというのは、足を使ったマッサージだ。私は床のマットに、うつぶせになって、ヨウコさんという野の医者に背中を踏まれていた。

顔を上げると、龍神のおかげで晴れ渡った空は、気付けばオレンジ色になっていた。日が暮れてきたのだ。ヒーリングパラダイスも終わりの時間だった。

ヨウコさんは思い切り、私の背中を踏みつける。

「痛いです！」

「楽になりますよ」野の医者は優しく言う。「またお店にも来てください」

私が背中を踏みつけられているブースの向こう側でヒロミさんの声が聞こえてくる。

「皆さん、もうそろそろ時間ですね。お疲れ様でした」ほっとしたような声だった。

「今年はどうなるかと思ったけど、ミラクルな一日になってよかったです。みんなの力のおかげです！」

拍手が聞こえる。祭りは終わろうとしていた。

「さあ、最後は恒例の We are the healer で締めてもらいましょう。秀ちゃん、どうぞ！」

ヒーリングショップ「エッセンス」の秀ちゃんという男性が登場する。野の医者たちは拍手で彼を迎える。

「今年のヒーリングパラダイス、楽しかったかー？」

秀ちゃんはロックンローラーのように語りかける。

野の医者たちは拍手で応える。

ヨウコさんが私の首を踏む。踏まれながら、私は耳を澄ます。

「じゃあ、恒例のやついくぞー」

秀ちゃんはギターを奏で出す。マイケル・ジャクソンも歌った「We are the world」のメロディーが響き始める。

「よっ！」ヒロミさんの相の手が聞こえる。

秀ちゃんは歌い出す。

We are the ヒーラー　We are the スピリチュアル・カウンセラー
We are the 普通の仕事ができない私たちー
愛と光を、浴び過ぎちゃって、回路がいかれちまった変人

野の医者たちはどっと笑う。変人と言われて笑う。

そりゃだめだろ、あんたもっと現実を生きなさいよー
あんた光、光って、そりゃ宗教団体じゃないのー
Yeah Yeah

秀ちゃんのハイトーンボイスが響く。野の医者たちが笑い転げている声が聞こえる。

私も笑う。その通り、あんたたち宗教団体じゃないの？　音楽と笑いは止まらない。

そんなことはー、百も承知だよー
でもうー、社会復帰できませんー
国際会議場の熱気が上がるのがわかる。ギターは力強く、ボルテージを上げる。
「みんな一緒に！」秀ちゃんが叫ぶ。野の医者たちが皆で歌い始める。
We are the ヒーラー　We are the スピリチュアル・カウンセラー
We are the 普通の仕事ができないあなたたちー
愛と光を、浴び過ぎちゃって、回路がいかれちまった変人
We are the ヒーラー　We are the スピリチュアル・カウンセラー
We are the 普通の仕事ができない私たちー
愛と光を、浴び過ぎちゃって、回路がいかれちまった変人
変わった人たちの集まりー
「来年のヒーリングパラダイスもどうぞよろしくー!!」秀ちゃんは叫ぶ。

「ありがとう、秀ちゃん！」ヒロミさんも絶叫する。

野の医者は笑う。
変人として生きる自分を笑う。
私も笑う。
背中を踏まれながら、うつぶせのままに笑う。
そうやって生きている自分に気が付いて、もう一度笑う。
野の医者と私は一緒になって笑う。

エピローグ

――ミラクルストーリーは終わらない

２０１５年３月、私は懲りないことに、またもや那覇にいた。あるファミレスで、サヨコさんが来るのを待っていた。

覚えておいてでだろうか、私と一緒にマインドブロックバスターのスクールを受講した女性だ。

彼女はなぜスクールを受けたのか、そしてスクールを受けてどうなったのか、彼女にとってのスクールとは何だったのか、それを知りたかったのだ。

ほぼ同時くらいに私たちはお店に着いて、再会を喜んだ。

「お元気でしたか？」彼女はやや緊張した感じで言う。

「元気です、サヨコさんは？」

「元気ですよ。今日のことは結構楽しみにしていたんです。色々話せるかと思って」

私はいつものように彼女の生い立ちから尋ね始めた。

サヨコさんは沖縄南米移民の子だ。貧しい沖縄人が食べていくために、南米に移住した時代があったのだ。

彼女は幼い頃をペルーで過ごし、小学校高学年のときに沖縄に帰ってきた。そのとき、学年を2年遅らせて、小学校に編入した。彼女はスペイン語を不自由なく使いこなせたし、両親の話す琉球方言は完璧に理解していたが、肝心の日本語をまったく話せなかったからだ。

「それで私の人生は色々なことが遅れました。大学行くのも、就職するのも、結婚するのも遅かったです。その2年がね、どんどん人生を遅れさせたんですね」

サヨコさんには生来の対人緊張があった。人と会うと緊張し、人前で自分らしく振舞ったり、自己主張したりすることが難しかった。異国から異国（沖縄は彼女にとっては異国だ）へと移り住んだ少女時代は、彼女の深いところに不安を植え付けたのかもしれない。

そして、そのように緊張してしまう自分のことを、彼女は嫌だった。だから、サヨコさんは大人になってから、数限りない治療を受けてきた。東京で働いているときには臨床心理士のカウンセリングを受けていたこともあったし、沖縄に戻ってきてからはアソウレイコ氏の治療を受けた。

アソウレイコ氏の治療はいい体験だったそうで、それから彼女はヒーリングにハマっていった。アロマから、オーラソーマ、タロット、シータヒーリングなどなど、私がこの一年間で受けたような治療を彼女はほぼすべて受けていたし、セッションだけでなくスクールにもかなり通っていた。

「たぶん、ヒーリング依存症なんだと思います」彼女は笑いながら言う。

そんな彼女がマインドブロックバスターのスクールを受けようと思ったのは、そういうヒーリング依存症の自分に限界を感じ始めたからだと言う。

50代を迎えて、セッションを受けようとすると、野の医者が自分よりも年下のことが増えてきた。対人緊張は和らいではいるが、大きな変化はない。

そういう自分を変えたくて、自分で自分の心のブロックを外せるようになりたいと思い、彼女はスクールに申し込んだ。そこで、私と同期生になったのだ。

「スクールはどうでしたか？　記憶に残っていることはありますか？」私は尋ねた。

「そうですね……」彼女は少し躊躇《ためら》ってから言った。「あのとき、東畑さんが何かを訊いたんです。そうしたらヒロミさんが、〈ヒーリングは思い込み〉って言ったんです。それがね、なんというか引っかかって」

そう、ヒロミさんのポストモダン発言のときのことだ。あの発言は見えないところで、波紋を引き起こしていたのだ。

「そうなの？　これも思い込みなの？　って思いました」

私は申し訳ない気持ちになっていた。彼女もまた12万円という大金を支払って、スクールを受講していたのだ。それなのに、研究目的の私がそこにいたばかりに、信じる気持ちを挫《くじ》かれたのだ。

「うん、そうですよね。嫌な気分でしたか？」私は頷《うなず》いた。

「それとはちょっと違うんです。ああ、そんなものなのか、っていうそういう感じです。実はその頃色々なことがあったんです」

驚くべきことに、サヨコさんが語り出したのは逆ミラクルストーリーだった。そう、ミラクルストーリーの終わりの話だ。

マインドブロックバスターのスクールの直前、彼女は一年半通っていた野の医者との間でトラブルを経験していたらしい。

「その人の言うことに納得がいかなかったんです。そりゃ確かにその人はすごいのかもしれないけど、でも私のすべてがわかるわけじゃないでしょって気持ちがありました。すごい決めつける人だったんです」

サヨコさんはその野の医者が自分の人生をすべてわかったようにいい、行動を指図し、そして彼女からの異論を認めないことに不信感を抱いた。あまりに強引だと感じたのだ。

そして、サヨコさんとその野の医者はスクールの直前に決裂していた。

「ヒーリング依存症」と彼女が自分で言っていたのは、そういう経緯があってのことだった。彼女は野の医者の文化に距離を感じ始めていたのだ。

「でも、実はそれだけじゃないんです。あのとき私が働き始めるって言ってたのって覚えてますか？」

「はい、そうでしたね」そう、確かに彼女はそう言っていた。

「あれね、すぐ辞めちゃいました」

「なんの仕事でしたっけ？」

「実は……」彼女は口ごもった。「絶対に内緒ですよ」

彼女が働き始めたのは、沖縄の非常に有名な野の医者が経営するヒーリングショップだった。

彼女は以前からその野の医者のことをとても尊敬していたそうだ。セッションも受けたし、スクールにまで通ったこともある。だから、その野の医者の近くで働けることに胸を高鳴らせていた。

「でもね、そこでひどい人に会ったんです」

そのショップの責任者がとんでもない人だったそうだ。箸の上げ下ろしまで指示するような細かい性格で、些細なことで意地悪く注意をするような人だった。度を越している、ひどく支配的な人だ、サヨコさんはそう感じた。彼女は耐え切れなくなった。

「一番驚いたのは、その人がショップのパワーストーンを作っていたことです」彼女は言う。「楽しみにしていたんです。店員割引でパワーストーンをいっぱい買っちゃおうって。でも、そういう人が作ってたんだって思ったら、もう嫌になっちゃいました」

尊敬する野の医者のパワーストーンを、実は尊敬できない人が作っていたということを知って、彼女はショックを受けた。もちろん、彼女がそのパワーストーンを購入することはなかった。

「不思議なんです。それからです、あんなにスピリチュアルに傾倒してたのに、そういう気持ちが動かなくなりました。ブログもあまり見なくなったんです」そして彼女は笑って言った。「ヒロミさんの思い込み事件もありましたしね」

そう、サヨコさんはミラクルストーリーの終わりを語っていた。あれだけ依存し、それ無しでは生きていけなかった野の医者の文化に対して、彼女は不信感を抱き、そこから離れていこうとしていた。

「不思議です、あんなにハマっていたのに」

「そういうのって、寂しいものですか？」私は尋ねた。

「寂しい、というのはあるけど、でもなんか、自分が強くなった感じがするんです。スピリチュアル無しでも生きていけるっていうのを感じているんです」

サヨコさんは、ミラクルを諦めることで、ようやく自分自身のことを少し信じることができるようになったようだった。

感慨深かった。それが臨床心理学、特に精神分析が語ってきた治癒の物語だったからだ。

人は何かを理想化し、そこに縋《すが》っているだけでは成長しない。そうすると、相手だけがいいものになって、自分が空っぽになってしまう。

だけど、サヨコさんは野の医者に不信感を抱き、そうすることで彼らの現実を知り、そこから離れていくことになった。そうすると、いいものは彼女に帰還してくる。強くて立派なものは野の医者に独占されるのではなく、彼女にも分け与えられるのだ。

人を憎み、別れていくこともまた心の栄養なのだ。サヨコさんはそういう時期を歩んでいるようだった。

「だからね、今日は東畑さんと会えるのが楽しみだったんです。こういう話をできる人ってあまり私の周りにはいないから」少し照れながら、彼女は言った。

「ありがとうございます。ほんとに大切な話だと思います」私はそう言ってから聞いた。

「今日、話そうと思っていて、まだ話していないことはありますか」

「うーん、そうですね……」彼女は思いを巡らせた。「あ、ひとつあります」

「はい」

「色々な治療を受けてきたんですけど、私の中で一番良かった治療っていうのがね……」彼女は間を置いて、少しはにかんだ。

私は興味があった。長く野の医者を巡ってきたサヨコさんは、何を思っているのだろう。

「それがね」彼女は言った。「東京のクリニックで受けた臨床心理士の治療だったんです」

突然のことで、不意を突かれた。その瞬間、彼女が何を言っているのか、意味がわからなかった。一瞬遅れてから、言葉の意味がまとまりをもって伝わってきた。

「ほんとですか！」思わず私は言った。

「はい、私が一番苦しかったときに、本当にちゃんと話を聞いてくれたんです。そういう人はほかにはいません」サヨコさんは言った。

恥ずかしいことなのだけど、私はその瞬間、泣きそうになってしまった。立ち上がって、彼女の手を取って、ブンブンと固く握手をしたくなった。と言うか、した。

「ありがとうございます！」そう言いたくなった。というか、言った。

臨床心理学を「良いもの」だって言ってくれる人がいることに、私は心底感動していた。とてつもなく嬉しかったのだ。

サヨコさんの言葉は、私が気付かないようにしていた心の襞《ひだ》にすっと入ってきたのだ。

臨床心理学は、天使も、前世も、ミラクルも無しで、ただただ人の話に耳を傾ける治療文化だ。私はそういうものを学んできた。人生のほかの可能性を捨てて、長い時間と労力をかけて。それは、私が臨床心理学という文化を「良いもの」だと思っていたからだ。

だけど、仕事が見つからなかった半年の間、私は臨床心理学という文化から外れたところで生きることになった。心理療法の仕事から離れ、臨床心理学の世界に居場所をもっていなかった。

臨床心理学に裏切られた、あのとき、私はそう感じたのだと思う。

だから、私は野の医者の研究をすることで、臨床心理学を遠いところから見直してみようとした。私の知っていた「良さ」をとりあえず一旦置いておいて、臨床心理学の本当の姿を見極めようとしてきた。

そう、私は拗《す》ねていたのだ。あの半年間のことで実は傷ついていた。それで、私は臨床心理学を突っついて回ったのだ。

だからこそ、私は夢中で野の医者たちに会って回ったのだろう。臨床心理学が本当に人生をかける価値のある「良いもの」なのかを必死に確かめていたのだ。それは臨床心理学という文化にかけてきた私の人生を確かめる行為でもあったのだと思う。

その旅の果てで、野の医者の文化を生きてきたサヨコさんから「臨床心理士が良かった」と聞かされて、私は胸が熱くなった。それは私の根底の部分を肯定してくれる言葉だった。

名前も知らない臨床心理士に私は感謝していた。私と同じような訓練を受けて、同じ文化の中で、日の目の当たりにくい仕事をこつこつと続けたその人にお礼が言いたかった。その人のおかげで、私は見失いかけていたものを思い出すことができたのだ。

もちろん、だからと言って、認識は後退しない。一度、認識してしまったことを撤回するようなことは誰にもできない。

臨床心理学という治療文化は野の医者の治療文化より優れている。

残念ながら、そういう結論にはならない。私ももはやそんなにピュアではない。

どちらが良いものかという問い自体がナンセンスだ。それは生き方の問題で、人生の価値は人それぞれなのだ。それがこの本の結論だ。

だけど、臨床心理学を良いと言ってくれる人が目の前にいることが、私はこのとき無性に嬉しかった。なんせ私は臨床心理士なのだ。

私はサヨコさんに聞いてみた。彼女はこれからどう生きていくのだろうか。

「そうやってヒーリングを離れて、これからの人生のことって何か考えていますか？」

「そうですね、今ね、普通の仕事をしているんです。事務の仕事です。それをね、しっかりやろうって思っています。それでいいんじゃないかって思っています」

そう、サヨコさんはミラクルじゃなくて、現実をしっかりと生きようとしていた。それは臨床心理学が価値を置いてきた生き方だった。そうなのだ、だから彼女は臨床心理学という文化を「良い」と言ったのだ。

私は「野の医者の医療人類学」の終わりを嚙《か》みしめていた。こうして、ミラクルストーリーは終わるのだ。

だけど、彼女は小さな声で付け加えた。

「……あとはね、何か一生かけてやれるようなものが見つかったらいいなと思ってます」

私はその声を聞き逃さなかった。その小さな声に含まれているものに、ピンときたのだ。

「なんか考えていることがある感じですよね、言っちゃってくださいよ」私はもうすでに半分笑っていた。

「あのですね、実はですね……」彼女はこの日一番はにかんだ。彼女ももう半分吹き出していた。

「私ね、いろんな人に、……ヒーラーに向いているって言われるんです」

私たちは大爆笑した。私のセンチメンタルな気持ちは吹っ飛んだ。

そうなのだ。人生は一筋縄ではいかない。人間は懲りないし、人生が一変することなんてない。

サヨコさんはスピリチュアルから卒業して、臨床心理学が良かったって言うけれど、それでもやっぱりスピリチュアルヒーラーになりたいのだ。ミラクルストーリーは終わらない。

最高じゃないか。これだから、心の治療の世界は面白い。治療者が思い描く理論通りに、クライエントの人生が進むわけがない。そんな綺麗な物語は教科書の中にしか存在しない。人は好きなように生き方をブリコラージュして、逞《たくま》しく生きていくのだ。

私は現在、日々、精神分析的心理療法を行ない、学生に臨床心理学を教え、雑用の山をこなしている。フツーの臨床心理士に戻ったのだ。世の中には、色々な生き方がある。それが、私が野の医者から手に入れた知恵だったけど、なんだかんだでフツーが一番楽だ。でも、フツーで居続けるのが、これまた難しい。

私は結局、暇を見ては彼らのブログをチェックしている。そして連絡を取り合っている。

そして、次はいつ沖縄に行こうかと計画を立てている。

ちゃあみいさんは念願の自分のサロンを立ち上げたらしい。ミヤザキヒロミさんは星の錬金術とかいう謎の治療法を編み出して、大々的にスクール展開を始めている。マタヨシ博士のもとには謎の外国人が押しかけて、著書を英語に翻訳しようとしているらしい。そして、石垣島では魔女たちがスピリチュアル合コンをやろうと計画しているという怪情報も飛び込んできている。

きっと、まだ私が知らないような謎の野の医者が、今日も新しいブリコラージュをして悦に入っているはずなのだ。今日もまた新しいミラクルストーリーが生まれているのだ。それは一体どんな物語なのだろう。

ああ！　早く沖縄に行きたい！

こんなことばかり考えているから、周りは皆呆れかえっているが、しょうがない。だって、この春、私は新しく研究費を当ててしまったのだ。これでしばらく私の沖縄通いは安泰なのだ。

もちろん、研究費採択の知らせが来たとき、私は叫んだ。

「わお！　ミラクルだ！」

謝辞

この本は多くの方々の御協力によって出来上がったものです。

何よりも、今回研究に協力してくださった治療者とその関係者の皆様に感謝します。本に書かせていただいた方々はもちろん、書くことができなかった多くの方々からも、お時間をいただき、治療を受けさせてもらい、そしてお話を聞かせていただきました。加えて、この研究とこの本は野の医者たちにとって、決して心地よいものではなかったと思いますが、それでも懐深くご協力してくださったことに心から感謝しております。

なお、この本に登場する野の医者は基本的に仮名にしたうえで、プライバシーを保護するための修正を加えています。ただし、希望された方々については、実名で掲載させていただいたことを、申し添えておきます。

本研究をご支援くださったトヨタ財団研究助成プログラムに感謝いたします。また研究について語り合う機会を与えて下さった、プログラム・オフィサーのカガさんとオーバさんには特にお世話になりました。

この本（編集部注・単行本）のカバーと章の挿絵をお描きいただいたのは、高校の同級生でプロ漫画家の新井隆広氏です。新井氏は連載を抱える超多忙な中、素晴らしい装画を仕上げてくださいました。ありがとうございました。

さらに、このような本の出版を決断してくださり、私の様々なわがままを受け入れてくださった誠信書房に感謝いたします。加えて、編集者のマツヤマさんにはすっかりお世話になってしまいました。深く感謝申し上げます。

それから家族、特に妻へ。ほんとにどうも、いろいろとご迷惑おかけいたしました。

東畑開人

平成27年7月　医は稲荷、東京は稲荷の町のデニーズにて

8年後の答え合わせ、あるいは効果研究——文庫版あとがき

もう数年前のこと、本書の編集者である加藤はるかさんより、『野の医者は笑う』の文庫化を提案していただいた。嬉しい申し出ではあったのだが、そのときは気が進まず、曖昧な返事をした。その後も折に触れて、誘ってもらっていたのだが、そのたびに先延ばしにしてきた。まえがきにも書いたように、本書をぱらぱらと読み返してみると、傲慢な冗談や乱暴な物言いが散見されて、つらかったからである。

ようは、若書きだったということだ。今もそうかもしれないが、当時の私にはわかっていないことが本当にたくさんあった。とりわけ、心がいかに社会的な力によって傷つけられたり、支えられたりするかについて、私の理解は充分ではなかった。だから、この本を別の形で出版するのは、幼い自分に直面する感じがして、気が重かった。

ようやく重い腰を上げたのは、２０２２年の秋。別件で打ち合わせをしていたときに、文藝春秋の菅原明子さんに強く励まされたからである。ちょうど30代が終わろうとしている時期だったのもある。自分にとって原点と言えるような本であるのだから、もう一度向き合ってみようと、そのとき思えた。

とはいえ、若書きには若書きの良さがあるし、青春の書にはどうしてもそういう未熟な側面がある。それは引き受けるべきだとも思ったので、結局修正は細かい字句や表現

のレベルにとどめた。このとき、丁寧なアドバイスをくれたのが、先述した加藤はるかさんと株式会社湯気の南麻理江さんと清藤千秋さんであった。

彼女たちのおかげで、この文庫本は生まれた。最初に感謝を記しておきたい。


以上をもってあとがきを終えてもいいのだろうが、文庫化のいいところは、後日談を書くことができるところだ。時間が経つことでしかわからないことが世の中にはたくさんあり、心の治療とはとりわけそういう類の営みである。

だから、この場を借りて、8年後の答え合わせをしてみたい。

野の医者たちの治療をたくさん受けて、果たしてどうだったのか。

そこにはどんな効果があったのか。

いわゆる、効果研究だ。

＊

このことを考える上で、最初にエクスキューズをしておきたいのは、野の医者たちに対する私の書きっぷりについてである。

この本で、私は一貫して、「謎のセラピー」とか「怪しい治療」というような傲慢な書き方をしている。今読み返してみても、これは礼を失しているし、なによりフェアではない。私は臨床心理学の基準から、野の医者のセラピーを断じている。

だから、表現を修正しようかとも思ったのだが、最後まで迷った上で、結局そのまま残すことにした。調査をしている当時も、私はずっとそのように感じていたわけで、このアンフェアな語り口こそがこの本の核心だと思ったからだ。

この本で、私は人類学者になろうとし、フィールドワーカーであろうとした。臨床心理学を相対化するために、価値中立的・客観的に野の医者と付き合い、彼らのことを知るというのがコンセプトだった。

だけど、実際のところ、私は臨床心理士であることを全くやめられていない。私はどこかで野の医者たちを治療者としてライバルだと思っているし、心の治療というマーケットでの商売敵だと思っている。

そういうとき、心の治療者は頑固で、狭量で、嫉妬深くなる。競争心が出てくるからだ。この点では、臨床心理士たちも、野の医者たちも変わらない。精神科医だっておんなじだ。われわれは、商売敵と出会うと、自分の治療こそが善いものだと言いたくなり、相手の治療を見下しやすい生き物なのである。

心は目に見えず、形がない。だから、心を扱うためには、強い信念が必要であり、確かな価値観をもっていなくてはいけない。「みんなが優勝!」は一見寛容に見えるかもしれないが、心の治療に関する限り、本当のところ無責任なのである。強靱な価値観を持っている人の方が、治療者としては頼りがいがあるのが実際のところだ。

ただし、その副作用として、心の治療者は嫉妬深くなりやすい（そしてそれを私は愛すべきところだとも思っている)。そのせいで、たとえば臨床心理士の職業団体は仲間割れを繰り返してきたし、精神分析をはじめとする心理療法の学派たちは分裂を繰り返してきた。そういうものなのである。

したがって、この本の根底には競争があり、緊張関係がある。異なる価値観を持つ心の治療者が出会い、メラメラしている。失礼な書きっぷりに現れているのは、このメラメラであり、それこそが心の治療というものの本質だと思ったので、文庫化に際してもそのまま残すことにした。

嫉妬深い治療者の書いたことだと思って、許してもらえたらと願っている。

*

さて、では、結局お前は野の医者のセラピーに否定的なのかと問われるならば、それに対しては断固としてノーと言いたい。

確かに、臨床心理士としての私の日々には、前世とか、天使とか、オーラとかの出番はない。私は野の医者たちからたくさんのことを教えてもらったが、それらを自分の臨床に取り入れることはなかった。私は結局、臨床心理学のオーソドックスなやり方で仕事をしている心理士で、そっちの方が「善い」と思っている。

しかし、それは彼らのセラピーが無効であることを意味していない。それは全く事実に反する。野の医者の治療には効果があった。間違いない。確信している。8年たった今だからこそ、断言できる。

だって、結局のところ、私は野の医者たちと同じような生き方をするようになったのだから。

この本の終わりで、私は大学の正規雇用を得て、深く癒やされた。しかし、それは心は癒やしたかもしれないが、魂までは癒やせなかったのだと思う。

いろいろと葛藤があり、長く悩んだが、最終的に私は大学を辞めた。臨床心理学者であることは辞めていないけれども、少なくともアカデミアのキャリアからは離れることになった。そして、自分でカウンセリングルームを開業し、心の治療を「売る」ことで生計を立てる零細自営業者になった。

そう、私は野の医者になった。信じている理論が臨床心理学のものなのか、スピリチュアルなそれなのかの違いはあるにせよ、同じように公的な制度の外側で仕事をする心の治療者になった。

野の医者に癒やされた人は野の医者になる。これがこの本で得た一番の発見であったわけだが、私もまたそれを地でいったということだ。

あのとき出会った野の医者たちの生きざまが、魂の深いところに刻まれていたのだ。様々な事情はあるにせよ、彼らは自分ひとりで厳しい人生をサバイブしようとしていて、だからこそ心の治療というものに真剣に取り組んでいた。彼らは制度や組織の外側にあって、個人的な人生をまじりけなしに個人的に生きようとしていた。それは私にとって、眩《まぶ》しいものであり、誠実な生き方だったのだ。

心の治療とは究極的には「人間と人間の出会い」なのだと思う。そして、その効果とは、人間が人間に残す痕跡のことなのだと思う。

長く続いたカウンセリングの終わりに、クライエントから「黙って話を聞いてくれたことがありがたかった」と感謝されることがしばしばある。私としては「え、俺、色々と喋ってたし、めちゃ考えて色んな事をしたのに」と思ったりもするのだが、結局心に残るのは交わされた具体的な言葉ではなく、「一緒に居た」という質感なのであろう。

人生の苦境にあった時期に、私は野の医者たちと出会った。彼らは限られた時間であるにせよ、その時期を一緒に歩いてくれた。隣に居てくれた。そのときの彼らの歩く速度やリズム、足の運び方が、私の心に痕跡を残した。彼らのステップの踏み方が伝染して、私の歩き方を少しだけ変えたのだ。

その「少しだけ」が時間の経過とともに積み重なっていく。すると、人生はそれなりに変わっていく。前の歩き方では到底いかなかったであろう土地へと、私は気づけばたどり着いていたということだ。

驚くべきことなのだ。

だって、私は今後アカデミアで生きていくであろうことを8年前には微塵も疑っていなかったからだ。でも、そうなった。そして、不安もあるけど、それでよかったと今のところは思っている。

思えば、フロイトだって、ユングだって、みんなアカデミアから離れたところで、個人的に生きようとした人たちだった。心の治療者にはそういう伝統がある。私は野の医者たちに臨床心理学の原初にあったものを見たのだと思う。

これが、８年経った今の、私なりの答え合わせである。

心の治療とは生き方を再調整するものである。

だとすると、野の医者の治療は「成功」した。

「ありのままの私」になったかどうかまではわからないけれども、野の医者たちと共に歩いた時間は確かに、私の生き方に深い影響を与えたと思うのだ。

これを「効果」と言わずして、なんと言うのか。

＊

最後に、単行本を作ったときの編集者である松山由理子さんについて書いておきたい。『野の医者は笑う』は松山さんの叱咤激励と社内への果敢な説得によって生まれたものだ。彼女が私を世に出してくれた。

松山さんの急逝を知ったのは２０２２年の夏だった。思いもかけない訃報であり、そのときにはすでに葬儀も済んでいた。

2023年になってからようやく、和光市にある松山さんの御自宅に伺うことができた。遺影は彼女の書斎に置かれていて、その部屋は生前のままで残されているとのことだった。本棚には私の本も並べられていた。最初、迎えてくださった夫君と、お茶を飲みながらしばらく話をすることができた。私は正座をしていたけど、苦しそうにしている私を気にして、彼は足を崩すように言ってくれた。

松山さんは急な闘病の最後まで、「今が自分の編集者としてのピークだ」と言っていたそうだ。今まで一緒に本を作ってきた人たちから絶え間なく企画が持ち込まれていて、まだまだいっぱい本を作らねばならないのだ、と。私もまた、いつか一緒に本を作ろうというふんわりした約束をしていたけれども、それは長期スパンで考えればいいやと高をくくっていたことを思い出した。そのことをやましく思った。

小一時間ほど思い出話をしているうちに、一つの記憶が蘇った。最後にそれを書き留めておきたい。

『居るのはつらいよ』という本が大佛次郎論壇賞を受賞した夜に、その版元であった医学書院がお祝いの会を小さなイタリアンレストランで開いてくれた。2020年冬、コロナ禍が始まる直前のことである。

沖縄で一緒に働いていた看護師たちも来てくれたし、東京でできた友人たちも来てくれた。これまでお世話になってきた人たちに、感謝を伝える会だった。その中に松山さんもいた。

飛沫《ひまつ》が飛び交う楽しい会だった。宴の途中で、ひとりひとりがお祝いの言葉をスピーチする時間があった。私は参加者たちから愛情を洪水のように浴びていて、面映《おもは》ゆく、どこか居心地が悪かった。そういうのがほんとうに苦手なのだ。

松山さんの番が来た。ワインを嗜んでいた彼女はグラスを置き、すっくと立ち上がった。そして、いつものように勇猛果敢な声でハッキリと言った。

「おめでとうございます。でも、率直に申し上げて、私は『居るのはつらいよ』より、『野の医者は笑う』の方がいい本だと思いますよ」

みんな笑っていたが、松山さんの目はマジだった。すると、『居るのはつらいよ』の編集者である白石正明さんが空気を読んで茶々を入れた。「いや、僕は『居るのはつらいよ』の方が全然いいと思いますよ」

松山さんは顔を紅潮させて、キッと白石さんを睨《にら》んだ。決然として言った。

「そんなことはありえません」

断言した。

「絶対に『野の医者は笑う』の方がいい本です！」

本当に最高だった。著者としてこんなに幸せな夜があるだろうか。こんなにもまっすぐに愛されて、作られた本があるだろうか。

松山さんはまっすぐな人だった。こちらがどんなに面映ゆくしていようとも、そんなことはおかまいなしにまっすぐに愛情を伝える人だった。そして、どんな障害物があろうとも、竜巻のようにして、容赦なくまっすぐ進む編集者だった。

その竜巻に乗せられて、『野の医者は笑う』は生まれ、私の書き手としての人生が始まったのだ。

本当にありがとうございました。感謝しています。

面映ゆくて、まっすぐに伝えることができなかった言葉たちの代わりとして、そしてそのことにどれだけ意味があるのかはわからないけれど、この本を松山由理子さんに捧げます。

令和5年5月　東畑開人

文献（五十音順）

東浩紀『動物化するポストモダン――オタクから見た日本社会』講談社現代新書2001：有元裕美子『スピリチュアル市場の研究――データで読む急拡大マーケットの真実』東洋経済新報社2011：ヴィッキー・ウォール／伊藤アジータ訳『オーラソーマ――奇跡のカラーヒーリング』和尚エンタープライズジャパン1997：大澤真幸『不可能性の時代』岩波新書2008：大橋英寿『沖縄シャーマニズムの社会心理学的研究』弘文堂1998：沖浦和光『インドネシアの寅さん――熱帯の民俗誌』岩波書店1998：皆藤章『生きる心理療法と教育――臨床教育学の視座から』誠信書房1998：ガミー／村井俊哉訳『現代精神医学原論』みすず書房2009：河合隼雄『心理療法序説』岩波現代文庫2009：北中淳子『うつの医療人類学』日本評論社2014：グッゲンビュール＝クレイグ／樋口和彦他訳『心理療法の光と影――援助専門家の〈力〉』創元社1981：クラインマン／大橋英寿他訳『臨床人類学――文化のなかの病者と治療者』弘文堂1992：クラインマン／江口重幸他訳『精神医学を再考する――疾患カテゴリーから個人的経験へ』みすず書房2012：ケレーニイ／岡田素之訳『医神アスクレピオス――生と死をめぐる神話の旅』白水社1997：小池靖『セラピー文化の社会学――ネットワークビジネス・自己啓発・トラウマ』勁草書房2007：斎藤貴男『カルト資本主義』文春文庫2000：佐々木宏幹『シャーマニズムの世界』講談社学術文庫1992：塩月亮子『沖縄シャーマニズムの近代――聖なる狂気のゆくえ』森話社2012：島薗進『〈癒す知〉の系譜――科学と宗教のはざま』吉川弘文館2003：高野秀行『謎の独立国家ソマリランド　そして海賊国家プントランドと戦国南部ソマリア』本の雑誌社2013：谷口雅春『新版精神分析の話』日本教文社1987：中井久夫『治療文化論――精神医学的再構築の試み』岩波現代文庫200

1：バフチーン／川端香男里訳『フランソワ・ラブレーの作品と中世・ルネッサンスの民衆文化』せりか書房1980：兵頭晶子『精神病の日本近代――憑く心身から病む心身へ』青弓社2008：フランクとフランク／杉原保史訳『説得と治療――心理療法の共通要因』金剛出版2007：ポーター／田中京子訳『健康売ります――イギリスのニセ医者の話　1660―1850』みすず書房1993：堀江宗正『歴史のなかの宗教心理学――その思想形成と布置』岩波書店2009：又吉正治『正しい「甘え」が心を癒す――沖縄文化に見る日本人の心の源流』文芸社1998：森本あんり『反知性主義――アメリカが生んだ「熱病」の正体』新潮選書2015：レヴィ＝ストロース／荒川幾男他訳『構造人類学』みすず書房1972：レヴィ＝ストロース／大橋保夫訳『野生の思考』みすず書房1976

単行本　二〇一五年八月　誠信書房刊
*原則として本文中の名称、年数などは
単行本当時のものです。
*文庫化にあたり加筆しました。
DTP制作　エヴリ・シンク

文春文庫

野《の》の医者《いしゃ》は笑《わら》う
心《こころ》の治療《ちりょう》とは何《なに》か？

定価はカバーに表示してあります

2023年9月10日　第1刷

著　者　東《とう》畑《はた》開《かい》人《と》
発行者　大沼貴之
発行所　株式会社　文藝春秋

東京都千代田区紀尾井町 3-23　〒102-8008
TEL　03・3265・1211㈹
文藝春秋ホームページ　http://www.bunshun.co.jp

落丁、乱丁本は、お手数ですが小社製作部宛お送り下さい。送料小社負担でお取替致します。

印刷製本・凸版印刷

Printed in Japan
ISBN978-4-16-792101-9

（　）内は解説者。品切の節はご容赦下さい。

加納朋子
無菌病棟より愛をこめて
愛してくれる人がいるから、なるべく死なないように頑張ろう。急性白血病の告知を受け仕事も家族も放り出しての緊急入院、抗癌剤治療、骨髄移植――人気作家が綴る涙と笑いの闘病記。
か-33-5

川上未映子
きみは赤ちゃん
35歳で初めての出産。それは試練の連続だった！　芥川賞作家の鋭い観察眼で「妊娠・出産・育児」という大事業の現実を率直に描き、多くの涙と共感を呼んだベストセラー異色エッセイ。
か-51-4

勝間和代
2週間で人生を取り戻す！　勝間式汚部屋脱出プログラム
収納破産状態の自宅を、一念発起して「断捨離」。すると、生活全般の質が向上した！　著者の「仕組み」作りの力を存分に発揮して構築した、一生リバウンドしない片付け術を大公開。
か-79-1

倉嶋　厚
やまない雨はない
妻の死、うつ病、それから…
伴侶の死に生きる気力をなくした私は、マンションの屋上から飛び下り自殺をはかった……。精神科に入院、ようやく回復するまでの嵐の日々を、元NHKお天気キャスターが率直に綴る。
く-23-1

鈴木秀子
死にゆく者からの言葉
死にゆく者たちは、その瞬間、自分の人生の意味を悟り、未解決のものを解決し、不和を和解に、豊かな愛の実現をはかる。死にゆく者の最後の言葉こそ、残された者への愛と勇気である。
す-9-1

立花　隆
臨死体験　（上下）
まばゆい光、暗いトンネル、そして亡き人々との再会――人が死に臨んで見るという光景は、本当に「死後の世界」なのか、それとも幻か。人類最大の謎に挑み、話題を呼んだ渾身の大著。
た-5-9

辰巳芳子
食といのち
母娘2代にわたって日本の風土に適した食を探求してきた料理家が、「食といのち」をめぐり、福岡伸一氏ら各界の第一人者四人と対談。いのちを養う粥、スープのレシピも収録。
た-73-2

（　）内は解説者。品切の節はご容赦下さい。

ちきりん
未来の働き方を考えよう
人生は二回、生きられる
先の見えない定年延長が囁かれる中ホントに20代で選んだ仕事を70代まで続けるの？　月間200万PVを誇る人気ブロガーが説く「人生を2回生きる」働き方。（柳川範之）
ち-7-1

つばた英子・つばたしゅういち
ききがたり ときをためる暮らし
夫婦合わせて一七一歳。自宅のキッチンガーデンで野菜を育て、手間暇を惜しまず半自給自足の生活を営む。常識にとらわれず自己流を貫いてきた二人から、次世代への温かなメッセージ。
つ-24-1

藤原智美
つながらない勇気
ネット断食3日間のススメ
ことばがデジタル化への変貌を遂げている今こそ、人間本来の思考力と想像力を取り戻し、豊かな人間関係を築き孤独に耐える力を培う為に、書きことばの底力を信じよう。（山根基世）
ふ-29-2

アーサー・ホーランド
不良牧師！「アーサー・ホーランド」という生き方
新宿路上で「あなたは愛されている」と語り続け、十字架を背負って日本縦断、元ヤクザのクリスチャンを組織して自ら「不良牧師」と名乗る男の半生。序文・松田美由紀。（VERBAL）
ほ-10-1

松岡修造
本気になればすべてが変わる
生きる技術をみがく70のヒント
「自分の人生を、自分らしく生きる」方法を松岡修造が伝授。「自分の取扱説明書を書く」、「決断力養成トレーニング」など、70の具体的な実践例を紹介し、より輝く生き方へと導きます。
ま-27-1

三田　完
あしたのこころだ
小沢昭一的風景を巡る
俳優や俳人、エッセイスト、ラジオの司会者など多才だった小沢昭一さんを偲び、「小沢昭一的こころ」の筋書作家を務めた著者が向島や下諏訪温泉など所縁の地を訪ねて足跡をたどる。
み-37-3

柳田邦男
犠牲（サクリファイス）
わが息子・脳死の11日
「脳が死んでも体で話しかけてくる」。自ら命を絶った二十五歳の息子の脳死から腎提供に至るまでの、最後の十一日間を克明に綴った、父と子の魂の救済の物語。（細谷亮太）
や-1-15

文春文庫　最新刊

夢よ、夢　柳橋の桜（四）　佐伯泰英
世界を飛び回った娘船頭・桜子の大冒険がついに完結！

琥珀の夏　辻村深月
白骨遺体は、あの合宿で友情を結んだミカなのか——？

夜明けのすべて　瀬尾まいこ
理解されにくい悩みを抱えた男女の交流を、温かく描く

炎上フェニックス　池袋ウエストゲートパークXVII　石田衣良
ネットでの炎上で休職した女子アナ…IWGP第17弾！

薔薇色に染まる頃　紅雲町珈琲屋こよみ　吉永南央
殺された知人の約束と、謎の少年との逃避行の先には…

星のように離れて雨のように散った　島本理生
なぜ父は消えたのか…女子学生の魂の彷徨と祈りの物語

逃れ者　新・秋山久蔵御用控（十七）　藤井邦夫
正義の漢・久蔵の息子も大活躍！江戸に蔓延る悪を斬る

江戸彩り見立て帖　**粋な色　野暮な色**　坂井希久子
江戸のカラーコーディネーターお彩が大活躍の第3弾！

あの子の殺人計画　天祢涼
虐待されている「あたし」。お母さんを殺してしまえば…

奇跡の人　真保裕一
交通事故で失った記憶を辿った先にある残酷な事実とは

アガワ流生きるピント　阿川佐和子
家族、恋愛、仕事、生活…37のお悩みにズバリ答えます

野の医者は笑う　心の治療とは何か？　東畑開人
臨床心理士は沖縄で「癒やす」人々に出会う。青春冒険譚

2000年の桜庭和志　柳澤健
日本の総合格闘技のレジェンド、桜庭和志の「格闘史」

精選女性随筆集　幸田文　川上弘美選
近現代の女性作家の美しい随筆を編んだシリーズ始まる

雨の中で踊れ　現代の短篇小説 ベストコレクション2023　日本文藝家協会編
旬の人気作家たちの現代小説が、一冊で読める傑作選！

世にも危険な医療の世界史　リディア・ケイン　ネイト・ピーダーセン　福井久美子訳
夜泣きする子にはアヘン！　怖くて笑える強烈な歴史書